带着文化游名城——

老沈阳记忆

慕小刚 编著

图书在版编目（CIP）数据

老沈阳记忆 / 慕小刚著. -- 北京：当代世界出版社，2018.7

（带着文化游名城）

ISBN 978-7-5090-1327-4

Ⅰ.①老… Ⅱ.①慕… Ⅲ.①文化史—沈阳—通俗读物 Ⅳ.① K293.11-49

中国版本图书馆 CIP 数据核字 (2018) 第 007360 号

老沈阳记忆

作　　者：	慕小刚
出版发行：	当代世界出版社
地　　址：	北京市复兴路4号（100860）
网　　址：	http://www.worldpress.org.cn
编务电话：	（010）83907528
发行电话：	（010）83908410
	（010）83908377
	（010）83908423（邮购）
	（010）83908410（传真）
经　　销：	新华书店
印　　刷：	北京彩虹伟业印刷有限公司
开　　本：	710mm×1000mm　1/16
印　　张：	17.5
字　　数：	245千字
版　　次：	2018年7月第1版
印　　次：	2018年7月第1次
书　　号：	ISBN 978-7-5090-1327-4
定　　价：	45.00元

如发现印装质量问题，请与承印厂联系调换。
版权所有，翻印必究；未经许可，不得转载！

前 言

沈阳，是一座历史悠久的文化名城，它有着7200余年的文明史和2300余年的建城史，素有"一朝发祥地，两代帝王都"之称，更有着"共和国长子"的美誉。

辽河流域的滔滔之水孕育出了古老而灿烂的辽河文明，沈阳便是辽河文明中一颗耀眼的明星。7200余年以前，沈阳的先民们就在这片富庶的土地上，用勤劳和智慧创造出了灿烂的"新乐文化"。从2300余年以前的春秋战国时期起，沈阳就一直扮演着军事和防御重镇的角色。契丹、高句丽、女真等古代北方民族都在这里留下了各自文明的烙印以及金戈铁马的痕迹。沈阳以及周边大量存在的辽代古塔、古墓以及高句丽古山城等都是这些历史和文明的佐证。

清太祖努尔哈赤迁都沈阳，使这里的政治地位也变得尤为重要，其在东北地区的中心地位也从此确立。清入关后，沈阳成为陪都，被称为"盛京"。清朝对沈阳城的重视，使得沈阳保存了大量的清朝时期的文化古迹，其中就包括著名的清朝"一宫二陵"、沈阳四塔等。

辛亥革命后，沈阳成为奉系军阀的首府，其各方面都得到了快速的发展。然而沈阳在我国东北地区的经济、文化和政治的中心地位，也使其早已成为虎视眈眈的日本帝国主义眼中的一块"肥肉"。1931年9月18日，日本发动了"九一八"事变，侵占了沈阳城，继而使整个东北三省沦为日本帝国主义的殖民地。战争为沈阳城留下了许多负遗产，但这些负遗产正是对今人最有力的警醒，它时刻提醒着我们珍惜和平、奋发图强。

解放以后,沈阳成为我国重要的工业基地,大量国有企业拔地而起,为我国建国初期国民经济的复苏做出了不可磨灭的重要贡献,成为名副其实的"共和国长子"。今天的沈阳,仍然是我国东北地区最大的中心城市,是集历史文化名城、装备制造业基地、国家园林城市和最具幸福感城市等于一身的魅力城市。

在沈阳这座城市中,你不仅可以游历各朝代的文化古迹,还可以感受满族、蒙古族、朝鲜族等民族特色及其在沈阳这块神奇土地上的碰撞交融。在这里,你可以游古迹、走老街,还可以参观老建筑、品尝各色美食。在这里,你可以回味旧时光的斑驳陆离,更可以感受今日沈阳人的热情好客。这里有穿越千百年的回忆与故事,这里有美景、有美食、有美酒,那么,就让我们带着这本《带着文化游名城——老沈阳记忆》,共同走入沈阳这座令人神往的城市吧。

目 录

❧ 开 篇 ❧

出行前的准备   2
    沈阳的历史   2
    沈阳独有的特色   3
    沈阳的气候特点   5
    来沈阳要了解的方言   6

❧ 沈阳的历史与城门楼 ❧

沈阳的历史   10
    "沈阳"名字的由来与浑河有什么历史渊源   10
    历史上沈阳一共经历了多少次名称更迭   11
    为什么说沈阳是一座多民族融合的"移民"城市   11
    清朝以前沈阳的城市地位如何   12
    努尔哈赤迁都沈阳有哪些风水依据   13
    沈阳故宫是何时由何人设计建造的   14
    为什么沈阳的老城是一个"天圆地方"的铜钱形状   14

清朝入关后的沈阳有着怎样的特殊地位	15
奉系张氏父子为沈阳及东北发挥过那些积极的作用	16
"九一八"事变为何发生在沈阳，而不是东北其他地方	17
沈阳"共和国长子"的称号是如何得来的	18
沈阳行政区划的变更	19
沈阳各区的名字因何而来	20
老沈阳城的中轴线在哪里	21
沈阳究竟有多少处景致	22

沈阳的城门楼 24

盛京内城的八门是怎么来的	24
什么是盛京城的"八关"	26
"九门"是怎么消失的	27
关于"九门"有哪些传说	28
抚近门与清代一条街	29
被称为"鬼门"的是哪座城门	30
"女儿墙"名字的得来与德胜门有关吗	32
盛京的钟楼和鼓楼是如何使用的	33
钟楼金代交龙钮大钟是从哪里来的	34
盛京的角楼下真的有仙人洞吗	35

沈阳的道桥地名

沈阳的街桥 38

太原街与太原有什么关系	38
艳粉街的名字是怎么来的	39
乐郊路和秦桧还有一段历史吗	39
天后宫路，为什么只见路不见宫	40
端午挂纸葫芦的习俗与药王庙路有关吗	41
沈阳城还曾有另一座海神娘娘庙吗	42
翰林路上曾经住过一位翰林吗	43
沈阳有个如迷宫般"易进难出"的八卦街吗	44

珠林路曾与郭松龄、张作霖有关吗	45
斗姆宫东巷究竟怎么念	46
魁星楼路附近有过一座魁星楼吗	46
神秘的堂子街与邓大人庙	47
承德路跟河北的承德有没有关系	48
哪条路可称得上是"沈阳第一路"	49
哪座桥可称得上是"沈阳第一桥"	50
沈阳现存最古老的桥是哪座	51
旧时的马官桥是现在的样子吗	51

沈阳地名里的故事   52

"于洪区"名字是从哪来的	52
"中国第一屯"究竟是个什么屯	52
"老瓜堡"的名字和乌鸦有关吗	53
虎石台有过老虎吗	53
沈阳也曾有过天坛、地坛吗	54
公主屯和那个凄美的爱情故事	54
头台子、二台子、三台子都是什么？沈阳还有多少台子？	55
小白楼，为什么只见地名不见楼	56
"万柳塘"名字的来历	56
桃仙机场有桃仙吗	57
沈阳为什么那么多带"官"字的地名	57
罗士圈是个什么地方	58
平凡的翠生小区竟然藏着大学问	59
白塔小学附近怎么没有白塔	60
"三好街"究竟是哪"三好"	61

沈阳的皇宫和皇陵

沈阳故宫   64

沈阳故宫和北京故宫的不同之处有哪些	64
大清门与清朝的国号有关吗	66

- 大政殿为什么又叫八角殿　67
- 为什么说十王亭是八旗制度最生动的体现　68
- 十王亭为何多出来两座亭　70
- 沈阳故宫的脊兽有什么独特之处　70
- 清朝时期盛京城最高的建筑是哪个　71
- 凤凰楼与叶赫那拉氏的诅咒　71
- 清宁宫"三怪"指的是什么　72
- 清宁宫内神秘的萨满祭祀　73
- 沈阳故宫中的索伦杆是干什么用的　74
- 为什么说关雎宫的地位仅次于清宁宫　75
- 为什么唯独文溯阁采用黑色琉璃瓦　76
- 老沈阳"见大世面"的说法来自故宫吗　77
- 镇殿侯馆真的有怪兽吗　78
- 罕王宫也是沈阳故宫的组成部分吗　78

清福陵　80

- 清福陵中都有谁陪着努尔哈赤　80
- 清初帝陵中的"宝宫"之谜　81
- 清福陵中的一百零八蹬是什么寓意　82
- 被迁出福陵的大妃是哪位　83
- 清福陵的神碑幻影的成因是什么　84
- 福陵陵寝是由谁来守卫维护的　84

清昭陵　86

- 昭陵的主人是谁　86
- "昭陵"名字由来的争议　87
- 昭陵选址的风水依据有哪些　88
- 昭陵是模仿明皇陵建的吗　89
- 昭陵的贵妃园寝都葬有谁　89
- 宸妃是否葬于昭陵　90
- 庄妃因何未入葬昭陵　91
- 清朝皇陵怎么会有最早的水冲厕所　92
- 昭陵中怎么会有座蛇神庙　93
- 铁链锁住蹲龙脚　94

昭陵大明楼曾遭雷劈是怎么回事	94
昭陵是否真的存在暗道	95
"哑巴院"的名字和哑巴有关吗	96
清昭陵是否曾经被盗	97
清昭陵是如何变为今天的北陵公园的	97

沈阳的名人故居与王府宅邸

东北第一名人故居——张氏帅府	**100**
张氏帅府是如何建起来的	100
张氏帅府的设计理念如何	102
张作霖是个什么样的人	102
张氏帅府的四合院有哪些东北特色	103
为什么说大青楼是中国现代史的见证	104
张氏帅府的仪门为何又叫"教子门"	105
小青楼为什么又叫"小姐楼"	105
关帝庙与张作霖的奉系军阀有着怎样的渊源	106
著名的"杨常事件"发生在哪里	107
赵一荻故居有着怎样的陈年往事	108
沈阳的故居公馆与王府宅邸	**110**
赵尔巽与沈阳有着怎样的渊源	110
张作相与张作霖是亲兄弟吗	112
小凤仙最后的下落在哪	112
沈阳为何有两座汤玉麟公馆	114
刘少奇故居位于何处	115
沈阳也有一座陈云旧居吗	115
张寿懿为什么有三个姓	116
抗日名将万福麟的公馆位于哪里	116
沈阳曾经有过十一座王府吗	117
沈阳唯一幸存的王府是哪个	118
沈阳其他的王府都在哪	119

沈阳的美食与特产

沈阳的老字号美食   122

   入关前的满清贵族们都吃些什么   122
   沈阳"三春"与辽菜的创立有着怎样的渊源   123
   李连贵熏肉大饼源自药膳吗   125
   世界上历史最长的饺子馆是哪家   126
   马家烧麦最地道的吃法是什么   128
   宝发园的"四绝菜"绝在哪   129
   何为"中街大果"   130
   沈阳最正宗的白肉酸菜血肠是哪家的   131
   "老龙口酒"的名字是怎么来的   132
   为什么说"八王寺汽水"是中国民族饮料工业的一块"活化石"   133

沈阳的传统小吃   136

   沈阳的鸡架究竟有多少种吃法   136
   什么是沈阳鸡架的绝配   137
   "回头"是怎么来的   138
   酸汤子和馇子有什么区别   139
   努尔哈赤黄金肉的来历   140
   最具沈阳特色的饽饽是哪种   141
   "老虎菜"的名字是怎么来的   142
   沈阳的锅包肉与其他地方有什么不同   143
   小鸡炖蘑菇曾经是清宫名御膳吗   144
   你知道酸菜的来历吗   145
   你听过黄葵伴雪梅的故事吗   146

沈阳的特产   148

   南果梨为什么会有酒味呢   148
   你知道沈阳的不老林糖吗   149
   克拉古斯香肠源自俄国吗   150
   沈阳红药源于满清时的军医药方吗   150
   沈阳最具浪漫色彩的特产是什么   151

沈阳羽毛画是如何创作的 　　152

沈阳的民俗特色

沈阳的节日习俗　　156

沈阳人过年之前需要哪些准备　　156
沈阳人如何过小年　　157
沈阳人的年夜饭有何讲究　　158
沈阳人在正月里有哪些习俗和禁忌　　159
沈阳人如何过正月十五　　160
正月不剪头的说法源自沈阳吗　　161
沈阳最大的庙会在哪里　　162
锡伯族的西迁节是怎么回事　　163
沈阳的锡伯族人怎么过抹黑节　　164
沈阳人是如何过端午节的　　164
沈阳人为什么立秋要吃肉　　165
沈阳人是如何过中秋节的　　166

沈阳的生活习俗　　167

老沈阳人怎样婚配　　167
老沈阳的婚礼有哪些习俗　　168
满族人扁头的说法是怎么来的　　168
沈阳人的火炕是什么样的　　170
沈阳人是如何储藏秋菜的　　171
下大酱是沈阳人重要的生活习俗吗　　172
萨满教的"跳大神"是怎么回事　　174
满族的背灯祭从何而来　　175
你听说过"狗咬奉天"的传说吗　　176
老沈阳女子为何流行"一耳三钳"　　178
锡伯族为何要供奉"喜利妈妈"　　178
"九一八"当天的鸣警纪念来自沈阳吗　　179

休闲娱乐　　　　　　　　　　　　　　　　　　181

　　沈阳秧歌有哪些特点　　　　　　　　　　　　181
　　奉天落子有着怎样的兴衰历史　　　　　　　　182
　　东北大鼓融合了哪些地方戏曲　　　　　　　　183
　　"二人转"的名字是怎么来的　　　　　　　　185
　　二人转的表演形式和唱腔有哪些　　　　　　　185
　　二人转中的"四功一绝"指的是什么　　　　　186
　　二人转有哪些经典曲目　　　　　　　　　　　187
　　沈阳的关氏皮影是辽宁皮影的重要代表吗　　　188
　　沈阳的唐派京剧有哪些特征　　　　　　　　　189
　　太平鼓源于萨满祭祀吗　　　　　　　　　　　190
　　"嘎拉哈"是一种什么样的玩具　　　　　　　191
　　"冰雪嘉年华"自清代时就有了吗　　　　　　192
　　中国第一部电影是由沈阳人拍摄的吗　　　　　194

沈阳的方言俚语　　　　　　　　　　　　　　　195

　　沈阳话有哪些特点　　　　　　　　　　　　　195
　　沈阳方言是如何形成的　　　　　　　　　　　196
　　沈阳话在语音上有哪些特点　　　　　　　　　197
　　沈阳话在词语上有哪些特征　　　　　　　　　197
　　沈阳话中有很多满语的影子吗　　　　　　　　199
　　沈阳话中有哪些有趣的熟语　　　　　　　　　200

沈阳的博物馆和考古遗迹

沈阳的博物馆、陈列馆　　　　　　　　　　　　204

　　辽宁省博物馆在我国博物馆中的两个"第一"是指什么　　204
　　辽宁省博物馆为何最初设在汤玉麟的公馆内　　205
　　"九一八"历史博物馆是如何揭露日本人侵华的罪行的　　207
　　二战盟军战俘营为何被称作"东方奥斯维辛"　　209
　　沈阳审判日本战犯法庭旧址陈列馆内曾经审判了多少名日本战犯　　210

沈阳金融博物馆的建筑为何是手枪形状的	211
辽文化博物馆为何名为"白鹤楼"	213
中国工业博物馆是我国首个工业博物馆吗	215
沈阳铁路机车博物馆收藏有"亚细亚号"机车吗	216
东北讲武堂是民国四大军官学校之一吗	216
周恩来的"为中华之崛起而读书"是在沈阳说的吗	217
沈阳中共满洲省委旧址纪念馆位于何处	219
辽宁古生物博物馆的建筑布局有什么特色	219

考古遗迹　　221

沈阳的城市标志"太阳鸟"来源于新乐文化遗址吗	221
你了解郑家洼子遗址的未解之谜吗	222
叶茂台辽墓群是哪个家族的坟墓	223
沈阳有哪些高句丽古城	225
沈阳康平埋着慈禧太后的情人吗	226

沈阳的寺庙宫观与近代老建筑

沈阳的寺庙与宫观　　230

沈阳最小的庙是哪个	230
北京北海的白塔是沈阳四塔的仿照品吗	231
实胜寺内的千两金佛究竟哪去了	233
白塔堡的白塔是一座"错塔"吗	235
"塔湾夕照"指的是哪座塔	236
慈恩寺的函可和尚是清代"文字狱"第一人吗	237
八王寺与"八王寺汽水"有什么关系	238
大佛寺内是否有大佛	239
长安寺与曹雪芹的祖上有什么关系	240
关于辽滨塔,有哪些神秘的传说	241
太平寺与锡伯族有关吗	242
太清宫与铁刹山有何渊源	243
东北惟一一处坤道院位于哪里	243

沈阳的近代老建筑 　　　　　　　　　　245

沈阳少年儿童图书馆是座什么历史建筑	245
你知道奉天省咨议局旧址吗	246
沈阳站的建筑风格是怎样的	248
奉天邮务管理局旧址曾是禁烟战场吗	249
沈阳中山广场的塑像有着怎样的历史	250
东三省总督府旧址有怎样的历史地位	252
东北大学旧址位于何处	253
曾经的"满洲灵庙"是座什么建筑	254
中山公园水塔是沈阳最早的水塔吗	255
沈阳的"全国最美教堂"是哪座	255
东关基督教堂与韩国基督教会有什么渊源	256
沈阳"沙俄东正教堂"旧址是日俄战争的罪证吗	257

附 录

| 名胜古迹TOP10 | 260 |
| 美食特产TOP10 | 264 |

开 篇

出行前的准备

沈阳的历史

沈阳,位于我国辽宁省中部,北倚长白山脉,南连辽东半岛,地处辽河中下游平原,是我国东北地区最大的中心城市。古人云"山南水北谓之阳",悠悠的古沈水从这座城市的南面流过,沈阳便因此而得名。

这座有着"共和国长子"和"东方鲁尔"美誉的工业现代化城市,却有着2300余年的建城史。素有"一朝发祥地,两代帝王都"之称的沈阳,是我国重要的历史文化名城。

早在三万多年以前,沈阳地区就已有旧石器时代人类的活动踪迹。7200年前,中华民族分支的先民们,便在这里渔猎农耕、繁衍生息,创造出了灿烂的"新乐文化"。

春秋战国时期,这里是燕国的重镇方城,距今已有2300余年。公元前221年,秦始皇统一六国后,分天下为36郡,这里隶属于辽东郡。西汉时期,这里被称为"候城"。唐代开始,改称为"沈州"。元代设立辽阳行省,改沈州为"沈阳路"。

明朝时期称沈阳为"沈阳中卫",开始修建以沈阳中卫为核心并由堡、墩、台等组成的防御体系,以抵御蒙古族和女真族的攻击,沈阳的军事地位也开始逐渐重要。

公元1625年,清太祖努尔哈赤在综合考量了自然、地理、军事、经济、交通等因素后,将都城从辽阳迁至沈阳,并在沈阳城内修建皇宫。

沈阳作为东北地区的中心地位也从此而确立。清太宗时期，改称沈阳为"盛京"。清朝迁都北京后，将沈阳设为陪都。随后，清朝又在沈阳设立奉天府，以示"奉天承运"之意，"奉天"之名遂一直沿用至民国。

1840年鸦片战争以后，同整个中国一样，沈阳也处于被帝国主义列强侵略和掠夺之中。日俄战争期间，人民的生命和财产遭受了巨大的损失。此后，地方势力开始逐渐兴起，辛亥革命后，沈阳成为奉系军阀的首府。

1928年6月，日本关东军在沈阳皇姑屯火车站，制造了炸死奉系军阀首领张作霖的皇姑屯事件。同年12月，其子张学良宣布服从民国政府，史称"东北易帜"，进而挫败了日本帝国主义攫取中国东北的阴谋，维护了国家的统一。

1931年9月18日夜，日本关东军炸毁沈阳柳条湖附近的南满铁路路轨，并栽赃嫁祸于中国军队，日军以此为借口，炮轰沈阳北大营，发动了"九一八"事变，继而使整个东北三省沦为日本帝国主义的殖民地。

解放以后，沈阳成为我国重要的工业基地，大量的国有企业拔地而起，为我国建国初期国民经济的复苏做出了不可磨灭的重要贡献。而改革开放以后，沈阳又为我国各行各业输送了一批又一批的人才，成为一座兼具历史与现代、科技与文化、工业与文明协同发展的现代化城市。

沈阳独有的特色

沈阳独特的地理、历史风貌孕育出了她独具魅力的城市特色。她自古以来地处边塞，孕育了能骑善射、能歌善舞的诸多少数民族，培养了淳朴豪迈的民风民俗。但她又不囿于边陲，她常以开放包容的姿态广纳中原文化、民族文化及各外来族裔文化。经历了历史上几次人口迁徙和政治变迁，沈阳已经形成了以多民族融合为基础、北方民俗民风为依托、重要历史事件为框架的"大气"的城市文化。

当然，如果你想更为深入地体会这座城市的性格和脾气，就像去了解一位新识的朋友，光看她那精彩纷呈的履历是远远不够的。你应该放慢脚步，走近她，坐下来，同她谈谈心，唱唱曲，逛一逛奇美的街景，品一品深巷里的美食，我想你一定会因她那举世无双的气度和内涵而深深地爱上她。

【沈阳的地标符号】

◎ 沈阳故宫

沈阳故宫，距今已有400多年的历史，是中国仅存的两大宫殿建筑群之一，是清朝入关前的皇宫，清入关后，称为盛京行宫。沈阳故宫占地面积六万多平方米，有古建筑114座，房屋500多间，至今保存完好，其"宫高殿低"的建筑风格，在中国宫殿建筑史上是绝无仅有的。在这里，你不仅能够通过建筑风格领略到北方民族的骁勇之气，更能体会到多民族融合的宫苑建筑风格所蕴含的丰富历史文化内涵。

◎ 张氏帅府

张氏帅府，又被称为"大帅府"或"少帅府"，是奉系军阀首领张作霖及其长子张学良的官邸和私宅。张氏帅府始建于1914年，总占地3.6万平方米，总建筑面积为2.76万平方米，是一个由东院、中院、西院和院外建筑四个部分组成的建筑群，各个建筑风格各异，有中国传统式，也有中西合璧式，还有罗马式、日本式。建筑无言，但它诉说的往事却历历在目。从张作霖的"东北王"到皇姑屯事件，从张学良的"东北易帜"到杨常事件，都在中国近代史上写下重要的一笔。同时，张学良和赵四小姐的爱情故事，也为这座建筑群增添了许多浪漫多情的颜色。

【沈阳的美食符号】

◎ 鸡架

鸡架，就是去掉鸡肉的鸡骨架。鸡架的吃法有很多种，熏鸡架、酱鸡架、拌鸡架、烤鸡架，等等。有人戏称沈阳是全世界鸡架消耗量最大的城市，这一点也不夸张。拌鸡架在沈阳城的各面馆、快餐店、大排档最受欢迎，将熏好或者酱好的熟鸡架，用手撕成适合调拌的大小，然后放入各种调味品拌匀，就可以吃了。包括鸡架在内，沈阳的小吃多以酸甜微辣口味为主，这正是汉族与朝鲜族文化融合的印记。

◎ 西塔朝鲜族美食街

西塔商业街是沈阳最大的朝鲜族聚集区，它有着120多年的历史，形成了具有浓郁朝鲜族特色和韩国风情的休闲文化商业街。这里汇聚了朝鲜民族的美食精华，以西塔街为中心的两侧街道、胡同里皆是清一色的韩式饭店、韩式小吃。有传统的韩式烤肉、参鸡汤、牛尾汤，也有新兴的韩式炸鸡、年糕火锅，甚至是制作朝鲜族风味美食所用的食材、调味品以及韩式锅具也都应有尽有。当然，如果你喜欢韩国的服饰、护肤品或者小零食，这里也全能满足你。置身西塔美食街，令人有一种"未出国门便已一游韩国"的神奇之感。

【沈阳的文化符号】

◎ 二人转

二人转，史称小秧歌、蹦蹦，又称过口、风柳、半班戏等。它植根于东北民间文化，属于中国走唱类曲艺曲种，边说边唱，载歌载舞。二人转主要源于东北大秧歌和河北的莲花落的结合，并增加了舞蹈、身段、走场等演变而成，所谓"秧歌打底，莲花落镶边"。二人转的音乐唱腔极为丰富，素有"九腔十八调，七十二嗨嗨"之称，共有三百多支曲牌。其唱词诙谐幽默，富有生活气息。经典曲目有《西厢记》、《回杯记》、《关东情》、《回家》，等等，多为民间所传唱。

沈阳的气候特点

沈阳属温带季风性气候，气候特征可以用一句话概括——四季分明。也许正是这四季分明的气候造就了东北人爱憎分明、喜形于色的直爽性格。

沈阳的春天和秋天时间短促，升温、降温幅度很大，早晚温差也较大。此时前来旅行最好准备多套衣服，以便换装。

夏季的沈阳，平均气温约26度，日平均温差10度左右，可谓避暑的好去处，但太阳光较强，应注意防晒。冬季寒冷干燥，羽绒服或棉大衣是必须携带的，以便室外御寒。

沈阳雨季主要在春夏与夏秋之交，但沈阳的雨季较短，雨水不多。每年4至10月是沈阳旅游的黄金季节，各旅游景点、美食街区也在这时最为热闹。当然，冬季在做好御寒措施的前提下，沈阳也是非常适合旅游的，滑雪、雪橇、冰爬犁等冰雪项目也别有一番趣味。

来沈阳要了解的方言

东北人才辈出，也将东北方言带到了全国各个地方，相信大部分人或多或少都会说几句东北话。但仅懂一点东北话还是不够的，要想让我们的沈阳之旅畅快淋漓，我们还是要对沈阳的方言进行一番研究。

沈阳方言是东北官话的地方变体，属于东北官话——吉沈片——通溪小片。有一部分的沈阳话属口语，并没有标准的写法。沈阳方言在语音、词汇、语法方面，同北方方言特别是同北京方言有着许多共同之处，但因语言历史的差异，也演变出了诸多不同之处，形成了自己的地方特色。

首先，在语音上，沈阳方言多不分平翘舌，声母R读成Y，如"四和十"、"日和意"的区分比较困难。其次，沈阳方言中有大量的词汇是普通话中所没有的，它们有的来自满语或蒙语的直接音译，也有的来自满语或蒙语的语法习惯，比如沈阳人常说的"那嘎"（那里）、"嘎哈"（干什么）、"嘞嘞"（唠嗑）、"萨其马"（一种满族食品），等等，都是由满语音译而来的。

另外，沈阳人多用"咱"来代替"我"做人称指代，但仅仅指对话双方的己方，而不包含对方，这是令许多初来沈阳的外地游客颇为挠头的地方。

下面，我们就来列举一些沈阳方言中的日常用语：

【形容词】

某单音节形容词+了吧唧——表示强调；

杠杠/嘎嘎+形容词——表示强调；

贼拉+形容词——表示强调；

特勒——不利索；

撒楞——麻利，动作快；

无疾六受——无聊；

太毙了——太好了。

【动词】

白话——说谎，说瞎话；

扒瞎——胡说；

卖呆儿——看热闹；

撒么——到处看；

蒙圈——晕、迷糊；

岔劈——弄错。

【名词】

好贺儿——好吃的；

池儿——勺子；

玛令——蜻蜓；

洋拉子——毛毛虫。

沈阳的历史与城门楼

当置身沈阳城今天的高楼大厦、车水马龙中时，你是否能够想象得到千百年前的沈阳是何模样？她曾经的名字、她曾经的样貌，以及她所经历过的那些沧桑岁月中的故事，无时不刻激发着我们的好奇心。

作为"一朝发祥地，两代帝王城"的沈阳，曾经是北方大地上的军事重地，城墙和城门自然也是其历史历程中不可或缺的一部分。虽然历尽岁月洗礼后，这些城市曾经的"铠甲"已经悉数残破甚至消失，但是，传奇的故事从未停止过讲述。

这一章，就让我们乘上历史的时空快车，登上古老的城墙和城门楼，去感受这座城市的变迁和历程吧！

沈阳的历史

"沈阳"名字的由来与浑河有什么历史渊源

浑河，历史上是辽河最大的支流，其源头位于今抚顺市清原县的滚马岭。今天的浑河不但承担了沈阳城市用水的重要任务，更是城市生态和城市形象的重要组成部分。

"浑河晚渡"今貌

据考证，浑河历史上曾多次改变名称，唐代以前浑河被称为"小辽水"，用以区别"大辽水"（今辽河）。辽代开始被称为"浑河"，因其每逢涨水之际水流湍急、浑浊不清而得名。因沈阳在唐宋时期被称为"沈州"，因此浑河也有"沈水"之名。我国传统文化认为"山南水北谓之阳，山北水南谓之阴"，沈阳老城正位于浑河的北面，故而得名。

关于浑河的名字的由来，民间还有另一种传说。据说，当年老罕王努尔哈赤被明朝大将追击。逃至浑河岸边，他心生一计，遂命人偷偷将军队和岸边百姓家里的马粪统统倒入湍急的河水中，顷刻间，河水变得浑浊不堪，成了一条真正的浑河。待到明军追来时，看到河水浑浊，尽是马粪，恐以为对方百万雄师、兵强马壮，便放弃了追击，努尔哈赤幸而逃过一劫。于是便有了"浑河"的名字。但是，历史上"浑河"之称,实际早在辽代就已经出现在史书之中了,所以,这个故事也不过是后人们的美好想象罢了。

历史上沈阳一共经历了多少次名称更迭

历史上,沈阳一共经历了九次名称的更换。

对沈阳的称呼,最早是在《汉书》中提及,那时被称为"候城","候"有侦察、守望的意思,足以说明当时沈阳的军事防御地位。唐代则改称为"沈州"。一直到元朝,改沈州为"沈阳路","沈阳"一词才正式出现在史料上。到了明朝时期,则被改为"沈阳中卫"。

清朝时期,太宗皇帝改称沈阳为"盛京"。顺治时期在此设立奉天府,因此沈阳又叫"奉天"。1929年,"东北易帜"后,奉天重新改称为"沈阳"。1931年"九一八"事变后,沈阳被日本帝国主义侵占,又改称"奉天"。1945年抗战胜利后,恢复了"沈阳"的名称。

关于"沈阳"名字的由来,还有一个有趣的神话传说。相传,古时候候城有一砍柴的少年,途中搭救了一只小羊,当晚梦中便看见一只大羊来向他道谢,并称赞他和候城的人们善良和友好,于是少年向邻居们诉说此事,人们惊叹此乃"神羊",因此这里便被称为"神羊之城",久而久之,变成"沈阳"。

为什么说沈阳是一座多民族融合的"移民"城市

从沈阳的建城史就能够看出来,这座城市在古时建城之初,就是一座防卫外族侵略的军事之城,其建设是为了军队所需,因此她在建城之初就是一座移民之城。

辽代时,耶律阿保机率领契丹骑兵南下至今天的河北、北京附近,在那里抢夺财物、掳掠居民,并在当时被称为"沈州"的沈阳城进行"移民安置"。元朝时期,设"沈州安抚高丽居民总管府",用来安置内附的高丽国军民。明清时期,有大量的中原人迁居至此,或因军政避

难,或因逃荒谋生,其中包括大量的回族居民。

努尔哈赤迁都沈阳,是沈阳历史上第一次大规模的外来人口迁入,使沈阳从两千多年的军事城堡摇身变为帝王之都。清朝时期,沈阳及其周边地区成为清廷主要的犯人流放地之一,犯人的迁入也成为本地文化融合的重要元素之一。

从清末到民国期间,由于黄河中下游地区连年遭受灾害,大量的人口从山东、河北等地走出山海关,来到东北地区谋生,也就是我们熟知的"闯关东"。二战时期,日本从朝鲜半岛向我国东北强行迁入大量的朝鲜族民众,他们聚居在东北各地,沈阳的西塔附近就是一个典型。

建国后,国家设立"一五"计划,将沈阳作为重点建设城市,大量人才的涌入,成就了沈阳工业重城的地位。

历经了千百年的积累,很多人在这里落地生根、枝开叶散。沈阳也形成了她融合不同地域、不同民族的兼收并蓄的城市文化。

清朝以前沈阳的城市地位如何

沈阳城从春秋战国时期开始修筑候城起,直到清王朝以前,一直都是各中原王朝用来抵御外族入侵的军事要地。历史上沈阳几经战火摧毁,后又经过多次重建使用,这正充分说明了沈阳所处的重要军事地位。

明朝时期,沈阳的军事地位尤为突出,中央千方百计加固沈阳城池,修筑边墙,形成了一套完整且缜密的军事防御体系。明代沈阳中卫是明长城的重要组成部分,由许多堡、墩台组成,主要用来抵御蒙古族和女真族等外族的攻击和入侵。因此,我们今天仍然可以在沈阳及其周边的地名中略见一斑,比如胡台、虎石台、三台子、平罗堡等。

不过,在努尔哈赤迁都沈阳以前,东北的政治、经济、文化中心和交通枢纽都是在辽阳而不是沈阳,当时的辽阳是沈阳的两倍大,各方面条件也比沈阳要优越得多。虽然对于努尔哈赤为何迁都沈阳,历史上并没有详细的记载。但是,这次迁都,无疑使沈阳这个曾经以军事重镇为首要功能的小城，一跃成为帝王之都。

努尔哈赤迁都沈阳有哪些风水依据

后金天命六年（明天启元年，公元1621年），努尔哈赤率领八旗大军攻占了明朝辽东军政中心——辽阳，并将都城从赫图阿拉迁至辽阳，命名为东京，开始大兴土木，修建宫殿。然而出乎大家意料的是，努尔哈赤突然提出要迁都沈阳。

据说，努尔哈赤迁都沈阳的决定是在一天之内做出的。天命十年（1625年）三月初三早朝时，努尔哈赤突然召集众臣和贝勒议事，提出迁都的决定。虽然遭到了诸王、贝勒、大臣的一致反对，但努尔哈赤君意已决。当天下午，祭过祖之后，即刻率领八旗大军迁进沈阳城。

努尔哈赤曾先后4次迁都。明万历十五年（1587年）在费阿拉城称王，万历三十一年（1603年）迁都至赫图阿拉城，并于万历四十四年（1616年）建立后金。萨尔浒之战胜利后，又将行宫移至界凡城。之后，在辽阳建东京城，仅4年后，又迁都沈阳。

那么，他为什么放弃了辽阳，而选择迁都到当时政治、文化、经济、商业、位置等各项指标都不如辽阳的沈阳呢？当时努尔哈赤提出迁都到沈阳的想法后，诸王、贝勒、大臣都表示反对，那么他为什么又执意要迁都呢？关于这段历史，史学家对此有各种解释，民间也有各种传说。

其中有一个传说是这样的。据说，努尔哈赤在建都东京（辽阳）时，按照风水先生的指点，修建了三座寺庙用来保住龙脉王气。可是，三座庙宇只压住了龙头、龙爪和龙尾，城里的龙脊梁并没被压住，于是龙一拱腰就一直向北飞到浑河北岸。努尔哈赤为此郁闷至极。这一日突然有人报告说附近飞来了一只凤凰。努尔哈赤大喜，认为这是大吉之兆。但是当他前去查看的时候，凤凰却一声长鸣转身飞走了，一直飞到沈水以北的沈阳城才落下来。接着，凤凰不停地向努尔哈赤点头叫唤。于是努尔哈赤认为那里才是真正"凤落龙潜"的风水宝地，新都应该迁往那里，并且说："凤凰不落无宝之地，此乃奉天旨意，命我在沈阳修

建新都。"于是,便为沈阳取名"奉天",意思是"奉天承运"。

这个传说似乎有些过于传奇,也不能作为努尔哈赤突然迁都沈阳的合理解释。但历朝历代的帝王在建都城时都把风水放在首位,却是有据可考的事实。据说从长白山西麓起,至沈阳的西塔,是为"龙脉",也称"龙岗"。清王朝的发祥地赫图阿拉城、祖陵永陵、沈阳故宫、福陵和昭陵,都建在这条"龙岗"上。对"龙岗"一说,史书有很多记载。

沈阳故宫是何时由何人设计建造的

1625年的三月初三早上努尔哈赤决定迁都沈阳,下午数十万八旗子弟便开始启程,翌日清晨越过浑河进入沈阳。但是,对于沈阳故宫修建的具体时间,清朝史料中都没有记载。有人推测,沈阳故宫其实早在努尔哈赤动身前就已经修建完毕或者正在修建。也有人持相反的观点,因为据记载,努尔哈赤来到沈阳后只在原来明代城墙的北边修建了一个临时的住所,也就是2012年才被发现的罕王宫遗址。但对于努尔哈赤最终有没有住进过沈阳故宫里,大家莫衷一是。而对于沈阳故宫究竟是努尔哈赤在迁都以前就开始着手建造,还是在迁都之后才开始兴建的,史学家们也是众说纷纭,这成了史学界的一大悬案。

那么,沈阳故宫又是由谁设计修建的呢?史书上曾提到过侯振举这个人可能与故宫的修建有关系,但是侯振举是一个汉人,这与沈阳故宫中大量存在的满蒙风格的建筑设计是不相符的。也有人认为,沈阳故宫的部分建筑材料可能是"二手"的,可能是从辽阳八角金殿拆下来的。

时至今日,一切的解释都是推测,这也为我们留下了更多的猜测空间。

为什么沈阳的老城是一个"天圆地方"的铜钱形状

皇太极时期,清朝开始着手修建沈阳城,加固了明朝城墙,改城内"十"字形大街为"井"字形格局,将原来的四个城门变为八个,四条道路将故宫围在中间,与四条道路相对应的就是八个城门,即"八门对八街"。这时的沈阳老城内除故宫和汗王宫外，还有十一座王府、六部衙门和庙宇等。

沈阳老城的圆形外城，是清朝入关后由康熙修建的，是为了适应城市人口增加、拓展城区的需要。在圆形外城与方城八门相对的位置又设有八个边门，方城八门之外、各个边门之内，称之为"关厢区域"。这时的盛京城就有了"八门"、"八关"、"八边门"的城市格局，盛京城就更加气派了。如果从空中俯瞰当时的盛京城，外郭圆形，内城方形，颇似一个天圆地方的铜钱形状。

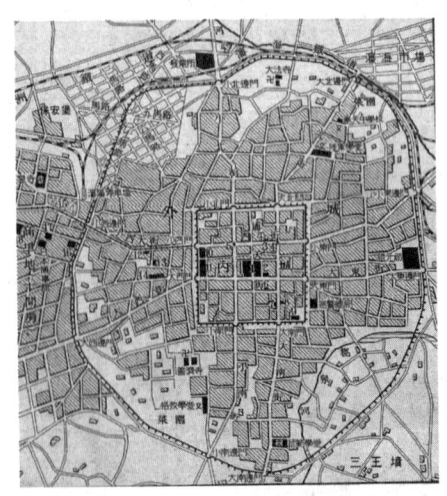

老沈阳"内城外郭"图

有人认为这寓意沈阳城是个招财进宝的福地，也有人把它与阴阳八卦联系起来。沈阳知名翰林缪润绂就认为，城内的中心庙为太极，钟鼓楼为两仪，东、西、南、北四座塔为四象，八座城门为八卦，圆形的外城象征天罡，方形的内城象征地煞，等等。

实际上，内城的方形，是因袭明朝城市轮廓修建的，是汉族城市模型的具体体现，而外城的圆形则更多表现的是满族游牧民族生活习惯的建筑形式，因此，内外城的结合十分生动地体现了满汉民族的文化融合。

清朝入关后的沈阳有着怎样的特殊地位

清军入关定都北京后，沈阳（当时称为盛京）作为"陪都"有着重要的政治地位。所谓"陪都"，就是指首都以外另设的副都，或称为辅都，和首都一起被称为"两京"。基于地缘政治、军事防御以及认祖归宗等因素的考虑，陪都与首都形成一个相互呼应、相互协调的格局，处于"副行政中心的地位"。当时的沈阳全称为"盛京奉天府"，而北京

则称"京师顺天府",其地位可见一斑。

中国人传统当中,祖坟观念根深蒂固,帝王家族更是如此。清朝入关前,在沈阳周边兴建有三座陵寝,即永陵、福陵(俗称东陵)以及昭陵(俗称北陵),称为"关外三陵"。永陵位于抚顺市新宾满族自治县内,葬有努尔哈赤父祖等人。福陵和昭陵都位于现今沈阳市内。清福陵是清太祖努尔哈赤与其皇后叶赫那拉氏、大妃博尔济吉特氏等人的陵寝。清昭陵则是太宗皇太极以及孝端文皇后博尔济吉特氏的陵墓。所以,沈阳在当时被看作满清王朝的"根"的所在地而受到极大重视。

然后,到了清朝末年,随着国力的衰退和清政府的无能,沈阳城的军事要塞地位之重被帝国主义侵略者们所窥见。俄国人通过和清政府签订的不平等条约,获得了他们觊觎已久的铁路修路权和管理权。日俄战争后,日本从俄国手里得到了这段铁路的经营管理权,这便是"南满铁路"。沈阳在地缘上的因素,使其被迫处于日本帝国主义的铁蹄之下。

奉系张氏父子为沈阳及东北发挥过那些积极的作用

奉系军阀,作为封建军阀具有其落后以及反动的一面。但是,作为当时东北地区的统治集团,奉系军阀对沈阳以及东北地区的经济建设和社会稳定发挥的积极作用也是不能否认的。奉系军阀统治东北的12年间,保证了东北地区内部的统一,同时也实行了有效的行政管理,促使农业生产和工业经济相比国内其他省区都有了令人瞩目的发展。

另外,奉系军阀对沈阳的教育及文化事业发展的贡献也是可圈可点。据说张作霖自幼家境贫寒,小时候只读了三个月书就辍学,但是他本人却十分重视教育。他说过:"我没读过书,知道肚子里没有墨水的害处,所以,可不能让东北人没有上大学求深造的机会。我宁可少养五万陆军,也要办东北大学!"现在人们都知道我国的师范类院校是免费就读的,但是很少有人知道,其实早在张作霖时期,奉天的师范学校就已免收学费了,而且还给学生发放伙食费,这些费用全由奉天省政府买单。同时,张作霖还兴办了东北讲武堂,培养了一批军事人才。

其子张学良也同样重视教育。张学良主政东北后，捐出500万元现大洋私产扶助中、小学教育，为了使用和管理这笔资金，他成立了汉卿教育基金会，并派教员赴京、沪、杭等地深造，这无疑推动了沈阳乃至全省中、小学教育事业的发展。

在对外关系上，张氏父子始终以维护民族利益为重。清政府时期，张作霖协助清廷剿灭杜立三等土匪势力，后又消除蒙患，维护国家统一。第二次直奉战争胜利后，张作霖代表中华民国行使统治权，在位期间，他曾多次抵制日本人的拉拢，拒绝签订卖国条约。

张学良同样积极主张抗日，反对内战。"东北易帜"使东北归顺国民政府，使得国民政府完成了形式上的全国统一。张学良同杨虎城一起发动的震惊中外的"西安事变"，促成国共二次合作，结成抗日民族统一战线。

"九一八"事变为何发生在沈阳，而不是东北其他地方

沈阳"九一八"历史博物馆门前的"残历碑"上记录着当年那段苦难的历史："夜十时许。日军自爆南满铁路柳条湖段，反诬中国军队所为，遂攻占北大营。我东北军将士在不抵抗命令下忍痛撤退。国难降临，人民奋起抗争。""九一八"事变是日本帝国主义长期以来推行对华侵略扩张政策的必然结果，也是企图把中国变为其独占的殖民地而采取的重要步骤。

但是，有人也许会问，为什么发生在沈阳，而不是其他地方？

沈阳能够成为"九一八"事变的发生地，是有其历史原因的。早在满清末期，沙俄侵略者就在这里修建了中东铁路。日本从1905年日俄战争中攫取了铁路的经营管理权，这里成为了"满铁附属地"。在这里，日本人可以任意居住和驻

"九一八"事变后日军装甲车开进沈阳

军，可以说是建立了一个侵略中国的基地，一个"国中之国"。日本人在此建设了大量的军工企业，生产军工设备并通过南满铁路进行运输，可以说，日本帝国主义是将沈阳作为了准备侵略中国的"根据地"和"指挥部"，并时刻准备着将贪婪的侵略之爪伸向中国的心脏。可以说，通过打开沈阳这个口子，进而实现侵略全中国，是日本人预谋已久的。

所以，"九一八"事变是日本实行"大陆政策"必走的一步，那么，"九一八"事变发生在沈阳，就有一定的必然性了。

沈阳"共和国长子"的称号是如何得来的

一个国家的发展与勃兴，必定直接伴随着工业的发展。即使中国是一个传统农业大国，历史的经验也告诉我们，国家要想发展、民族要想复兴，工业文明的大踏步前进是必经之路。建国初期，我国的工业十分落后，毛主席曾感慨地说："现在我们能造什么？能造桌子椅子还是能造茶碗茶壶？我们一辆汽车、一架飞机都不能制造。"

为了改变这种局面，沈阳以"共和国长子"的身份承担了重任。最早建成的全国重化工业基地，为保证建国初期财政经济状况的根本好转，起到了重要的作用，为共和国的工业化奠定了初步基础。沈阳铁西区形成了以机电工业为主体，国有大中型企业为骨干，涵盖机械、化工、制药、冶金、轻工等行业的综合性工业基地。沈阳在我国实行计划经济时代，曾被誉为"共和国的装备部"。中国第一台车削普通机床、第一台125万吨挤压机、第一架喷气式飞机等100多个新中国的"第一"，都是从沈阳生产出来的。在新中国建设的前30年，沈阳向全国输送近40万中高级人才，提供机床20多万台，变压器2亿多千伏安，冶金设备60多亿元。在沈阳铁西区大约40平方公里的土地上，曾经集中了近千家企业，拥有30多万产业工

铁西广场雕塑

人大军,这些都曾经是沈阳人的骄傲。而最令沈阳人自豪的是,1949年新中国成立时,天安门上的国徽是沈阳生产制造的。

长子,担负着一个家族的重任,在共和国工业建设的初期,沈阳正扮演了这样一位长子般的角色,因此被称为"共和国的长子"。沈阳为我国从农业大国向着工业化现代化大国的迈进,做出了不可磨灭的贡献。

如此,工业文化也在成为沈阳抹不去的城市文化和城市气质。现在当我们走在沈阳,尤其是铁西区的街道上,映入我们眼帘的不再是高大的工厂装备和高密度的职工大楼,而是变成了一座百姓安居乐业、社会和谐稳定、环境生态宜居的新城。搬迁后的工业区,变成了一条工业文化走廊,并且建成了铸造博物馆、中国工业博物馆等,留下了能代表那些峥嵘岁月的元素符号,成为沈阳不可磨灭的记忆。

沈阳行政区划的变更

20世纪初期,沈阳城由老城区、南满铁路附属地与商埠地三块区域构成。满铁附属地在十余年间扩展成一个与沈阳老城东西相望的新城区。此时沈阳城的整体形状酷似一个不对称的哑铃,大的一头是老城区,小的一边是满铁附属地,而中间的把手则是清政府自行开发的商埠地。

伪满时期,工业城市的定位尤为凸显,铁西工业区成为这一时期日本重点开发建设的区域。满铁附属地内,以沈阳站为中心,周围纵向、横向和斜向的道路相互连接,形成了一个大大的"本"字。有人说这是日本的"本"字,这种说法无法考证,但日本人的城市规划对沈阳城市的发展产生了极大的影响和烙印,今天我们走在沈阳站附近的中山路、中华路上,还能依稀见到百年前城市规划初期的印迹。

抗战胜利时的沈阳,行政区划竟有24个之多,建国初期被合并为8个。

如今,沈阳市下辖10个市辖区、2

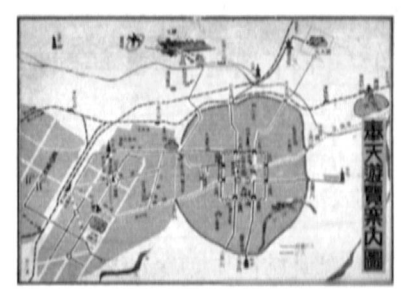

20世纪三四十年代的沈阳市区略图

个县、1个县级市。它们分别是，和平区、沈河区、皇姑区、大东区、铁西区、浑南区、于洪区、沈北新区、苏家屯区、辽中区、康平县、法库县和新民市。沈阳是辽宁省的省会、副省级市、国家区域中心城市、全国重要的工业基地，也是国务院批复确定的中国东北地区的中心城市。

沈阳各区的名字因何而来

◎ 沈河区

沈河区，这个名字是怎么来的呢？确有一条叫"沈河"的河吗？答案是否定的。原来，"九一八"事变后，日伪当局在沈阳市设立了沈阳区、浑河区、大东区等11个区；沈阳解放后，政府决定将沈阳区与浑河区进行合并，取沈阳区的"沈"字与浑河区的"河"字，定名为沈河区。

◎ 和平区

日伪时期，日本帝国主义以大和民族永久占领之用心，策划"三区"，建置了"大和"、"敷岛"、"朝日"区。解放之后，改了名字叫做和平区，也有世界和平的意思。

◎ 大东区

清康熙十九年，绕沈阳城修筑环形外墙，设八个边门，清八旗军分管八门八关地区形成"八界"。大东区在抚近门（即大东门）以外，所以取名"大东区"。

◎ 铁西区

铁西区因位于长大铁路西侧而得名。日伪时期这里一直都是工业区，因此无论是城市规划还是配套服务设施建设，都是为工业生产服务的。建国后，这里也是重要的工业区。2002年沈阳市政府开始着手对铁西工业区进行搬迁改造，随着"东搬西建"工程的结束，始建于1905年的老铁西工业区也彻底成为历史。

◎ 皇姑区

"皇姑区"名字的由来源于皇姑屯，那么"皇姑屯"名字又是从何而来呢？这里还有一段传说呐！相传努尔哈赤外出打猎，途经一个小村子，便向村里的一位女孩讨水喝，他见那女孩聪明伶俐、脱俗美丽，非常喜欢，就将她收为义女（也有说法是干妹妹）。女孩死后的所葬之处就被称作"皇姑坟"，"皇姑屯"也因此得名。另一种关于皇姑坟的说法，认为乃是简仪亲王的坟墓。因简仪亲王本名芬古，故其坟也称芬古坟。时间一久，便误传为皇姑坟。

清朝末期，日本帝国主义在沈阳建立了一条窄轨铁路，以便运送军用物资，于是在这里修建了皇姑屯火车站。1928年，一声巨响，东北军阀首领张作霖被日本帝国主义的关东军分子炸死在皇姑屯火车站，这就是"皇姑屯事件"，于是这个名不见经传的小地方也在我国近代史史书上留下了重要的一笔。

皇姑屯火车站

老沈阳城的中轴线在哪里

说起沈阳城的中轴线，现在的人们可以说无人不知，那就是青年大街，因为青年大街是今天沈阳城的主干道，也是沈阳市重点项目——金廊工程的主线，是沈阳市地理、政治、经济、文化上的中轴线。所谓"金廊工程"，北起清昭陵大门前，向南途经市府广场、浑南新区、桃仙国际机场，直达沈丹高速公路。沿途各种高级写字楼、大厦鳞次栉比，各类广场绿地、公共设施也相当完备，可谓沈阳城市的交通主轴和城市的生活、景观主轴。

但你可知道，几百年前的老沈阳城的中轴线可不在这里，而是在通天街。

通天街其实早在元代就有了，就是盛京城在改为"井"字形街道之前，"十"字形街道贯穿南北的那条。但当盛京内城改为"井"字形街道之后，因通天街所处的位置，被截成了两段。所以，便有了沈阳现在的两条通天街：北通天街和南通天街。两个通天街一南一北，互不相连。

关于"通天街"名字的由来,有人说是取意"通往天子的所在"。因努尔哈赤刚进沈阳城的时候住在了"十"字街道的北端城门附近,所以他的儿子皇太极为这条路取名为"通天路"也就很好理解了。

沈阳究竟有多少处景致

沈阳城不仅历史悠久,景致更是优美宜人,令无数的文人墨客竞相赞美。关于沈阳城景致的"评选"很早就开始了,据记载,早在顺治、康熙年间开始,便有脍炙人口的"盛京八景"、"留都十六景"相传。同治年间,《陪都记略图》中则出现了"盛京十景"的说法。光绪年间,有"陪京八景"之说。及至近代,随着沈阳城建规模越来越大,文化生活越来越丰富,评选"盛京八景"也成了最热门的娱乐活动之一,《承德县志》、《沈阳县志》、《辽海小记》和《奉天古迹考》等书,以及日伪和国民党统治时期的报纸纷纷评选和记述不同名称的"盛京八景",热闹程度不亚于今天的"选秀"节目。

最早的"清初八景"出现在清顺治、康熙年间,这八景是:"庙里有井,井里有庙;人从碑下走,水自桥上流;铜匾一块,铁匾一块;和尚枕着城头睡,城墙下的金钱眼。"

所谓"庙里有井",是说原小南门外关帝庙(一说大南关的大佛寺)下面有井;"井里有庙",是说原小北边门里有一口井,井内有青石雕的小庙模型,水浅时小庙即现;"人从碑下走",说的是原城内钟鼓二楼上有碑,行人从楼下通行;"水自桥上流"则说的是,原大西门里有一座石桥,遇到下雨天,水就漫过桥身从桥上流过;"铜匾一块",指的就是传说奉天省府尹衙门或承德县署大门上所悬挂的牌匾是铜制的;"铁匾一块"则是指,原小东关灶君庙,铸有"慈航普渡"的铁匾;相传有一处城墙,因大雨冲刷,露出一个石刻的睡僧像,便有了"和尚枕着城头睡";又传,有一个刻有"沈阳"二字的石制金钱筑于西侧城墙内,称为"金钱眼"。不过很可惜,这八景现在都不存在了。

清初有一文人,名叫陈梦雷,被流放到盛京。他在《松鹤山房诗集》中，提出了"留都十六景"的说法，包括：天柱衡云、开城霁雪、东园泛菊、龙石观莲、实胜斜晖、浑河晚渡、御园春望、黄山秋猎、沈水春游、永安秋水、大堤踏月、塔湾落雁、景佑晓钟、天坛松月、南塔柳阴、望云列嶂。这十六景囊括了清初盛京城最具特色的自然与人文景观，为后来陆续出现的"盛京八景"、"沈阳八景"及"沈阳新十二景"等城市景观文化提供了借鉴。

同治六年（1867年），一个名叫刘世英的文人来到盛京城，并写就了《陪都纪略》。刘世英把十六景精简成了"留都十景"，包括：凤楼观塔、御苑松涛、三台夕照、万泉垂钓、神碑幻影、福陵叠翠、陡山霁雪、浑河晚渡、柳塘春雨、道院秋风。

五年后，沈阳本土的著名大文人缪润绂，根据多年生活经验推出了"陪京八景"，分别为天柱排青、辉山映雪、浑河晚渡、塔湾夕照、柳塘避暑、花泊观莲、万泉垂钓、皇寺钟声。这八景今天也大多是沈阳的标志性景点，后世所传的"盛京八景"，也以缪润绂版本流传最广。

明国时期评选八景更是当时大、小报刊十分热衷的互动项目。比如，担任过奉天政务厅厅长的藏书家金梁，就推出了"奉天八景"；国统时期的《东北先锋报》也刊载过"八景"。

直至20世纪80年代，随着沈阳经济大发展，新时期的评选仍然继续着。1988年根据群众推荐，评选出了"沈阳新十二景"，里面把南运河带状公园、新乐遗址、彩电塔、沈阳动物园都列了进去。1997年，沈阳又评出了十五大旅游景观，新增了九一八历史博物馆、夏宫、植物园、卧龙湖、怪坡等景观。

沈阳不同时期的名胜景观虽然不同，但无不体现出沈阳城古老的历史、文化和民俗特点，不仅具有标志性，更为沈阳百姓们所熟悉和喜闻乐见。同时，这种"选景"活动本身，也成为了沈阳城独特的一道景观。总之，无论"八景"、"十景"还是"十二景"，都是"最沈阳"的景观。

沈阳的城门楼

盛京内城的八门是怎么来的

沈阳老城是一座内方、外圆的铜钱形城廓,所以内城也叫"方城"。这是一座被青砖高墙围绕着的正方形军事围城,用"壁垒森严"这四个字来形容可谓十分恰当。

明洪武二十一年(1388年),辽阳人闵忠担任"沈阳中卫城指挥使"(县令级别)。之前的"沈阳中卫"还是夯土城墙,闵忠为了加强城池的防御能力,开始着手改建沈阳城。这时的"城"特指"城墙",主要功能是用于抵御北部蒙古族、女真族的军事攻击。据记载,明代时所建城墙周长9里10步、高2.5丈,城内有驻兵,城墙上亦可行军,并且还架设有炮械。城墙外还设有两道护城河,均引用了浑河之水。城墙东、西、南、北四个方向各设一座城门,东门为"永宁门";西门为"永昌门";南门为"保安门";北门为"安定门"。这就是沈阳城内城的雏形。

明朝末年,在与后金的数年征战中,沈阳明城墙除北门外,几乎

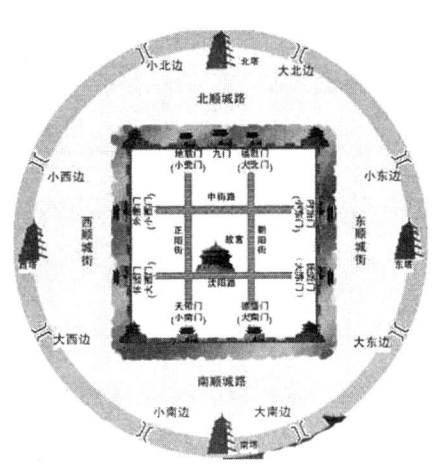

沈阳城门位置示意图

全部被毁坏。

努尔哈赤进沈阳后并没有立即修建沈阳城，而仅在城内靠着北门里依照女真族建筑模式建设一个简单的"居住之宫"，也就是2012年被发掘的"罕王宫"。直到第二年皇太极继承汗位后，才开始对沈阳的城垣进行全面修葺。

修缮后的沈阳城，将明朝时的4座城门改为8座，使出入城门更加方便、快捷。据《增修盛京通志》记载，改造后的沈阳城，城墙高3.5丈，宽1.8丈，周围长9里331步，城楼8座，角楼4座。

现珍藏于首都北京中国第一历史档案馆里的《盛京城阙图》，是现存沈阳城最早的形象资料。图中非常直接地为我们展示了沈阳的容貌。

这时的沈阳内城，每个方向设两个城门，八旗军各守一门。这样就使城内的大街结构由明朝的"十"字形变成了清朝的"井"形。四条"井"字形的道路将故宫围在中间，与四条道路相对的，就是八个进出城的城门，所谓"八门对八街"。

八座城门沿用努尔哈赤为东京城（辽阳）确定的旧称，即，城东方向，北为内治门（俗称小东门），南为抚近门（俗称大东门）；城南方向，西为天佑门（俗称小南门），东为德胜门（俗称大南门）；城西方向，北为外攘门（俗称小西门），南为怀远门（俗称大西门）；城北方向，西为地载门（俗称小北门），东为福胜门（大北门）。

八座城门，寓意"天佑地载，德盛福胜；怀远抚近，内治外攘"，非常符合当时统治者的治国之策。在各个城门外部，还建筑了"瓮城"。瓮城又称月城、曲池，是古代城市主要防御设施之一。瓮城依附于城门，与城墙连为一体，进可屯兵保护主城，守可"瓮中捉鳖"歼灭敌军。

如今，沈阳市中街的道路格局，依旧保留了原来盛京城的格局，即"井"字格局。中街路、沈阳路与正阳街、朝阳街就是在原来贯穿城市的四条"井"字形道路上扩建起来的。但八座城门除怀远门和抚近门为后来复建之外，我们已经再也无缘看到其他城门的真容。

什么是盛京城的"八关"

随着盛京人口的增加，原来的方形内城已经适应不了当时人们的生活。于是康熙十九年（1680年），在城外增筑关墙，高七尺五寸（2.79米），周围32里48步（16.08公里），面积为11.9平方公里，建成了盛京的外城。

外城为不规则的抹角圆形，外城的"边墙"均为夯土筑造，四个方向设有八个关，八关即八个边门。边门较简单，青砖门柱，灰瓦为盖。各个"边门"均与盛京（沈阳）方城八门相对应，并按照盛京（沈阳）内城八门的俗称命名，即抚近门（大东门）外，为"大东边门"，内治门（小东门）外，为"小东边门"，等等，以此类推。"小西边门"还修建了一座门楼，上嵌"陪都重镇"四字门额。盛京内城八门之外、各个边门之内，称之为"关厢"地区，如"抚近关（大东关）"、"内治关（小东关）"，等等。

这样，盛京城就有了"八门"、"八关"的区划，当时住在关厢里的多是所谓"伊彻满洲"，即新满洲，也就是那些在清代入关以后被吸收为满族共同体的成员。各个关的设立，明确划分了盛京城八旗子弟的居住界限：抚近关内及大东关为镶红旗界，内治门内及小东关为正红旗界，德胜门内及大南关为镶黄旗界，天佑门内及小南关为镶蓝旗界，怀远门内及大西关为镶白旗界，外攘门内及小四关为正黄旗界，福胜门内及大北关为正蓝旗界，地载门内及小北关为正白旗界。

修筑"边墙"之后，人们不再受内城的局限，纷纷在"关厢"内安家、开设店铺。清朝末年的盛京地图显示，当年"关厢"地区已经有了上百条胡同，有许多茶馆、饭店、商号等买卖店铺。

然而，时至今日，盛京城的内城与外城城墙都已经先后损毁，八个边门也都陆续拆除。盛京城那宏伟的城墙和城门楼，也都只是存在于历史档案和大街小巷的传说里了。

"九门"是怎么消失的

在《盛京城阙图》中,最令人意想不到的是,在盛京内城的北侧城墙上,在福胜门和地载门之间,还另有一座城门。这多出来的一座城门,就修建在努尔哈赤的"罕王宫"的正后面,具有完整的军事配备,且可以大量屯兵。可以说,这样的城门体系结构在中国历史上是绝无仅有的。这就是被人们俗称的"九门"。

据记载,嘉靖二十二年(1543年),沈阳中卫城的北侧"安定门"更名"镇边门"。努尔哈赤进入沈阳后、沈阳故宫完工前,所住的"临时住所"——罕王宫就是背靠着这个镇边门的。那么,为什么清太祖努尔哈赤将自己的寝居之所建在了明代北门的边上,而不是舒适的城中心呢?一来证明当时的沈阳故宫可能尚未完工,另外,坊间还有这样的一种说法,就是为了方便努尔哈赤随时逃回新宾"老家"。

据《辽东志》记载,"九门"整个城门皆为砖筑,由九个券拱组成一体,门道上铺青石板,门楣上镶有"狮子滚绣球"、"牡丹"等花纹装饰,而最让人称奇的是"九门"的结构。以前考古发掘的城门大都是单个或多个纵向的通道,而"九门"则不同,从平面上若能俯视,"九门"其实是一个直立的"廾"形状。也就是说,在一个纵向通道的两侧,各辟有两条平行的横向通道。这样设计所带来的一个最大好处就是,城门洞内可以大量屯兵且隐蔽性好,针对敌情易进易退,不仅便于得到城内兵力的增援,还可作为相对独立的城堡,牢不可破。这也是努尔哈赤之所以选择背靠"九门"的一个重要原因。这种立体式、多功能的城防工事在全中国可谓独一无二。

对于盛京"九门"的存在,史料中早有记载,但是其城门本身早已在数十年的战乱当中不复存在。1958年的一次维修下水管道的施工中,工人们在大北门与小北门之间发现了这个传说中的"九门"的门

镇边门门额拓片

额之一。门额上写着"镇边门"三个繁体汉字，石碑的下角写着"明万历年"，这个门额现藏于沈阳故宫博物院内。然而"九门"已经无法根据遗址进行恢复了，只留下一条被称为"九门路"的小巷。

关于"九门"有哪些传说

◎ "九门"与蝎子精的故事

由于"九门"的神秘存在，所以盛京城流传着许许多多与"九门"有关的故事。其中，蝎子精的故事流传尤为广泛。

这个传说，得从皇太极弃用"九门"讲起。传说，当时皇太极在扩建沈阳城时，百姓们传言"九门"里住着一个蝎子精，所以城门底下到处都是蝎子。进出往来的百姓经常被蝎子蜇，甚至有人被蜇死。成群的蝎子怎么杀也杀不尽，吓得满城的百姓人心惶惶。皇太极当即下诏：悬赏能治蝎的人。一天，一个道士称：因为蝎子的天敌是鸡，须得寻找一个鸡年、鸡月、鸡日、鸡时生的姬姓之人，把此人砌在城墙内，即可治蝎灾。皇太极命人去寻找这样的人，找到一个卖烧饼的老头。于是那老头牺牲了自己而被砌在了城墙里，从此以后，果然再也见不到一只蝎子，而"九门"也随之被弃用。

关于"九门"里的蝎子精的另外一个版本，说的是佛祖派"真圣"下凡，化做男婴于鸡年酉时降生在城内一个叫姬耀祖的人家里，当蝎子精出来作恶的时候，男婴便化作一只金鸡，与蝎子精恶斗，最终蝎子精被制伏。

当然这些故事不过是坊间的一些传说而已，俱不可考。

◎ "天德信"与"九门"的故事

还有一个与"九门"有过渊源的故事主人公，是盛京历史上真实存在的人物。

"天德信"是盛京城一家民族资本的老字号。解放以前，"天德信"垄断了整个东北三省的文具、纸张。关于"天德信"的发家史，传言是借了"九门"的光。

据说,"天德信"的主人姓曹,早年间给一个做纸张生意的大户人家当厨师,他的厨艺很好,人称"曹大厨"。后来,当时沈阳城进驻了很多日本人,"曹大厨"听说日本的文具、纸张好,便想到做日本人的纸张生意。于是,他就在"九门"的旁边租了一个房子做仓库,然后向日本人订了20箱货。那时候,日本人为了促进贸易,一般都先到货后付款。

接着,日本关东地区发生了8.2级的地震,此乃日本现代史上震级最大、损失最严重的一次大地震。就是这次地震,让"曹大厨"白拿了日本人20箱文具、纸张。从此,"曹大厨"变成了"天德信"。人们都说"曹大厨"是借了"九门"里蝎子精的灵气。

当然,这些都只不过是一种巧合,当时迷信的人们就把这种巧合联系在了一起。不过,满族人信奉萨满教,视各种动植物为"仙家"却是事实。

抚近门与清代一条街

抚近门,俗称为"大东门",是沈阳城九门之一。清代的抚近门已经基本毁坏,今天的抚近门是1998年复建的。

抚近门位于沈阳古文化街东端,与西端的怀远门相对而望。抚近门高近20米,占地面积556平方米,建筑面积500平方米,是今天沈阳市的标志性建筑之一。

走进抚近门,就是沈阳城有名的清代一条街,又称作"清代满族风情一条街"。清代时候,这条街名为"新正街",现在叫做"沈阳路"。沈阳路全长1340米,街路两边的店铺约有百余家,主要经营古玩字画、旅游纪念品、饭店、旅店、小吃、茶庄等。这条街上仍留存有一些清代和民国时期的建筑,其余则是清代风格的仿古建筑。

抚近门旧貌

清代一条街上的武功坊和文德坊是清代时期的两座牌楼,其一东一西纵列于沈阳故宫大清门之前,是当年努尔哈赤和皇太极为传颂自己的文德武功所建。东北少帅张学良的东北军"军官俱乐部"就坐落在这条街上,这栋建筑建于1925年,如今仍然保留着原有的欧式风格。现今这里是某青年旅社,旅社内留存有不少初建时的原物。街北出口的两边木柱上还有清代大书法家包汝楷撰写的楹联。

如今的清代一条街已经成为沈阳市文化旅游产业一块招牌,它丰富的历史文化底蕴、独特的清代满汉融合的建筑风格,形成了"金字金匾名阁名楼名店铺,青砖青瓦古风古貌古陪都"的景象,吸引了全国各地的大量游客。

被称为"鬼门"的是哪座城门

怀远门位于沈阳路西端,俗称"大西门"。清代时候的怀远门,同盛京城的其他七座城门大抵相似,但是,又与其他城门有些区别,因此民间关于怀远门的传说也不绝于耳。

打开沈阳城的地图我们会发现一个奇异的现象,连通盛京内城八个城门与八个边门的8条大路中,有7条均为径直相对,然而,只有怀远门,也就是"大西门"与"大西边门"之间的大道并不笔直,而是从东向西逐渐地偏向南边。这里就涉及了一个古老的传说。

清朝晚期刘世英所著的《陪都纪略》中提到了这么一首诗——《鬼门六只眼》,诗中道:"怀远门称坤,俗言似太迨。门扉六眼孔,泱囡设来由。"缪润绂在《陪京杂述》中也说到:"怀远门两扉,各有三眼,旧时按八卦方位,此当属坤,盖六眼取六断之义,未知可否?或谓以八门

怀远门今貌

论,此为死门。故罪大辟者,自是牵出,俗因呼为鬼门。然六眼之义,究无能解。"《东三省古迹遗闻》同样也说:"大西门外瓮圈两门扇下面,共有六孔(孔是辟门时置),它门无之。故老说,早年刑场设在西廓外,凡决之囚必出此门,遂有'鬼门六眼'之说。"又旧时骂人有"出大西门的"一语,意即"不得好死"。

为什么出大西门就不得好死呢?原来,这是因为自清以来,出大西门外的西南角之处,是当时的刑场所在地。临刑前犯人要被装进木笼囚车,游街过市后被送往大西门外的刑场处决,俗称"出大差"。刑场的不远处,就是埋葬无主尸首的"乱葬岗子"。所以凡处决死囚必出此门,因此,当年的沈城百姓们就称怀远门为"鬼门",称大西边门(大西关)为"鬼门关",甚至还有一句诅咒别人的狠话:"出大西门去吧!"可巧,大西门城门上有六个小眼,是其他七个门没有的,于是就有了"鬼门六眼"之说。民间也有一句俗话讲:"不要你鬼眉六眼的",意思是说:无论你怎样狡猾嚣张,最终也免不了要过鬼门关。

古时候,人们认为人死后要去往西方,因此称人去世为"归西"、"驾鹤西去"等。而怀远门外恰又是刑场和墓地,所以,人们认为怀远门和大西边门径直对着"大西边"实在不吉利。于是,修筑边墙和边门时,人们便有意将"大西边门"向南偏斜,以便避免形成直通方城内的"西方大路"。

1931年春,在此处开辟菜市场,因有失观瞻,且妨碍卫生,遂将刑场移往它处,但"鬼门六眼"的传说仍在盛京百姓中流传。旧时,人们最怕进鬼门关。为祈求诸事顺利、祛病消灾,每逢初一、十五,善男信女们都要到大西门外焚香叩拜。

如今的怀远门已经看不到传说中的"鬼门六眼"了。《沈阳大事记》中记载:"1936年9月,开始拆毁大西门。"1994年,在沈阳市和沈河区有关部门的努力下,修建了一座仿古建筑,这就是今天的怀远门。在百年后的今天,曾经的"鬼门"如今变成了车水马龙的地标,仰望宏伟的怀远楼城楼,回想那些跃然纸上的故事和传说,令人心生无限慨叹,由衷地珍惜今天这来之不易的美好生活。

"女儿墙"名字的得来与德胜门有关吗

盛京德胜门,俗称"大南门",以女儿墙的典故留名于世。

德胜门旧貌

当年盛京城内城在修建城墙的时候,一并建有六百五十一个垛口。不过,令人感到奇怪的是,这六百五十一个垛口唯独德胜门城楼上的六十个垛口比其他七个城门上的垛口少一层青砖,于是便足足矮了两寸多。这究竟是怎么回事呢?

原来,相传当年皇太极在修葺沈阳城墙的时候,嫌城墙修得太慢,便下令四处抓丁增夫,结果盛京城方圆百里的男子都被抓来修城。城南六十里外有一对扈姓父女,父亲六十多岁,年老体弱,长年卧病在床。女儿早年丧母,与父亲相依为命。她每天侍候着父亲的饮食起居,从无半句怨言,是个百里挑一的孝顺姑娘。当征丁的通知传到扈家时,女儿为了自己体弱多病的老父亲,于是便乔装打扮成一名男子,假称是扈家的儿子,代替父亲加入到了修城的队伍中。她被分配到德胜门城楼上的垛口专管抹灰。但是,过了些时日,这位女儿的身份便被监工的头目识破,于是便奏明了皇上。

皇太极闻言,深受感动,当即对这位替父修城墙的孝女大加赞扬。于是特准许德胜门城墙的六十处垛口可以矮一砖建设,遂得名"女儿墙"。

后来,在清末义和团起义时,"红灯会"义民为泄仇恨,将矮一砖的"女儿墙"加到和别处同样的高度。

德胜门遗址于2007年出土,名为"清盛京城德胜门瓮城遗址"。在该遗址的上方,加盖有玻璃罩以向世人展示。该遗址的展示区域东西长9米,南北宽7.4米,面积为37.3平方米,遗址深度约2.6米,地上部分设置有说明碑和卧碑,碑文上刻有德胜门瓮城的介绍等。

盛京的钟楼和鼓楼是如何使用的

清末诗人缪润绂曾以诗句来描写沈阳的钟楼和鼓楼:"钟打谯楼第几更,八关接续听锣鸣,猎猎中有谁家犬,吠入深霄不断声。"

钟楼和鼓楼始建于1637年,曾经位于沈阳古城中最繁华的四平街,也就是今天的中街上。东边的钟楼位于现在朝阳街与中街交汇处,西边的鼓楼在正阳街与中街交汇处。两座楼的建筑样式几乎一样,各有上、中、下三层,上有重檐亭阁并设有钟、鼓,下设拱形门洞用于通行。两楼犹如孪生姐妹一般,唯一的差别是,一座悬挂的是钟,另一座则是鼓。相传两座楼上旧时还有许多石碑,当时人们形容盛京城"人在碑下走,水从桥上流",说的就是这两座钟、鼓楼。

老照片中的盛京鼓楼

两楼相距580余米,东边为钟,西边为鼓,正所谓"晨钟暮鼓"。

清初时,老百姓家里很少有钟表,因此,钟楼、鼓楼便成为全城的计时系统,住在城内的王公大臣也好,平民百姓也罢,都依靠着这两座钟、鼓楼来判断时辰。据记载,每天到了亮更(5时),则先击鼓后撞钟,表示起床时间到了。每天一到黄昏定更,或叫起更(19时),盛京城便八门紧闭,钟鼓楼上先击鼓后鸣钟。随后,每一个时辰,即两个小时鸣钟一次,八门上的守城人也相继敲梆鸣锣。从二更(21时)到五更(凌晨3时),只撞钟不击鼓,以免影响人们休息。百姓们以钟声为准起居劳作,亮更之后,沈阳城门便大开,行人商贾拥进城来,喧闹的一天便开始了。

早期的四平街(今中街)及钟鼓楼

钟楼金代交龙钮大钟是从哪里来的

曾挂于盛京城钟楼上近三百年的大铜钟，还有一段传奇的历史。

这口大铜钟名为"金代交龙钮大钟"，是公元1151年铸造的，距今已有近900年的历史，现存于沈阳故宫博物院，是沈阳故宫的十大"镇馆之宝"之一。这口大钟是由老罕王努尔哈赤从辽南带到沈阳的，于民国期间，经少帅张学良同意将大钟从钟楼上拆下来。相传大铜钟一响，钟声嘹亮、响彻全城，更可声传数十里。

金代交龙钮大钟

这口金代交龙钮大钟，钟身为青铜所制，上部呈圆形，顶部铸有单环形双螭龙钮。钟表面铸有四组阳文横向双环形线和多组竖向双道短线，中层一区内竖向阴刻铭文，楷书16行共175字，记载的是铸钟经过及涉及的匠人和僧侣的名字。钟底部口径稍大，铸成六个弧形波纹。全钟高210厘米，下口径125厘米，重约3000千克。可以想见，搬运这口金代大钟可是一件多么困难的事。

关于这口金代交龙钮大钟的历史，史书上多有记载。这口大钟是当初金朝（1115—1234年）铸造的，大钟铸成后一直在东北地区使用。直到清朝初年，努尔哈赤拿下辽南的时候，因他称自己是金朝的后裔，所以辽南的汉族人便将这座大钟献给了努尔哈赤。他收到这口金朝铸的大钟时非常高兴，觉得自己得到了祖先的宝贝。于是在努尔哈赤以后的建政、迁都过程中，就一直带着这口大钟。他就将大钟从辽南带到了辽阳，之后又带到了沈阳。后来在皇太极的主持下，在时为后金都城的盛京沈阳修建了钟楼、鼓楼，这口钟便挂进了城内的钟楼里。

到了清朝末年，西洋钟表开始进入一些人的家中，钟楼鼓楼的作用也逐渐变淡，反倒是坐落在内城两个十字路口的两座钟、鼓楼，让已经有了许多汽车的盛京城的交通显得有些不便。这时开始有人提出要拆除钟楼和鼓楼,张学良时任地方上的最高行政长官,最终他同意拆除钟楼和鼓楼,并将大钟移入沈阳故宫保管。

当然,反对拆除钟楼、鼓楼的声音也是有的。当时中国著名建筑史学家,梁启超之子梁思成先生正在东北大学建筑系任教,对于钟楼、鼓楼的拆除梁思成先生曾极力反对。他谏言张学良:"毁坏容易保护难,它们一旦消失就不能再恢复了,为什么你要选择把它毁掉呢?"

然而,钟楼、鼓楼最后还是被拆除,对于沈阳人来说不可谓不是一大损失。如今,"钟楼"和"鼓楼"也仅仅是以公交站名的形式存在于开往沈阳故宫的各个公交车上了。

盛京的角楼下真的有仙人洞吗

沈阳人有句老话:"早菜行,晚胡同,初一十五仙人洞。"说的是当年老盛京城的几个热闹的地方,即当时小东门外的菜行、九门附近的胡同,还有城墙拐角处的仙人洞。

所谓仙人洞就是狐仙的庙堂。因为满族人信奉萨满教,自古有供奉仙灵的习俗。当年后金迁都沈阳后,在改建沈阳古城墙的时候,就在内城的四个拐角处建筑了角楼,里面供奉着狐仙。相传,角楼底下还有洞,能一直通到沈阳城东北边的辉山,所以狐仙庙又叫"仙人洞"。不过这个仙人洞究竟是否真的存在过,究竟宽几许、长多少,已经无法考证,但仙人洞的香火却一直旺盛。

清代文人缪润绂的《沈阳百

复建后的角楼

咏》有云:"为庇仙云愿许酬,尽将脂粉斗风流;红妆多少烧香女,齐上东南转角楼。城内外四面皆有仙人堂,惟东南转角楼下香火最盛。每逢朔望,士女纷集,叩谢仙灵,此往彼来,不甘其数。"从中我们可以清晰地看到当年盛京城角楼在百姓生活中的地位。

因满族人的祖先女真族以游牧为生,他们信奉的萨满教的理论根基即为"万物有灵论",或称"泛灵论"。他们常赋予自然万物以人格化的想象或神秘的灵性,将它们视为神灵。关于盛京角楼狐仙庙的修建,据说是努尔哈赤和皇太极为了感激仙灵在他们与明兵作战时给予的帮助,设立的"神仙堂"。此后张作霖和张学良都出资修葺过。

而如今沈阳角楼的命运也同古城的城楼、城墙和城门一样,被相继拆除。20世纪90年代,沈阳古城遗址,仅存东北角及西北角之间的四段墙基,总长仅约90米。2000年起,沈阳市文物管理部门组织有关专家进行论证,根据西北角楼及其附近的一段墙基,对西北角楼进行了复原。复原后的西北角楼,占地面积717平方米,楼高3层,为单檐歇山式建筑,生动地再现清代盛京城城墙和角楼的历史风貌。

沈阳的道桥地名

沈阳,这座古老而又崭新的城市,仿佛一个身着新衣的老者,新与旧成为这座神秘城市的一体两面。沈阳,可以说是一座活在纸上的城市。炮火的洗礼和殖民时期的破坏,使得沈阳城许许多多印刻着岁月烙痕的古老建筑已经沦为断瓦残垣。但是,那些可以证明着历史和往事的名字,依然还留存在地名中。我们每每打开地图,抑或乘坐公共交通工具的时候,那些古老的名字便跃然而出,与这些名字一同复活的,是那些街头巷尾间、茶余饭后时不断被演绎着的经久不衰的故事,以及那些令人永远也无法忘却的历史。

沈阳的街桥

太原街与太原有什么关系

太原街位于沈阳的和平区。乍看这个名字，也许很多人会好奇这里与山西省省会太原有什么关系，但其实这里跟太原并没有什么关系，反而跟日本倒有着很深的渊源。1919年，太原街有一个屈辱的名字——"春日町"。

1898年，沈阳站附近沦为沙俄的租界区，"西四条街"便成了如今太原街的前身。1919年，日本战胜俄国后，该区域变为"满铁附属地"，于是，日本人将这一区域的所有街道都改用了日本名称。日语里称街为"町"，称路为"通"，因此当时，太原街一带的道路在满铁附属地时期，几乎全是日本式的名字，如千代田通（今中华路）、南八条通（今南八马路）、浪速通（今中山路）。解放后，这些日本名字才被撤销，"春日町"也被正式更名为"太原街"。

那么，为什么以太原市的名字来命名呢？原来，这与沈阳市各个行政区的命名规律有关。沈阳市街路名称都是以街、路、巷来做通名命名，南北为街，东西为路，而偏离南北方向偏离夹角不超过45度，

满铁时期的春日町（今太原街）

仍然叫街。其中不足500米长、80米宽的街道，一律称为巷，巷从属于街或路。以我国知名城市来命名道路，是沈河区的一个特色，此外还有一些则以省内城市来命名。

艳粉街的名字是怎么来的

很多人可能会从公交站牌上看见过这个"艳粉街"，但未必知道，这个艳粉街至今已有300多年的历史了。

艳粉街位于铁西区南部，此地原为艳粉屯。在清军入关之前，这里为镶蓝旗的属地。镶蓝旗旗主济尔哈朗是努尔哈赤的侄子，是清朝"铁帽子王"之一，被封为和硕郑亲王。这位亲王一生娶了妻妾共十六人。也许是当时关外物资不足的原因，和硕郑亲王便命这里的居民们在田野中大量种植一种叫"胭粉豆"的花。因为这种花的种子收获后磨成粉末，可以调制成王府福晋们用的化妆品——胭脂，供亲王的妻妾们使用。

每当胭粉豆开花的时候，大片大片艳丽的粉色花朵竞相开放，甚是好看。于是，人们把这个地方叫胭脂屯，后来又逐渐演变成"艳粉屯"，也就是现在的艳粉街。

胭粉豆的花

乐郊路和秦桧还有一段历史吗

乐郊路的名字来源于历史上的"乐郊县"之名，这个名字从辽代起便存在了。

辽代时候，耶律阿保机率契丹大军将掳掠来的汉人在沈州城及其附近进行"移民安置"，并设置了一个名叫"三河县"的小县城，而后更名为"乐郊县"，其含义为"肥沃的乐土"。据《辽东志》记载："三河县……后以其地广衍肥饶，迁于是土者乐之，更名。"金代时"乐郊"还被用作驿馆名，乐郊馆位于今之乐郊路北、大南门南。

据民间记载，宋时期，在"靖康之变"中被金军俘虏了的宋徽宗与宋钦宗，及大量后宫嫔妃与皇族、朝臣，曾经在乐郊馆住了很长时间，其中还包括大奸臣秦桧。

据说，被金军俘虏了的徽、钦二帝和皇室人员走到乐郊县的时候，宋徽宗感染了风寒，一病不起。押送他们的金兵生怕他病死，自己无法交差，于是决定在乐郊馆停留，待宋徽宗病情好转后再行北上。到了金都后，秦桧还被金国皇室当做军事参谋。所以，有史学家推断，秦桧就是在这一时期投降的金国，并在后来成为破坏岳飞抗金大业的千古罪人。

乐郊馆在金朝末年被废，一些汉臣为了祭祀旧主，在这里设立庙宇，称"徽宗寺"，后改名为"辉宗寺"。如今，该寺虽然已不见了踪影，但乐郊路仍在讲述着那段古老的故事和历史。

宋徽宗画像

天后宫路，为什么只见路不见宫

"天后宫路"这个名字，自然是得来于清代时曾建在此地的"天后宫"。那么什么是天后宫呢？原来，就是海神娘娘庙，也就是妈祖庙。可是，沈阳这个东北内陆城市怎么会有一座妈祖庙呢？

据《奉天通志》记载："天后宫在地载关山（小北关）三皇庙西，清乾隆年建。为闽江会馆。"又据《沈阳市志》记载："创建于清乾隆四十七年（1782年），位于大东区小北街，创建人为闽人，住持周宗岐，其用途为伙居道，居此住用。"

原来，早在清朝中前期，盛京城的商贾行市开始逐渐兴起。南方各省的商人们纷纷来到沈阳这座东

资料中的沈阳天后宫原貌

北地区的经济中心，买卖经商。但是，当时路上交通较为不便，于是一些靠近水路省份的商人们便占据了地理优势，尤以勤劳的福建人为多。于是福建商人们便在盛京城修建一处闽江会馆，类似于当时的商会。其中，一位名叫陈应龙的福建人，斥巨资在这里捐建了一座妈祖庙，即天后宫，祈求商船平安、生意兴隆。

妈祖文化起源于福建湄洲岛，后流传于我国沿海各个地区，是历代航海船工、海员、商贾、渔民们共同的信仰。据记载，当年盛京城的天后宫占地20多亩，规模非常宏大，建筑也十分精美，门前还挂有"江南归雨，塞北停云"的楹联。每年农历三月二十三妈祖生日时，闽江同乡会馆都有集会、庙会，天后宫内外便会人潮涌动，可谓热闹非凡。

后来，大约在义和团时期，天后宫毁于大火。从此便只留下一条道路的名字。

沈阳的这座天后宫，不仅见证了沈阳城当年的商业繁华，也是南北方文化交流、融合的具体体现。现今，经过沈阳市政府的努力以及在沈闽商的捐助，天后宫的复建工程已经接近尾声，相信这座古老的建筑将重现清朝年间的历史原貌。

端午挂纸葫芦的习俗与药王庙路有关吗

沈阳另一个因庙而命名的路，是位于沈河区的药王庙路。

从这个名字我们也能看出，这里曾有过一个药王庙。据记载，这里的药王庙会曾经是沈阳城最为热闹的庙会之一。

据记载，沈阳的药王庙位于大南关处，药王庙的庙会是在每年的农历四月二十八举行，这一天据说是药王的生日。清初缪润绂的《陪都纪略》中记载，沈阳大南关的药王庙会每年都甚为热闹，道路两侧商贸帐篷鳞次栉比，买卖众多，一望无际。庙会期间，沈阳城的医药行业还要举行各种活动，由于药行商家、药王庙共同举办，故十分热闹隆重，而普通百姓逛药王庙会，自然是祈求健康。庙会开始时，人们要把药王庙中木雕的"药王"像从大殿里"请"出来，由仪仗队簇拥着上街游行，

走街串巷，意为祛病消灾，同时，他们还会把常用的中草药和各种民间验方沿途散发给百姓。据说沈阳的药王庙会，从农历四月二十五日开始可以一直热闹到五月初，有时甚至与端午节相衔接。

因而，我们今天便能够从端午的习俗中瞥见药王庙会的痕迹，原本吃粽子、插艾蒿、系五彩绳等习俗中，又多了一项重要的民俗，便是挂纸葫芦。缪润绂在他的《沈阳百咏》里有诗云："银红帖子折千张，圣会同来赴药王；百样葫芦依样剪，分明佳节近端阳。"这里就生动地描绘出当年药王庙会与端午节民俗相互交织的趣相。

如今，沈阳没有了药王庙和药王庙会，只留下一条"药王庙路"。但是，每逢端午节，很多沈阳人家都要买剪纸的葫芦挂在门前，这恐怕就是从这个药王庙会上沿袭下来的习俗。无论如何，沈阳人热爱健康、热爱生活的传统依然没有变。

沈阳城还曾有另一座海神娘娘庙吗

说到海神娘娘庙，我们不得不说说沈阳城历史上的另一座——山东庙，这座妈祖庙同样也只剩下了如今的一条路名，即"山东庙巷"。

提起山东与沈阳的关系，自然要说说当年的"闯关东"。闯关东是我国历史上著名的一次人口大迁徙，时间大约从清朝同治年间到中华民国时期。"关"即指山海关，当时大量的人口从山东、河北等迁徙至东北地区谋生的历史，被称为"闯关东"。

"闯关东"进入东北的山东人中不仅有务农的农民，也有许多商贾前来经商。当年沈阳城绝大部分的丝房均为山东人所经营。商贾经商大多经过海路运送货物，因此这些山东商人也与大多数沿海居民一样信奉妈祖。于是，这些山东商人便建立供奉海神的妈祖庙，称为"山东庙"。

据传，当年的山东庙建筑典雅、气势宏伟。前殿供观音菩萨，后殿供天后娘娘。门前一副楹联写着："山镇青齐奄有大东，会我同人于此假馆。"内嵌"山东会馆"四字，也就是说山东庙也即是当时的山东会馆所在地。每逢庙会之日,在沈阳的山东老乡都前来拜祭海神娘娘,山东庙也变得十分热闹。

然而今天,山东庙早已从人们的视线中消失了,只有路牌上的"山东庙巷"几个字,还在述说着当年的故事。

翰林路上曾经住过一位翰林吗

翰林路其实是由过去的三个胡同组成的,清朝时分别叫做"缪翰林胡同"、"甜水井胡同"和"马箭荡胡同"。翰林路上确实住过一个翰林,他就是前文中多次提到的缪润绂,人称缪翰林。

缪润绂(1851—1939年),原名裕绂,字东麟,又东霖,号钓寒渔人,又号太素生,隶汉军正白旗。他出身书香世家,曾祖就是康乾时期的盛京名士缪公恩。光绪元年(1875年),24的他考中举人,光绪十八年(1892年)为进士,授翰林院庶吉士,旋改任户部主事,后官至山东临清直隶州知州,候补知府,未出仕前,一直居住在盛京。这位缪翰林年轻的时候便头角峥嵘,14岁就开始创作诗词,二十几岁就文冠辽东。

缪润绂

缪翰林对沈阳清代城市研究和民俗研究做出过重要贡献。他喜好民间文学和风俗历史,27岁时写成了《沈阳百咏》和《陪京杂述》,以竹枝词的形式歌咏沈阳的名胜古迹、风情民俗和历史变迁,成为现今历史和民俗学家,乃至城建部门研究沈阳地方史的珍稀文献。

如今的沈阳城称得上是一座"活在文献中的城市",大量清代后期甚至民国时期还存在的古迹以及民风习俗,现在已经成为人们的记忆,逐渐淡出了年轻一代人的生活。但是缪翰林却为我们记录下了这些,这实则是沈阳城的一大幸事。

沈阳有个如迷宫般"易进难出"的八卦街吗

位于沈阳市闹市区之一的南市场地带，有一片神秘而奇特的街巷，其中的道路呈八卦样布局。一旦走入其中，方向感顿时全无，别说是不熟悉路的新手，就算是对路线了如指掌的老司机，也难保不会"深陷其中"，俨然一个偌大的迷宫。

八卦街不但形似八卦，而且其间的各条小路名称都与八卦有关。其一街一巷，无不依照周易八卦设计，构造之精妙、格局之工整，令人叹为观止。《易传》有言："易有太极，是生两仪，两仪生四象，四象生八卦。"根据古代八卦的内容——乾、坎、艮、震、巽、离、坤、兑来为各道路命名。于是，中心广场伸向

八卦街示意图

四个方向的四条路被分别命名为乾元路、艮永路、巽从路、坤后路；再由四象生八卦，伸向另四个方向的路命名为坎生路、震东路、离明路、兑金路。八卦街的东、南、西三面的道路内又分出许多的小巷，以温、良、恭、俭、让、刚、健、笃、实、辉、生、廉12个字与八条街的第二个字搭配，合成十二条里巷的名称，即温元里、良永里、恭从里、俭后里、让东里、刚明里、健金里、笃生里、实进里、辉生里、生金里、廉东里，如今这些小巷已经不复存在。

关于这八卦街的历史，也充满着"八卦传闻"。

1918年，张作霖下令在商埠地区开辟两个市场，即南市场和北市场。邻近南市场的八卦街是由奉天省长王永江负责督建，商埠局工程科何毅夫科长按照汤玉麟、吴俊升等人的建筑规划设计的。那么，为什么要将街道设计成八卦的样式呢？据传解释有二：其一，八卦街的设计取辟邪之意；其二，效仿古人摆八卦阵迷滞敌人的战术手段，是希望行人在其间逛来游去，沉浸其中，以达到留住客人、招揽生意的目的。当年，八卦街上密布着各色商铺、饭庄、商号、烟馆、妓院等非常多，还有各国洋行和

外国银行,如汇丰银行、花旗银行等都在八卦街设有分行。

总之,八卦街的道路规划中渗入了八卦理念和兵家谋略,又有经商之智慧,令人啧啧称奇。而如今,时光流转,高楼大厦逐渐淹没了这个八卦形的街巷,而那些旧时代的事物都已随时间的漩涡归于尘封。

珠林路曾与郭松龄、张作霖有关吗

提起珠林路,想必谁也不会太多关心这个名字的由来。车水马龙的珠林立交桥,是今天沈阳的地标之一,但谁又知道它路基下掩埋的故事?

珠林路之名来源于此地曾经的一座寺庙——珠林寺。珠林寺据传建立于后金初年,是沈阳最早的一座"寄骨寺"。乾隆三十九年(1774年),承德县(即沈阳县)知县庆贻说:"死者尸骨皆父精母血,贵重如珠,寄骨寺内,棺木之相依,车前廊后舍序次如林也。"遂为该寺赠书有"珠林"二字的匾额一块,这就是"珠林寺"名字的由来。清朝末年起,"珠林寺"由浙江、江苏会馆经营。1919年,由奉天同善堂接管。新中国成立以后,"珠林寺"由沈阳民政部门接管,并将寺内遗存的一千余口无人认领的棺椁进行掩埋。如今"珠林寺"已经被拆除,而只剩下了"珠林路"的地名以示纪念。

那么这个珠林寺为什么值得纪念呢?这就要追溯到百年前的历史了。

1925年12月25日轰动全国的郭松龄倒戈反奉失败后,郭松龄将军和妻子韩淑秀被处决,并遭到暴尸三日的羞辱。郭氏夫妇死后,就暂厝于珠林寺内。无独有偶,张作霖的棺材也曾暂厝在珠林寺。"九一八"事变后,张作霖的遗体一直未得到安葬,日本关东军以此来要挟张学良,妄图令他妥协于日本,但遭到张学良的拒绝。就这样,张作霖的灵柩便在珠林寺放了6年。

郭松龄

如今早已再无珠林寺,原来的地方只剩下川流不息的珠林路、珠林桥和快速干道,但它的名字却时常在人们耳畔响起,提醒着人们那些难忘的历史。

斗姆宫东巷究竟怎么念

沈阳有一条小巷,写作"斗姆宫东巷",或许很多人曾疑惑这里的"斗"究竟读作几声。如果我们弄清楚斗姆宫到底是个什么地方,就会明白它怎么念了。

斗姆,又被称作"斗姥"或"斗母元君",是道教所尊奉的一位神。"斗"是指北斗众星,"姆"是母亲的意思,合起来的意思就是北斗众星的母亲,所以她的地位很尊贵。全国很多地方都修建有供奉这位"斗姆"的寺庙。

关于这位"斗姆"的身世来历,还有一个神话故事。古时有个名为"紫光夫人"的皇后,一日她到池中沐浴,忽然有9个莲花花苞出现在她周围,花苞瞬间盛开成莲花宝座托起紫光夫人。这9个莲花就是天上的北斗众星,而紫光夫人就是斗姆元君的前身。

因此,斗姆宫东巷附近的斗姆宫小区,后来改名为七星小区。不过,今天的斗姆宫早已成为历史记忆,当年斗姆宫所在地的附近盖起了众多的摩天大楼,斗姆宫也仅仅存在于道路的名字中了。

魁星楼路附近有过一座魁星楼吗

看到魁星楼路的名字,我们不难想象,这里的确是存在过一个魁星楼,而且,这个魁星楼的来头可不小呢。

我国民间广泛流传着魁星点状元的传说,在历代封建帝王都城的东南角都会建有魁星楼。沈阳是清朝故都,老沈阳城的东南角同样也曾建有一座魁星楼。沈阳魁星楼始建于1628年(天聪二年),后经三次重修,楼阁殿堂非常宏伟壮观。当时,傍晚登上魁星楼向西远望,千里霞光，极其壮美。所以，"星阁晴霞"在当时被誉为"盛京八景"之一。

乾嘉时期，"关东第一才子"王尔烈在高中二甲一名进士后，特意来沈阳魁星楼拜祭。沈阳名士缪润绂的曾祖父缪公恩为魁星楼题匾"天下文明"。张学良主政东北时，也曾携夫人于凤至来到魁星楼，于凤至为魁星楼题匾"有求必应"。

周恩来总理年幼时曾在奉天的东关模范学堂就读过，因为魁星楼与该校毗邻，所以时常与学友至魁星楼前玩耍。解放后，周总理携夫人邓颖超来沈阳视察时，还特意与夫人一同参观了母校和魁星楼。1962年，魁星楼被评定为沈阳市重点文物保护单位，1964年沈阳市文物局专款维修了魁星楼并对外开放，当时的票价是两分钱。那时的魁星楼几乎没有遭到一点破坏。魁星楼当时是沈阳的地标式建筑，也是"盛京八景"之一的人文景观和历史文化遗产。

魁星楼

然而，令人扼腕惋惜的是，到了"文化大革命"期间，以破"四旧"的名义拆除了这座魁星楼。据说，令人意想不到的是，在拆除这座几百年高龄的古建筑时，推土机对其束手无策，其墙体异常坚固，仿佛有神明的加持。但这也许正是魁星楼建筑价值之高的证明。当年著名建筑学家梁思成含泪道："这样坚固的一幢建筑我们应该去研究它保护他，现在已经看不见了，再也看不见了，我们难道不是犯罪吗？"

今天，魁星楼已然荡然无存，但魁星楼路依然还在悠悠地讲着那些"魁星"的故事。

神秘的堂子街与邓大人庙

位于大东路和小河沿路之间的堂子街，可是有大来头的。"堂子

街"的名字得来于"堂子庙胡同",那么这个堂子庙又是什么来头呢?

堂子祭神,是清代满族宫廷内特有的祭祀制度,其制源于萨满教祭神仪式。这个用来祭祀的庙堂就叫"堂子庙",堂子街也因此而得名。

据《清史稿》记载,努尔哈赤、皇太极每逢出征、遣将、凯旋等重大军事行动,都要拜堂子,以求上天保佑。这个祭祀活动成为爱新觉罗氏家族内部的祭祀活动,除直系亲属外,外姓人士决不允许踏进,甚至靠近它,因此该祭祀活动也变得愈发神秘,引起人们的诸多猜想。

有传言说,堂子里供奉的是一位明朝将军,名邓子龙(一说为邓佐),因他是努尔哈赤的救命恩人,所以也有人把堂子庙称作"邓大人庙"。但由于堂子祭祀的神秘性,堂子祭祀活动的真正内容以及堂子内是否供奉着一个邓将军,都仅是猜测而已。

承德路跟河北的承德有没有关系

沈阳有很多以地名命名的街巷,但是这个"承德路"可不同,它用的不是别的城市的名字,而是沈阳历史上曾经用过的自己的名字。

是的,沈阳历史上曾经叫过承德县,而且要早于今河北承德60多年呢。

据记载,顺治十四年(1657年),清朝在盛京城内设立"奉天府",管辖其范围内各个县的"民人事务",康熙四年(1665年),出于理政、用人、办事的便利,朝廷又在盛京城内设立了承德县衙,意取"承受天帝德泽"。承德县隶属于奉天府,县衙原址位于怀远门内大街路南的胡同内。而河北的那个承德,是雍正十一年(1733年)才有的,在此之前一直叫做"热河行宫"、"热河厅"。所以,是先有沈阳的承德,后有河北的承德。

承德县管辖范围很大,包括盛京城外四郊,辖境东至抚顺城,西至辽河,南至十里河,北至临近铁岭的懿路村。直到1911年,承德县才被撤销,其管辖的地方由奉天府直辖。1913年,政府将旧有府州一律改县,奉天府也随之被废除。改名为奉天县,归奉天省直辖。同年4月,因省、县同名，又恢复了承德县名。同年5月，又因与河北的承德县重名，遂改为沈阳县。

1989年，沈阳市相关部门将原来承德县衙所在地的道路正式命名为"承德路"。

哪条路可称得上是"沈阳第一路"

要说这"沈阳第一路"，就得从清代"大御路"说起。

清朝皇帝入关以后，一直都保持着东巡祭祖的传统，因为满族人认为盛京是清朝的"龙兴"之地，努尔哈赤和皇太极的陵墓也在这里，所以，清帝的东巡祭祖活动是盛京城最重大的礼制活动。东巡的队伍十分盛

华山路路牌（大御路）

大，包括皇舆、坐骑、车辆、差役、御卫队、祭品等，浩浩荡荡。他们所走的这条路被称为"大御路"，同时也是平时运送"御物"的通道。

当时盛京城的皇家用品都是经过大御路运输的，包括东巡用品、皇家玉牒、圣训等，每次运输，不仅要对路面进行专门的修整，还要举行特殊的仪式。同时，大御路也是文书传递、官员调任的必经之路。因此，大御路是清代京师（北京）至盛京（沈阳）重要的陆上交通大通道，在京奉铁路通车以前，大御路对于加强山海关内外的交通联系、推动盛京的繁荣发挥了举足轻重的作用。

"九一八"事变后，日本关东军认为，这条路为他们的侵略行动提供了方便，于是就把这条路叫做"大宝街"。1945年日本无条件投降后，大宝街改名为"雪耻路"。

1957年，沈阳市开始全面整顿城市道路，南北走向的以街命名、东西走向的以路命名。雪耻路所在的皇姑区，统一以全国著名的大山、大川命名道路：街以江河命名，路以山脉命名。于是，雪耻路改名为"华山路"。

华山路，是源于"自古华山一条路"的寓意，因为华山路无论是在满清时期还是在近代史时期，都在沈阳历史上有着不可取代的唯一性，是的的确确的"沈阳第一路"。

哪座桥可称得上是"沈阳第一桥"

要说"沈阳第一桥"，当属沈阳市西北15公里处，马三家子镇永安桥村的永安桥。永安桥，亦称大石桥，是皇太极于崇德六年（1641年）所建，其修建的目的是"师旅出之便之"。永安桥是清代大御路的必经之处，是通往北京的第一个桥梁，也是沈阳现存较大而完美的古代石拱桥，现为省级文物保护单位。

永安桥，作为大御路唯一保存下来的清代古迹，具有重要的历史价值，是大御路的见证物。

永安桥为东西走向，原横跨于蒲河之上，河道变迁后，现桥下仅有一条小溪流过。桥身为三孔砖拱石桥，全长37米，宽14.5米，路面宽8.9米，桥头宽12米。桥两侧各立19根栏柱，柱间石栏板装饰有精美的石雕艺术品，桥头两侧各有一对雕刻精美的石狮。桥南有二龙探首，桥北则露出一对龙尾，造型生动、别具匠心。整个石桥建筑结构坚固，充分体现了我国古代桥梁建筑技艺和风格。清迁都北京后，前后有四代皇帝十六次从这座桥上通过，并赋诗抒怀。康熙皇帝东巡时行至永安桥，作诗《过永安桥口占》，乾隆皇帝也曾先后作《永安桥》和《题永安桥》，可见永安桥在清朝时期的地位。

永安桥

永安桥建成三百多年来，一直通行各种车辆，是沈阳至马三家子的重要公路桥。为了保护这座古老的清代桥梁，目前，永安桥已经禁止机动车辆通行，仅允许行人通行。

沈阳现存最古老的桥是哪座

永济桥,又称北大桥,可以说是沈阳现存最古老的石拱桥。它始建于清代崇德二年(1637年),比永安桥还要大4岁。

明朝时期,蒲河上修建了一个军事防御水利工程——永利闸,其修建目的主要是为了防御蒙古族游牧部落的侵犯。到了清初,为了方便与蒙古族各部落交通往来,便利用永利闸废石改建成了永济桥。该桥不仅是盛京通往关内和内蒙古的交通要道,而且还是清朝历代大御路的一部分。

永济桥的名字是清太宗皇太极赐的,并在桥头立有石碑。永济桥是三拱石桥,桥两侧有立柱和栏板,券洞外雕有花纹,桥头两岸有护岸石,整座桥造型壮观,结构坚固,雕工精美。不过,后来由于年久失修,永济桥的主桥已经被大水冲毁。现存的仅是辅桥,造型类似主桥,但也因多年失修,破损严重。

旧时的马官桥是现在的样子吗

在清福陵西约四公里处,有一座马官桥。当年清朝皇帝祭祀福陵时,都会途经这座桥。

马官桥是在福陵修建后不久建成的,《盛京通志》、《辽载前纪》等史料均见此桥名。但清代时期的马官桥已经不存在了,石碑和桥身早已被损毁。现在能够看到的马官桥只是一座现代的水泥桥。不过,据说历史上的马官桥其形制有些类似永安桥,是一座三孔石桥,正中的桥拱上雕刻着一条头南尾北的飞龙,远望石桥好似被驾在一条飞龙之上。康熙、乾隆、嘉庆、道光四帝东巡祭祀福陵均经行此桥,并在桥之北侧设立临时驻跸大营,称为"马官桥大营"。1818年,嘉庆皇帝行经至此遇雨,即兴赋诗一首名曰《雨中策马至马官桥即景作》。

沈阳地名里的故事

"于洪区"名字是从哪来的

大家都知道沈阳有个于洪区,可是却很少有人清楚,这于洪区的"于洪"两字儿是打哪来的。为什么叫"于洪"呢?

和很多地方一样,于洪区也是因为当初设区的时候设在了当地的于洪屯,所以就命名为了"于洪区"。这个"于洪屯"的名字又是怎么来的呢?

原来,当年努尔哈赤攻占沈阳的时候,将新占领地区分别划分给八旗管辖、驻防。当时这里便由满族于、洪两姓人家居此驻防。由于是满人的封地,汉人来这里只能当佃户。

后来,清朝入关以后,于、洪两户也逐渐迁入关内。但是两家人的祖坟依然还在这里,于是,这里便被称为"于洪坟"。只是,"于洪坟"这个名字听起来让人忌讳,于是便改叫了"于洪屯"。

"中国第一屯"究竟是个什么屯

苏家屯,被称为"中国第一屯"。不过,可不要小瞧了这个苏家屯,它可不是一般的屯。苏家屯是沈阳市十个市辖区之一,也是国务院批准的沈阳市副城,它下辖17个街道,行政区域总面积782平方千米,常住人口47万(2010年),这"中国第一屯"的称号还真不是徒有其名。

据说，苏家屯清代时为一片杂草丛生的涝洼塘，无人居住。后来，渐渐有来自河北、山东等地的"闯关东"移民来到这里，因这里河塘杂草中常有水鸭子出没，当时人们就称此地为"水鸭屯"，又称"孙鸭屯"。1905年，日本接管南满铁路及其铁路沿线的附属地的时候，在这里修建火车站。日本人觉得这个"水鸭"听起来好像日语里的"搜嘎"，就是"好"的意思，于是给这里起名为"嗖嘎屯"。后来，中国人取近音字"苏家"，改名为"苏家屯"。

"老瓜堡"的名字和乌鸦有关吗

老瓜堡的名字实在具备了浓郁的沈阳地方特色，这其中还有一段传说呢。

"老瓜"又作"老鸹"，就是乌鸦的俗称。当年努尔哈赤被人追杀，跑到一片荒原之上无处可躲。努尔哈赤累得扑倒在地，这时天上飞下来一大片乌鸦，铺天盖地地落在他的身上，将他盖得严严实实。追兵追上来时，不见努尔哈赤的踪影，却只见一群乌鸦在吃腐食，想来努尔哈赤一定早已毙命，便扬长而去。努尔哈赤也因此逃过了一劫。

这段乌鸦救主的故事流传下来，尊乌鸦为神鸟也成了满族人的习俗之一，当年努尔哈赤被救的这个地方就被命名为"老瓜堡"。

虎石台有过老虎吗

位于沈阳沈北新区有个叫"虎石台"的地方，这个地方的来头可不小。

此地原叫吴三家子。相传，200多年前的一天，雍正皇帝的侄子宁王率众来到吴三家子狩猎，只带了三个贴身亲随。忽然，在不远的树丛里，有一只猛虎出现。宁王是当时有名的大力士，他不但勇武过人，还精通各般武艺，最终几人奋力将老虎置于死地。雍正得知这一消息后，对宁王的勇武大加称赞，遂命在宁王伏虎之地塑一块宁王伏虎石，石上刻有宁王伏虎图。伏虎石的西侧立有一块青石玉碑，并以满、汉两种文字记载了宁王的功德与勇武。

因伏虎石立在一个高高的石基台上，故后人即称此地为"虎石台"。

沈阳也曾有过天坛、地坛吗

提起天坛和地坛，我们马上就能想到首都北京，但是很多人也许并不知道，沈阳也曾经有过天坛和地坛。

中国是农业大国，古代帝王都会修建天坛、地坛、日月坛、神农坛、风雨坛等祭祀场所，用来祭祀皇天祈求每年风调雨顺、五谷丰登。沈阳作为清朝开国都城，自然也有天坛和地坛。据《盛京通志》记载，后金天聪八年（1634年），建造了盛京天坛和地坛。盛京天坛位于大南门（德胜门）外南五里，地坛位于小东门（内治门）外东三里。天坛、地坛为同时建造，天坛处城池南郊，制式为"圜丘"，地坛建造在城池北郊，制式为"方丘"，合"天圆地方"之说。天坛的"祭天"大典在"冬至"那天举行，而地坛祭祀活动在"夏至"当天举行。

可见，盛京的天坛和地坛，无论是选择位置、形制结构，还是祭祀活动的时间上，均效仿了明代嘉靖九年（1530年）建造的北京天坛、地坛，不同的只是规模较小、建筑较简陋而已。

此外，清代雍正年间，又相继在盛京建造了社稷坛、风雨坛、先农坛。社稷坛位于小南门（天佑门）外西南隅，风雨坛位于社稷坛南面，先农坛位于大南门（德胜门）外东南隅。

现在，所有的这些祭坛都已不复存在了，人们只能在他们附近的街巷路牌以及公交站牌上追溯那些古老建筑的过去了。

公主屯和那个凄美的爱情故事

在我国北方，与清代公主有关的地名不胜枚举，从北京的公主坟到吉林的公主岭，坊间的传说也是家喻户晓。沈阳也同样有过一位有故事的公主，这个故事就发生在一个叫"公主屯"的地方。

公主屯位于新民市，是沈阳下辖的县级市下的一个镇。公主屯镇历史悠久，镇内的辽滨塔和公主屯后山遗址为省级文物保护单位。关于公主屯镇名字的来历，有这样一个动人的传说。

相传，这里住着一位王爷，王爷有位美丽的公主。有一天，这位公主爱上了一位平民男孩。王爷发现后，断然不同意。于是，一天夜里两人决定私奔。两人跑到一个名为"大姑娘屯"的小村庄时，追兵追了上来。王爷不容分说，命士兵将那男孩乱箭射死了。公主悲恸欲绝，当场殉情自尽。

王爷见状后悔莫及，恸哭欲绝。但奇怪事情发生了，一阵风吹来，尸体以及地上的血都不见了。有人说这是公主含恨而死，于是王爷便为公主建了一座衣冠冢，可奇怪的是，坟后来也消失无踪了。后来，人们便把大姑娘屯改称为"公主屯"。

许多年来，公主屯当地都流传着一首歌谣："来到公主屯，见不到公主坟；要想见到公主坟，除非是她的有情人。"

头台子、二台子、三台子都是什么？沈阳还有多少台子？

什么是"台子"？"台子"就是古代最常见的军事报警设备——烽火台。

明代修筑辽东边墙时，修筑了大量烽火台，有"五里一墩、十里一台"之说。现在沈阳遗存的地名头台子、二台子、三台子和四台子等，就取第一墩台、第二墩台、第三墩台和第四墩台而得名。

清代末期，沈阳的头台子、二台子、三台子和四台子等墩台均已坍塌，仅剩下一些较为残破的遗址。头台子位于现在沈阳市北海街工农路附近，1950年这里还有头台子遗址，1952年道路扩宽时拆除头台子遗址。二台子遗址当时相对完好，位于二台子综合市场附近，三台子遗址则仅剩下轮廓。二台子和三台子遗址一直到1992年前后城市改扩建时才被拆除。

那么沈阳还有多少这样的台子呢？据《辽东志》记载，明代时期修

筑的辽东边墙，烽火台总数达1629座，分布在苏家屯区、于洪区、沈北新区、新民市和辽中县等地。当然它们不仅以数字命名，如"清水台"就是因台下有清澈的井水而命名。

如今，台子仅仅存在于沈阳的地名里，这些地名不仅成为沈阳的一种历史记忆，同时也是沈阳这座城市历史的活化石。

小白楼，为什么只见地名不见楼

很多人都知道皇姑区有个小白楼地区，但到了那里你也许就会问，到底哪个楼才是所谓的"小白楼"？

小白楼原址位于华山路。"九一八"事变后，华山路成为日本关东军进城的通道，日本人在这条街的西面建立了一座二层楼，作为"皇姑屯第六警察公署小白楼分所"。该楼为砖混结构，正面朝南呈半圆形，因为是当地最高的建筑又周身为白色，所以格外显眼。人们就把它叫做"小白楼"。

这"小白楼"下所设的卡子，可谓日本人和汉奸横行霸道的"鬼门关"。所以当时这里有这么一首民谣称："小白楼小白楼，十人见了九人愁。老财富豪挺胸过，穷人到此准卡油。鬼子汉奸似虎狼，白匪狗子啃骨头。"

新中国成立后，小白楼被用作派出所，后来，又改为百货商店，直至70年代初拆除。现在的小白楼是"只见地名不见楼"了。

"万柳塘"名字的来历

沈阳有个万柳塘公园，但你知道吗，这个"万柳塘"名字的来历还有一个有趣的故事呢。

据说，万柳塘地区原来是一片荒地，附近住着一户财主，财主雇了一个叫小栓子的长工。一天，小栓子在院子的犄角旮旯里找到一个破石槽子，便把它拿来喂猪用。可是他惊奇地发现，石槽子里的猪食吃也吃不完。原来，只要是放在这个石槽里的东西，就会变出好多好多相同的东西，拿也拿不完，简直就是一个"聚宝盆"！到了年底，小栓子管财主要了这个石槽子作为自己的工钱，财主答应了小栓子。

可小栓子发现，石槽子太重了，怎么扛也扛不动，于是就想找朋友前来帮忙。临走时，他把石槽埋了起来，并掐了一根柳条插在上面做记号。可是，等小栓子返回来寻找石槽子的时候，这地方长满了成千上万的柳树，石槽子再也找不到了。

这以后，人们就管这个地方叫"万柳塘"了。

桃仙机场有桃仙吗

建于1988年的沈阳桃仙国际机场，位于沈阳市南郊的桃仙镇，距沈阳市中心20公里，是中国一级干线机场，中国八大区域性枢纽机场之一，东北地区航空运输枢纽。对于很多人来说，"桃仙机场"的名字耳熟能详，但很少有人知道其名字的来历。

显然，沈阳桃仙国际机场的名字来源于其地处的桃仙镇。那么这个桃仙镇又是怎么来的呢？

原来，在清朝康熙年间有位陶姓内阁学士（一说为陶岱，不可考），在告老还乡后，来到了现在的桃仙镇。他素来喜爱桃树，于

沈阳桃仙国际机场效果图

是种了许多许多的桃树，使这里形成了大片的桃林，桃花盛开的时候，甚为美丽，犹如步入仙境一般。因此人们都称他为"桃仙翁"。久而久之，此地也就有了"桃仙镇"这个名字。

沈阳为什么那么多带"官"字的地名

打开沈阳地图，你一定会发现，沈阳的地名里，有很多带"官"字

的地名。比如宁官屯、文官屯、罗官屯村、李官、马官桥,等等。这些村庄为何都带有"官"或"官屯"字样?而且为什么这些地方一般都在沈阳离城不远的周边地区呢?这就要从600多年前的明朝初期官府组织的大移民说起了。

明朝洪武初年,由于几十年的战乱,加上黄河连年的泛滥,导致黄河中下游地区,尤其是山西的百姓长期生活在水深火热之中,饿殍遍野、民不聊生。但是,和满目疮痍的中原地区不同,广大的北方地区,尤其是东北地区沃野千里,却人烟稀少。为尽快恢复生产,同时使关外土地为明朝所用,朱元璋开始实施一系列休养生息的政策,其中包括把农民从人多田少的地方移民到地广人稀的河南、河北、山东及关外等地区。

明朝大移民的方法和步骤大体有遣返、军屯、商屯、民屯等几种。沈阳当时是重要的军事据点,于是出现了大量的军屯。军屯,即派军队进驻,一方面驻防,一方面垦种荒地。明朝的军制实行卫所制度,下设千户所和百户所。因此,沈阳在明朝时期叫做"沈阳中卫",现在沈阳附近的那些带"官"字、"营"字以及带"千户"的地名,都是这么来的,驻地也多以宗族的姓氏来命名。而那些民屯的名字也多有流传下来,例如大民屯、新民屯等。

罗士圈是个什么地方

沈阳浑河岸边有个叫"罗士圈"的地方,很多外地人都会叫错这个地方的名字,这里正确的读音是罗士圈(juàn)。你可能会疑惑怎么会有如此怪异的地名。

为什么叫"罗士圈"?据说,早年间其实这里叫做"骡子圈"。早在明、清时代,这里是浑河岸边著名的"十里码头"的核心港口。《辽海丛书》有记载,浑河航运起

罗士圈生态公园

于明朝，兴盛于清代。当时，浑河两岸和沿线分布着"七间房码头"、"石庙子码头"、"木场码头"、"浑河堡码头"、"浑河官渡"和"罗士圈码头"等主要渡口，有"十里码头"之称。这里的客货船可直达渤海，去往山东、天津以及江南沿海一带的城市，全盛时期，停泊船只达千艘。据说，当年努尔哈赤从辽阳迁都至沈阳，修建沈阳故宫的石料、木料，也是从此运抵沈阳城的。

码头货运繁忙，自然就要搬运货物，这时骡子就派上了大用处。大量饲养的骡子使得这里成了"骡子圈"，慢慢地也就被叫成了"罗士圈"。

罗士圈码头大概毁于日俄战争时期，早年附近的河道里曾经打捞出俄国运输船的铁锚。现在的罗士圈地区已经被改造成为一片景致优美的滩地生态公园，是沈阳一处休闲避暑的好去处。

平凡的翠生小区竟然藏着大学问

翠生小区，一个闹市区的极其平凡的居民小区，然而，它的名字里却有着极不平凡的往昔。这里曾经有一座著名的学府——萃升书院。

百余年前，萃升书院是东北地区的最高学府。资料记载，沈阳萃升书院始建于康熙五十八年，最初只有厅堂三间，规模较小。乾隆二十七年（1762年），时任奉天府尹欧阳瑾取萃聚英才、升扬文化之意，题写"萃升书院"四字楷书匾额，悬挂于书院的仪门之上。此后，萃升书院便逐渐发展起来，并与铁岭的银岗书院、辽阳的襄平书院一同被誉为"盛京三大书院"。

日俄战争期间，萃升书院一度遭到严重的破坏。张学良主政东北后，十分重视东北的教育事业，出资二万大洋，重建了沈阳萃升书院。据资料记载，张学良对书院的旧院落进行了重新规划和修葺。随后他又派人采购经史子集等图书，在文昌阁设立图书馆。同时，张学良还亲自出任书院院长一职，并决定每年出资四万元，作为书院的日常开支。

张学良非常重视师资队伍的建设，任古文字学家于省吾为院监，还从北京请来当时著名的国学大师王树楠、古文泰斗吴闿生、史地专家吴廷燮，以及后来的国学大师高步瀛等。一时间，沈阳萃升书院名师荟萃，精英云集。书院以造就国学人才为宗旨，开设经学（易经、尚书、左传等）、文学（古文）、史学（明史、汉书等）、辞章（唐诗、宋词）四科。

学生由奉天省教育厅直接负责，通过考试择优录取，此外也有旁听座席。书院规定，不论正式生还是旁听生，一律免收学费，学生只交书费和伙食费。

萃升书院复办后，求学者纷至沓来，一派繁荣之象。只可惜好景不长，"九一八"事变后，萃升书院被迫关闭。现在萃升书院的旧址只剩下一条相当不起眼的小巷，还有一个不起眼的翠生小区。

白塔小学附近怎么没有白塔

在沈阳的大东区有一个白塔小学，但奇怪的是，找遍了这里也未见一座白塔，这是怎么回事呢？

原来，这里其实早年的确有过一座塔寺，名为"崇寿寺"，寺内曾有过一座白色的塔。按照《盛京通志》和《沈阳县志》记载，崇寿寺及崇寿寺塔兴建于辽代。当时的

白塔小学白塔原貌

辽代，宗室贵族明争暗斗，各部族之间战争不断，但是佛教却十分兴盛，皇帝、百姓皆崇信佛教，修塔建庙在当时也是十分盛行。

清朝时期，崇寿寺白塔更是演变为盛京城内闻名遐迩的一处美景。同治年间，旅居盛京的文人刘世英，在纂辑《陪都纪略》一书时，便将"凤楼观塔"列为留都十景之一。清末翰林院编修及户部主事的缪润绂在其诗作《沈阳百咏》中也有"地载城边塔一枝，难从古寺问残碑。闲来每听居人说，建在城门未有时。"的诗句。可见，当时的白塔乃是盛

京城内一处地标性的景致。

然而，列强的入侵和大清的衰弱，使得崇寿寺及其白塔逐渐破败荒凉。1905年3月，日俄战争中溃败的沙俄军队退至地载门附近时，将崇寿寺白塔毁坏。1957年，出于安全等因素，已经残破不堪的崇寿寺白塔被拆除，拆塔时所出文物共有90多件，还有舍利子298颗，有很大的研究价值。所获文物证明了白塔的真实年龄，为辽代乾统八年（1108年）所建，距今已有900多年的历史。

后来，这里建起了一座小学，命名为"白塔"小学，著名相声表演艺术家唐杰忠就曾在20世纪40年代初就读于该小学。今天，这座古塔虽已不复存在，但以此塔命名的白塔路、白塔小学却将白塔的记忆悉数留在了人们的脑海中。

"三好街"究竟是哪"三好"

三好街，是沈阳市以及辽沈地区乃至整个东北地区的电脑与IT产品的经销集散地，"中国IT市场指数"下属六大区域监测站所在地之一，是中国北方电子信息产品与技术中心商务区，这里可谓沈阳的"中关村"。很多人见到三好街的名字总会疑问：这三好街为什么取这样的名字，所谓的"三好"到底是"哪三好"？

三好街路牌

原来，三好街这里原本只是东北工学院（现东北大学）东门外的一片菜地。后来在这里陆续建立了许多高等学府，包括鲁迅美术学院、沈阳音乐学院等一批院校，以及不少科研机构。各学校都对学生严格要求，希望他们能够成为"品德好、学习好、身体好"的"三好学生"，于是，为了体现此街道与学生和知识分子的关系，这里便取名为"三好街"。

沈阳的皇宫和皇陵

　　沈阳所在的辽河流域，自古以来就是我国北方少数民族活动的重要区域，我国最后一个封建王朝——清朝正发源于此。

　　清朝在沈阳地区的发展和活动，为这里留下了丰富的历史遗迹。尤以沈阳故宫、清福陵、清昭陵为代表的皇家建筑群，不仅展现了清代皇宫、皇陵的建筑文化和技艺，同时又将满族的宗教信仰和生活习俗融入其中，具有鲜明的民族和地域特色。

　　这一章节主要介绍沈阳的"一宫两陵"，带你深入了解北方皇家建筑群的相关历史及有趣传说，为你勾勒一个生动而形象的满清皇家宫殿。

沈阳故宫

沈阳故宫，又称为盛京皇宫，是清王朝入关之前所居住的宫殿，距今有近400年的历史。它不仅是我国仅存的两大皇家宫殿建筑群之一，也是我国关外唯一的一座皇家建筑群，其建筑格局和艺术风格，展现出了鲜明的地域特色和民族色彩。

这一章，我们就一同来拜访这座古老的建筑群，探索这些建筑背后有趣的历史和传说。

沈阳故宫和北京故宫的不同之处有哪些

提到沈阳故宫，人们自然好奇它与北京的"紫禁城"有什么关系，与享誉世界的北京故宫相比，沈阳的这座故宫又有什么独特之处呢？

1996年发行的邮票中的沈阳故宫全景

沈阳故宫和北京故宫是我国仅存的两大皇家宫殿建筑群。2004年，沈阳故宫作为明清故宫的扩展项目，被列入世界文化遗产名录。

沈阳故宫按照建筑布局和建造先后，可以分为东、中、西三路。东路为努尔哈赤时期建造的大政殿与十王亭；中路有大清门、崇政殿、凤凰楼、清宁宫等，建于皇太极时期，是皇帝进行政治活动和后妃居住的地方；西路有戏台、嘉荫堂、文溯阁和仰熙斋等，是清朝皇帝"东巡"盛京时所建，主要用来供康熙皇帝读书看戏，以及专门存放《四库全书》。

不过，沈阳故宫作为我国关外唯一的一座皇家建筑群，展现出了鲜明的地域特色和民族色彩。其建筑格局和艺术风格，在吸收汉族建筑特点的基础上，更添了满、蒙等少数民族的生活习惯和艺术特色，既秉承了中国建筑的传统，又展现了塞外建筑的多民族融合，具有丰富的历史和艺术价值以及不可替代的唯一性。

那么，沈阳故宫都有哪些独树一帜的地方呢？

◎ 绿剪边

从远处望去，我们一眼就可以看到沈阳故宫最大的一个特点，就是所谓的"黄琉璃瓦绿剪边儿"，也就是说，宫殿的殿顶覆以黄色琉璃瓦且四周以绿色琉璃瓦镶边，而北京故宫宫殿的琉璃瓦则全部为金黄色。在绿色剪边的映衬下，整个沈阳故宫显出一种策马扬鞭的草原气质，因此，有人认为这是发源于草原的满族人民族性格的体现，也是他们继承传统、不忘本的表现。

不过，在封建社会，琉璃瓦作为皇室建筑的重要材料，其颜色的使用却是非常有讲究的。明、清两朝以黄色为尊贵之色，是帝王天子的专用，而绿色仅次于黄色。所以，明清时期，在屋顶使用全黄色的琉璃瓦是皇宫与庙宇的权利，黄瓦加绿剪边的等级次之，再低一等的是全绿色屋顶，而贝勒及以下的贵族则是不许使用琉璃瓦的。入关以后，清王朝迁都北京，沈阳故宫被作为"陪都宫殿"、"留都宫殿"，在当时的地位是仅次于北京皇宫的，因此使用的便是黄琉璃瓦绿剪边儿。

◎ 宫高殿低

沈阳故宫的另一大特点是"宫高殿低"，即在前朝后寝的传统建筑布局中，后宫的建筑高度高于正殿。而北京故宫则恰恰相反，是"殿高宫低"。

居住部分位于高台之上，其实正是来源于满族人的生活习性。满族发源于我国北方大地，他们的祖先很早以前过着游牧的生活。为了适应北方相对蛮荒的生活环境，免于遭受虎、狼等野兽的攻击，满族人形成

了将居住之所建在地势相对较高的地方的习惯。另外，入关之前的满族人，受汉族传统的尊卑礼制的影响较小。于是，就形成了沈阳故宫"宫高殿低"的建筑特点。

◎ "目"字形建筑布局

沈阳故宫建筑群不是一次性建筑而成的，而是由不同的皇帝于其在位期间依次扩建而成的，因而形成了一个由东、中、西三路建筑群并行的结构，这在历代皇家建筑群中比较罕见。

东路为清太祖努尔哈赤时期建造的大政殿与十王亭；中路为清太宗皇太极时期续建的大内宫阙，包括大清门、崇政殿、凤凰楼以及后宫诸宫；西路则是乾隆时期增建的文溯阁、嘉荫堂和仰熙斋等。这样的建筑布局，明显地演绎出满清王朝逐步发展壮大直至实力雄厚、入主中原的历史变迁过程。

◎ 民房建筑形式

在沈阳故宫建筑群中，竟然很大一部分采用了民间房屋的屋顶形式——"硬山式"屋顶。而古代宫殿建筑等级中，最高等级的是庑殿顶，第二等级是歇山顶。硬山顶是建筑等级最低的，往往是下人或平民百姓的居住场所。所谓硬山顶，就是屋面仅有前、后两坡，左、右两侧山墙与屋面相交，左、右两端不挑出山墙之外。

这是为什么呢？原来，因为在满族传统民居中并没有庑殿顶和歇山顶。对满族来说，只有庙宇才能使用歇山顶，而硬山顶房屋则结实、保暖，并且有利于防风、防雪，更加适应北方的气候。入关前的清朝建筑受中原建筑风格和等级制度影响较小，这也使得沈阳故宫内的宫殿建筑使用了与民间相同的形式。

大清门与清朝的国号有关吗

大清门是沈阳故宫的正门，俗称午门。大清门是一座五间硬山顶的屋宇式大门，屋顶满铺黄琉璃瓦并衬以绿色的剪边，中间三间为门，设有台阶，两梢间有槛墙木窗，为守卫之处。在大清门前东、西两侧，坐落着两座大型牌坊，东为"文德坊"，西为"武功坊"，俗称东华门和西华门。文德坊、武功坊为宫外阙门，上朝的文武官员必须在门外停轿下马，两门之间大清门前的空地，则是举行某些宫廷仪式的场所，也是临朝的文武官员集会之地。

沈阳故宫大清门

清朝明文规定，各级官员和侍卫、护军等，在入朝前集合于大清门时，无论坐立，都不准面向或背向大清门内的宫殿，更不许坐立于中间的御道上，只能在御道左、右侧身而立。原来，这是因为如面向宫殿，有窥视宫阙禁地之嫌，而背对皇宫，则是对皇帝的"大不敬"，至于坐立御道之上，更是藐视君王的重罪。

据记载，大清门在建成以后并没有名称，只是叫做"大门"。后来崇德元年（1636年）皇太极改国号为"大清"以后，听说明朝北京皇城的正门叫做"大明门"，于是就把这座大门命名为"大清门"，由此可以看出当时清朝想要入主中原的雄心。至于皇太极为什么要把国号由"金"改为"清"，据说与中国传统的五行学说有关。

大政殿为什么又叫八角殿

走进沈阳故宫的东路，最引人注目的就是大政殿。据考证，它是整个沈阳故宫中最先完成的建筑，同时也是建筑和装饰艺术方面最具特色的建筑，它集中体现了沈阳故宫满、汉、蒙、藏等多民族融合的建筑特点。

大政殿建于公元1625年，因清入关前，满文将"殿"均译作"衙门"，所以大政殿最早称为"大衙门"。1636年定名为"笃恭殿"，康熙时期更名为"大政殿"。

大政殿还有一个俗称，叫做"八角殿"。因为大政殿的造型，看上去很像是一座双层屋顶的八角亭子，建筑学上称之为"八角重檐攒尖顶大木架结构"建筑。大政殿高21米，由上至下可以分成殿顶、殿身、殿基三个部分。殿顶是五彩琉璃宝顶，宝顶下部的八条垂脊上，各立有一个琉璃胡人力士，是吸收了藏传佛教——喇嘛教的建筑特色而造。两层殿顶都是八个角，象征着满族的八旗制度，其上满铺黄琉璃瓦，镶绿剪边。大政殿外观共有内外两圈三十二根红柱，其中殿前的两根为金龙所盘绕，甚为庄严，其他殿柱的顶端，装饰有形态各异的藏传佛教中的神兽。最下面是一个约1.5米高的八角形"须弥座"，四面都设有石阶。清朝入关前，大政殿是举行重大典礼及重要政治活动的场所。

沈阳故宫大政殿

有人说大政殿的外形像是一个大型的八角亭子，也有人觉得它看上去像是一个大型的蒙古包或者帐篷，所以说，大政殿充分表达了满、蒙等游牧民族与汉族农耕民族居住方式的不同，体现了多民族艺术融合的建筑风格。

关于这座八角殿，有一个很有趣的猜测。近年来，通过对大政殿建筑石材和清代文献的研究，一些学者认为，沈阳故宫的大政殿很有可能是从后金的上一个都城——辽阳的东京城拆下后，在沈阳重新组装改造而成的。

为什么说十王亭是八旗制度最生动的体现

在沈阳故宫大政殿的前方，10座方亭呈雁型排列，俗称"十王亭"。十王亭是清朝入关前左右翼王和八旗旗主在皇宫内办公的地方。自北而南，东侧依次为：左翼王亭、正黄旗亭、正红旗亭、镶蓝旗亭、镶白旗亭；西侧依次为：右翼王亭、镶黄旗亭、镶红旗亭、正蓝旗亭、正白旗亭。

十王亭的建筑形式类似于亭子，但其结构形式又高于亭子。结构上采用歇山式屋顶，因建筑等级低于其他建筑，所以屋顶布青瓦。四周共设有16根柱子，所以使得整个建筑看上去像一座亭子。亭内设有火炕，亭后设有烧炕用的灶火门，八旗大臣正是在火炕上办理日常政务的。火炕这种建筑结构可以说是我国北方特有的，满族人生活在寒冷的东北地区，每家每户都离不开火炕，哪怕皇室贵族也不例外。

十王亭非常直观地展现了努尔哈赤所创立的八旗制度，因此又有"八旗亭"之称。正是依靠着这种严格的制度，努尔哈赤及其子孙才得以建立王朝、入主中原。八旗制度最初源于游牧的满族人的狩猎组织"牛录"（汉语意为"大箭"），其指挥者称为"牛录额真"。努尔哈赤在征服各部的过程中部众不断增加，将若干个牛录组成一个更大的单位，以旗帜为标志作导引而不使方位错乱，这个单位在满语中叫做"固山"，就是汉语旗帜的意思，当时编成八个旗用不同颜色的旗帜加以区分，就形成了八旗制度。八旗也不仅仅是军事组织，同时还是掌管经济生产、行政事务和家族组织的综合性组织。

十王亭是八旗的最高衙署。平时八旗的旗主可以在自己本旗的旗亭内议政、办公，凡遇朝中大事时，由罕王与八旗贝勒大臣共同讨论决定，当举行盛大典礼时，罕王升坐大殿，各旗官员列于各自所属旗亭前。十王亭，正是八旗制度和"君臣合署办公"的政体及军事民主思想在建筑上的生动体现。

大政殿和十王亭不仅体现了当时满族人的政治特色，在建筑布局和风格上还具有非常浓厚的民族特色。据《满文老档》记载，努尔哈赤在行军打仗过程中"立黄幄，两侧搭八幄，八旗之诸贝勒、大臣于八处坐"，这里的"幄"，其实就是一种类似于蒙古包式帷幄，这种征战时的安营扎寨模式，在沈阳故宫的建筑中被固化下来，就成为了大政殿和十王亭的雁型布局形式和类似于帐篷式的建筑风格，因此，人们也称其为"帐殿式"布局。这种建筑布局和风格，是带有强烈的游牧民族特点的宫殿建筑之典范。

十王亭为何多出来两座亭

十王亭是八旗制度的反映，那么这多出的两个亭子又是怎么回事呢？他们又是为谁而设的呢？现在普遍的观点认为是左右翼王亭，也就是左右翼王办公的地点。那么问题就来了，关于后金（清）左右翼王的确切设置，至今都未在清代众多官、私修史籍和文献中找到直接的记载。于是，这多出来的两个亭子，也就成了史学家们一直以来争论的焦点，同时也是沈阳故宫中最为神秘的谜团之一。

一种说法认为左右翼王是后金（清）的开国元勋额亦都和费英东。他们二人很早就投归努尔哈赤，追随努尔哈赤左右数十年，南征北战，为后金建国及开疆拓土做出过巨大的贡献。努尔哈赤与他们建立了深厚的友情，据说费英东去世的时候，努尔哈赤悲痛欲绝，如失去亲戚手足，竟长号至半夜。最能说明额亦都和费英东地位的是，他们死后即入了努尔哈赤家族的太庙。

另一种关于十王亭多出来的两个亭子的解释是，其实在努尔哈赤的计划中，后金应当有十个旗。除了正、镶红、黄、蓝、白八个旗之外，还应该有正黑旗和镶黑旗两个旗。从十王亭的十个亭子中也能看得出来，这十个亭子无论是从样式结构还是使用功能上都是相同的，不存在所谓的统领者的差别，因此，可以猜测努尔哈赤当初设置八旗制度的时候，其初衷可能是"十旗"。十方旗人护佑罕王的愿望是美好的，但是十旗未满努尔哈赤就死去了，皇太极为了加强中央集权不可能另设新旗，所以，这两个亭子也就闲置了下来。

又因满族文字出现得较晚，早期的很多历史事件记录得并不详实，也使十王亭的争议成为了一大史学之谜。

沈阳故宫的脊兽有什么独特之处

脊兽又叫吻兽，是殿宇屋檐上的一种装饰性建筑构件。在我国古代社会中，脊兽的造型与安装位置，都被蒙上迷信色彩，被视为一种"辟邪物"，可以用来驱逐厉鬼，守护家宅平安。

脊兽的排列和用数是有着严格规定的。按照《大清会典》所记，清代的宫殿按照建筑等级的高低，脊兽的数量也不同，最多的是北京故宫太和殿，每一脊上有10个之多。脊兽的排序也是大有讲究的，通常打头的是"仙人骑鸡"，其后分别是龙、凤、狮、海马、天马，等等。然而沈阳故宫屋顶上的脊兽并不是按照这种规定安放的。

以沈阳故宫中的"金銮殿"——崇政殿为例，正面屋顶的脊兽在"仙人骑鸡"后有五个，一侧是：羊、海马、龙、狮和凤；另一侧是：马、狮、龙、斗牛和凤。当然，崇政殿是顺治入京前所建，当时并没有形成正式的建筑制度。但从中我们也能窥见，来自草原马背上的满族，对畜牧的依赖性很强，因此也将羊和马放在比较重要的地位上。

清朝时期盛京城最高的建筑是哪个

凤凰楼是沈阳故宫后宫内廷的门户，是清太宗时期皇帝后妃居住之处。按照满族人过去居于高处的风俗习惯，凤凰楼建造在了4米高的青砖台基上，共三层。凤凰楼是整个宫殿的制高点，也是当时盛京城最高建筑，据说当年站在凤凰楼上就可以看到努尔哈赤的"老家"抚顺。

据说，站在凤凰楼上远眺东方日出，景色极为美丽，故有《盛京八景》之一的"凤楼晓日"。凤凰楼底层中间是通向后宫的大门，门楣之上挂有乾隆御笔亲题的"紫气东来"匾，不仅是在说明大清皇朝肇始于位于东方的盛京城，也暗合"凤楼晓日"的吉象盛景。

凤凰楼与叶赫那拉氏的诅咒

关于沈阳故宫的凤凰楼，有一个鲜为人知的传说，那就是关于叶赫那拉氏的诅咒。

相传，300多年前，在修建凤凰楼挖旧房基时，曾挖出了一块石碑，石碑上赫然写着："灭大清者，叶赫那拉"。后人谁也没有见过这块石碑，此传言的真实度也有待考证。

不过，叶赫那拉氏与爱新觉罗氏之间的联系可谓千丝万缕。叶赫那拉氏属于海西女真，爱新觉罗氏属建州女真，两氏族总是在敌人与朋友之间徘徊，为敌时打仗，为友时联姻。这也跟明朝尽力维持女真各部落势均力敌的民族政策有关。事实上，努尔哈赤自己不但是叶赫那拉氏所生，还娶了叶赫那拉氏首领杨吉努的女儿孟古哲哲，生下了皇太极，成为清王朝的奠基人之一。

之后，叶赫部由于明朝的支持，将本已许配给努尔哈赤的另一位叶赫部公主转嫁给了蒙古。努尔哈赤气愤地说："无论此女聘与何人，寿命不会长久，毁国已尽，构衅已尽，今其死与将至也。"这位叶赫那拉公主其名不详，据传是女真第一美女，由于出嫁蒙古时已经三十三岁，在当时已属于"大龄剩女"，所以史称叶赫"老女"。

沈阳故宫凤凰楼

天命三年（1618年）汗努尔哈赤以"七大恨"告天，决定攻打叶赫。其中一恨便是"明越境以兵助叶赫，俾我已聘之女，改适蒙古"。随后，叶赫部灭亡，兴旺一时的叶赫城变成一片废墟。叶赫部首领布扬古临死前曾对天诅咒："我叶赫那拉氏就算只剩下一个女人，也要灭建州女真。"

然而巧合的是，加速清朝灭亡的慈禧太后正是叶赫那拉氏，而慈禧太后的侄女隆裕太后，也正是那个最终签署清帝退位条约而结束清王朝统治的叶赫那拉氏之女。

清宁宫"三怪"指的是什么

清宁宫是清太宗皇太极及其皇后的所居之处，是沈阳故宫内廷后宫的核心。其总体结构并不宏伟，看上去类似于民间东北大院中的"上房"。人们常说清宁宫有"三怪"——"口袋房，万字炕，烟囱出在地面上"。这说的就是清宁宫独特的建筑结构，这种结构是由女真传统的住宅演变而来的，整个建筑充满了浓郁的满族风格。

清宁宫面阔五间，屋门并不开在正中间，而是开在东次间，相应地，室内也不是均衡间隔的形式。这类偏向一侧开门的房屋形似口袋，因而俗称为"口袋房"或"筒子房"。

口袋房内，沿着正房的南、西、北三面墙，设有三面转角相连的火炕，一般称之为"万字炕"，民间俗称为"弯子炕"，也有的叫做"蔓枝炕"。这种设置是长期生活在东北地区的满族人适应冬季严寒气候的结果。

"烟囱建在地面上"说的是，连接清宁宫火炕烟道的烟囱是建在房后西侧的地面上的，而不是像汉族住宅那样建在屋顶。有人将这根大烟囱比喻为"一统江山"，但实际上这不过是满族人为适应东北严寒气候的创造之一。

清宁宫的烟囱

清宁宫内神秘的萨满祭祀

清宁宫内设有一张大案板和三口大锅，甚为惹眼。那么，它们是做什么用的呢？

原来，它们是用来祭祀的。满族人信奉萨满教，萨满教是一种信奉"万物有灵"的原始宗教。皇太极时期清宁宫内的祭祀较为频繁，除每月祭祀外，在大军出征作战之前也都要祭祀神灵，以求平安护佑。其供祭的对象除本氏族的祖先外，还包括萨满教中的各种神灵。因这种祭祀属于氏族内部的家祭，所以将祭祀地点设在了后宫核心的清宁宫。

萨满教的祭祀活动无论是在满清皇宫还是东北民间都普遍存在，其具体的仪式较为复杂。清宁宫祭仪的主持者是爱新觉罗皇族的御用萨满巫师，他（她）们被视为能在神与人之间进行沟通的使者。祭祀时，他们戴神帽、扎神裙、系腰铃，手持神刀神鼓，演唱神歌和表演请神、酬神的舞蹈。这种祭祀民间称作"跳大神"。

祭祀活动中最重要的一个环节就是杀猪献祭，即"领牲"仪式。杀猪之前，先将猪四腿捆绑放在供案上，由萨满巫师用酒灌进猪的耳朵，如猪摇头或耳朵扇动，便认为是被受祭之神接受。清宁宫内的案板和大锅即是供献祭杀猪时使用的，而另外两口大锅则是用来煮祭肉的。祭祀的最后环节是参加祭祀的人围坐在炕上，用自己携带的解食刀切肉食用，既不可放桌上也不可蘸作料，很显然，这是沿袭了狩猎民族野外就餐的习惯。这些猪肉在萨满教的观念上是神赐给众人的，所以称之为"吃福肉"。现今，东北一些满族聚居的地区仍然还保留着杀猪献祭的家祭传统，这也与"东北杀猪菜"的盛行有一定的历史渊源。

清朝入关后，也将这种萨满祭祀活动带到了北京。为了适应祭祀的需要，顺治年间还特意按照清宁宫的格局，将北京的坤宁宫进行了改造，直至清朝最后一个皇帝溥仪离开北京故宫之前，坤宁宫的萨满祭祀始终没有间断过，足见其重要地位。

沈阳故宫中的索伦杆是干什么用的

在清宁宫的正门前，有一根近7米高的木杆矗立在当院。这根木杆被安放在一个汉白玉石座之上，顶部套着一个碗形的锡斗。这可不是一根寻常的木杆，它的名字叫做"索伦杆"，汉语意为"神杆"，是为满族祭天所用。

上文在讲老沈阳的地名时提到，传说努尔哈赤曾在一个叫做"老瓜堡"的地方为乌鸦所救，因此满族视乌鸦为神鸟，有祭奉乌鸦的习俗。按照满族的传统，在用此神杆祭天时，将碎米和切碎的猪内脏放进顶端的锡斗里，供乌鸦、喜鹊享用。

当然满族流传的关于乌鸦、喜鹊等神鸟的传说，也不只"乌鸦救主"一个。相传爱新觉罗氏的祖先就是因"神鹊御朱果"而诞生的。《清实录》中记载："有布库里山，山下有池曰布尔瑚里。天降三仙女浴于池，长名恩固伦、次名正固伦、三名佛固伦……"当她们在湖中嬉戏之际，一只神鹊飞了来，口里还衔着一枚朱果，它把朱果吐在岸边佛固伦的衣裙上。上岸后佛固伦见到这枚朱果十分喜爱，便吞入腹中。随后，她竟产下一个男婴，取名爱新觉罗·布库里雍顺，也就是传说中满洲人的始祖。

另外，《满洲实录》还记载了一则神鹊救男孩的故事。布库里雍顺后代的部族里发生了战争，首领的儿子凡察逃了出来。筋疲力尽之际，凡察便趴在一棵枯树之下，大群的喜鹊便落了上来，追的人"意人首无鹊栖之理，疑为枯木，遂中道而返"。凡察逃过了一劫，爱新觉罗的世系才得以绵延不断。

由此可见，满洲人从先民起就崇拜乌鸦、喜鹊，并奉之为图腾和神鸟，也就有了沈阳故宫中的索伦杆。

沈阳故宫索伦杆

为什么说关雎宫的地位仅次于清宁宫

清太宗皇太极时的沈阳故宫中，有所谓"崇德五宫"，其中最著名的就是关雎宫，这关雎宫里的故事也无数次地为人们所传说。

崇德五宫中，中宫清宁宫住皇太极及其皇后，东宫关雎宫住宸妃、西宫麟趾宫住贵妃、次东宫衍庆宫住淑妃、次西宫永福宫住庄妃。这四座配宫虽然在建筑样式和装饰等级上都是相同的，但从各宫所在位置上的不同来看，其主人的地位还是有差别的。

原来，与汉族尊东、尊南的传统不同，满族人尊东、尊北。具体地，东北高于西北、东南高于西南，即东宫地位最高、西宫第二、次东

宫第三、次西宫最后。皇太极在位时，取《诗经》中的爱情诗篇"关关雎鸠，在河之洲，窈窕淑女，君子好逑"赐名关雎宫，以此来表达对关雎宫主人宸妃的深情。

那么这个关雎宫主人宸妃是何许人也？

宸妃，科尔沁博尔济吉特氏，名海兰珠，为蒙古科尔沁贝勒寨桑之女，是皇太极之孝端文皇后的侄女，也是庄妃（孝庄）的亲姐姐，比孝庄大4岁。海兰珠嫁给皇太极的时候已经26岁，比孝庄晚嫁皇太极9年，但却被封为四妃之首，地位仅次于其姑母。

皇太极的后妃见于史籍者计有15人，史籍之外的更有多人。然而皇太极惟独钟爱宸妃，在她的身上倾注无数的真情。宸妃曾经育有一皇子，皇太极高兴至极，为此大赦天下，颁布清朝第一道大赦令，四方朝贺，盛况无比，这是他之前七个儿子出生时所没有的待遇。然而这个几乎被立为太子的小皇子未满周岁就夭折了，宸妃也郁郁成疾，时年33岁。宸妃去世时，皇太极悲痛至极，甚至昏迷过去。他为宸妃举行了隆重的丧礼，赐谥号为"敏惠恭和元妃"，这是清代妃子谥号中字数最多的，且元妃即是元配嫡福晋的意思。不仅如此，皇太极每次出猎经过宸妃墓地，总是下马伫立，长时间地凭吊奠祭，痛哭不止。

对宸妃的思念使皇太极难以自拔，身体也每况愈下，不到两年，皇太极也命归九泉了。皇太极的雄才大略可谓当世英主，一个以武功见著、驰骋疆场的皇帝，竟有如此真情笃意，实在令人不能不为之动容。

为什么唯独文溯阁采用黑色琉璃瓦

文溯阁，是乾隆皇帝专门为存贮清代大百科全书——《四库全书》所建的楼阁，其名取"溯涧求本"之意。文溯阁与紫禁城的文渊阁、圆明园的文源阁以及河北承德的文津阁，并称"北四阁"。编撰《四库全书》，是乾隆"盛世"时期一场浩大的文化工程，用时近10年。编好后，乾隆皇帝命人抄了7部《四库全书》，分别藏于全国各地，文溯阁就是其中之一。

文溯阁始建于乾隆四十七年（1782年），其建筑形式仿照浙江宁波的天一阁而建，外观为二层硬山式屋顶，面阔六间，阁内为三层，前后出檐廊。

然而，与其他宫殿相比，文溯阁有个显著的不同，就是殿顶不用黄琉璃瓦而是黑琉璃瓦镶绿剪边，廊柱用绿色而不是红色，檐下的彩画也采用蓝绿为主的色调。原来，这样做是为了"防火"。文溯阁作为藏书阁最忌讳的就是火。《周易》五行说认为，红色属火，黑色、蓝色属水，而黄色属土，土克水，所以不用黄琉璃瓦。

沈阳故宫文溯阁

老沈阳"见大世面"的说法来自故宫吗

沈阳故宫东华门南侧，立着一块大石柱，俗称"大十面"。老沈阳城有一句老话，叫"不到盛京城见不到'大十面'，见了'大十面'才算见了大世面"。

这个所谓的"大十面"学名叫"石经幢"，为八面石柱形，由天盖、幢身、幢座三部分组成，全高2.1米。因其幢身八面加天盖、幢座，故俗称"大十面"，后来谐音"大世面"。经幢是寺庙中的构件，作用相当于石碑，雕刻启请文、咒文、佛号等，并记载寺庙建筑年代等事宜，但大部分字迹早已模糊不清。

关于"大十面"的建造年代，有专家研究考证认为，应在辽代末期的天祚帝时期，距今已有1000余年历史。在过去，人们认为"大十面"能够起到镇妖避邪、消病去灾的神奇作用，所以市民百姓经常要礼拜"大十面"。

相传这"大十面"乃是一个可以降妖伏魔、镇"海眼"的稀世宝物。据说沈阳城下镇着一只巨大的乌龟精，大乌龟经常要通过地上的

"海眼"出来透气,这一透气便会搅得沈阳城天灾不断、不得安宁。于是就有法力超群的和尚造了这个石经幢,为的是封住"海眼"、镇住龟精。从此,沈阳城便风调雨顺了。

镇殿侯馆真的有怪兽吗

在沈阳故宫的清宁宫中,有一处名为"镇殿侯馆"的地方。这个所谓的"镇殿侯"是何许人也?其实,这镇殿侯并非人类,而是两只力大无穷、凶猛无比的野兽。1925年日本出版的一本杂志中曾登出了一个日本人在日俄战争时期拍摄于沈阳故宫的照片,照片两只怪兽的标本体长超过两米五,皮毛发亮,嘴尖爪利。于是,一时间沈阳故宫中存有怪兽的消息不胫而走。

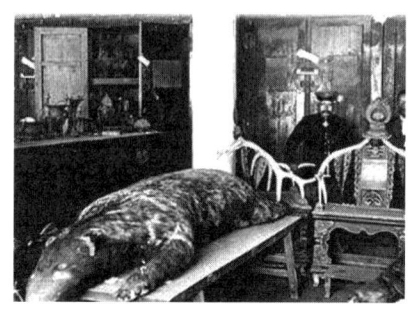

沈阳故宫镇殿侯(日本人拍摄)

其实,这两个怪兽原来是两头大黑熊。传说这两只熊原本被驯养在盛京皇宫中,因力大无穷,又通灵性,故皇太极让它们协助侍卫守护大清门。据说皇太极遭遇刺客时,两只怪熊还救过他一命,于是被封为"镇殿侯"。不过,也有人考证这两只熊是盛京将军阿兰泰向乾隆皇帝进贡的东北黑熊,乾隆走时不好带这两只熊回北京,就将它们留在了盛京皇宫中饲养。总之,两只熊死后,便被制成标本,存于宫中。由于制作标本时填充物的挤压,熊的面部变形厉害,所以看上去就像是怪兽一般。历经岁月变迁,现在的"镇殿侯"已是两张巨大的熊皮了。

罕王宫也是沈阳故宫的组成部分吗

罕王宫是清太祖努尔哈赤在盛京城的寝宫。据记载,当年努尔哈赤迁都沈阳后,并没有马上住进皇宫,而只是在原来明代城墙的北边修建了一个临时的住所,即"罕王宫"。罕王宫遗址位于沈阳市沈河区北中街路北地块,于2012年挖掘建筑地基时才被发现。现在历史学家们普遍将罕王宫视为沈阳故宫的组成部分之一。

罕王宫遗址,是一座二进院落的建筑群遗址,两院间以围墙分隔,坐北朝南,南北轴通长42米,东西轴因历史上破坏严重而宽度不详。这个院落为努尔哈赤和嫔妃居住的地方,而问政需要到几百米外的大政殿,这与汉政权"政寝合一"的习惯是不同的。院落建在一座由人工夯筑的高台之上,这显示了满族人居住高台之上的传统。另外,考古人员发现罕王宫建筑材料中,除了大青砖还有汉砖,采用土坯砌成,这是当时建筑材料缺乏的佐证。

努尔哈赤像

罕王宫遗址的发现对清早期历史研究、满族建筑研究等方面都具有极其重要作用。2017年1月起,努尔哈赤罕王宫遗址正式对外开放,整个遗址保护在一个大型玻璃罩下供人们参观。

清福陵

清朝入关以前,在沈阳及其周边地区还兴建有三处陵寝,即葬有努尔哈赤父祖等人的永陵(位于今辽宁抚顺)、清太祖努尔哈赤的福陵以及清太宗皇太极的昭陵,合称为"关外三陵"。

清福陵,因地处沈阳东郊,故又称为东陵,是清太祖努尔哈赤的陵墓,为清代关外三陵之一。清福陵修建于天聪三年(1629年),初建时称作"先汗陵"或"太祖陵",后定名为"福陵",寓意大清江山福运长久。

整个陵园背靠山峦,气势宏伟,风景优美。陵园周边为青松古林所环抱,堪称"天柱排青",是盛京胜景之一。陵园建筑群与青山绿水融为一体,人文建筑与自然环境和谐统一,体现了中国古代"天人合一"的哲学思想。

这一节,我们就来听听福陵的故事。

清福陵

清福陵中都有谁陪着努尔哈赤

清福陵是努尔哈赤和其后妃的三人合葬墓,即孝慈高皇后叶赫那拉氏与大妃乌喇纳拉氏。

天命十三年（1628年）8月，努尔哈赤染病，到清河温泉疗养，后病情加重，死于返回沈阳的路上，终年68岁。努尔哈赤死后先葬于沈阳城内西北角，天聪三年时，正式安葬于福陵内。

孝慈高皇后叶赫那拉氏，名"孟古哲哲"或"孟古姐姐"。其父亲杨吉努，是海西叶赫部首领。当时叶赫部与建州关系交好，因而缔姻，遂将时年14岁的孟古姐姐嫁给30岁的努尔哈赤。据记载，孟古姐姐"面如满月、丰姿妍丽"，而且"器量宽洪、端重恭俭、聪颖柔顺"，深得努尔哈赤钟爱。明万历二十年（1592年），孟古姐姐生皇八子，取名"皇太极"。明万历三十一年（1603年），孟古姐姐病故，年仅29岁，努尔哈赤为表达自己的哀思，斋戒数月，并将孟古姐姐葬在自己居住的院中达三年，后葬十尼亚满山岗。努尔哈赤死后，皇太极追封孟古姐姐为"皇太后"，并将她与太祖努尔哈赤"合葬"于福陵。

相比之下，大妃乌喇纳拉氏的一生要悲惨得多。乌喇纳拉氏，名阿巴亥，出身于乌喇部贵族之家。明万历二十九年（1601年），当时年仅12岁的阿巴亥，就嫁给了努尔哈赤为侧福晋。阿巴亥生有三子：阿济格、多尔衮和多铎。然而，努尔哈赤去世后，为了储君位置的稳固，以皇太极为首的诸王逼迫大妃阿巴亥殉葬。阿巴亥无奈，自缢殉死（一说被用弓弦勒死），时年37岁，努尔哈赤一同葬于沈阳城内西北角，一道殉葬的还有庶妃德因泽和阿济根。皇太极营造福陵后，将皇后孟古姐姐、大妃阿巴亥，一道与努尔哈赤合葬。

清初帝陵中的"宝宫"之谜

清初满族人继承了女真人的丧葬传统实行火葬。女真是个游牧民族，迁徙性较强，祖先死后就不能像汉人一样进行土葬，每年进行祭祀，只能采取火化的办法，将骨灰装在罐子里，带来带去就比较方便，这个罐子被称为"宝宫"。从努尔哈赤到皇太极、顺治帝，清初皇帝死了以后，都是沿袭这个习俗进行火化入葬，所以皇陵中并没有尸体，只有骨灰。

后来，入关后的清朝皇帝受汉族人观念所影响，觉得火葬是身处东北地区女真先人的野蛮之举，便加以禁止。

努尔哈赤死时是否进行了火化，《清实录》等官方史书中的记载含混不清，只说天命十一年（1626年）八月十一日病逝后与大妃乌喇纳拉氏同柩出宫，浮厝在城内西北隅，直到天聪三年（1629年）福陵修建后才入土安葬。在当时的条件下，停尸三年是不可能的，因此肯定是先焚化后将骨灰置于罐中再入土安葬的。《清圣祖实录》说，皇太极造福陵地宫后，"安奉太祖高皇帝宝宫"，这其实就是对其骨灰罐进行了安葬。

因采用火葬，随葬的生活器物、被褥衣衫等也都一同焚烧，所以，400多年来，福陵一直保持完好，没有遭到盗掘和破坏，地宫也从未被打开过。

皇太极像

清福陵中的一百零八蹬是什么寓意

福陵前临浑河，后倚天柱山，利用地势修筑了108个台阶，被称作"一百零八蹬"。这在中国历代陵寝中是首创。这一百零八级台阶在神道与隆恩门之间，作为自然的过渡隔断两者，营造出"一眼望不断"的效果。

福陵总体布局是把宝城、宝顶、方城、碑亭等主体修在天柱山山顶，把石象生、正红门、下马坊修在山下平地。山上山下出现大约三十余米落差，人们要一览福陵全貌，要观瞻神功圣德碑、前往隆恩殿和宝城祭祀，必须攀上三十多米高的山顶。为解决上下往来问题，完善陵宫建筑整体，就要在山下山上之间修一道阶梯。这道阶梯按正常坡度和长度至少要修成一百五十级的大型台阶。工匠们在台阶的两端分别加上了"下神桥"、"上神桥"、缓步台等组成，这就恰恰使得中间的台阶形成了"一百单八蹬"。

那么，这台阶为何偏偏要设置为一百零八级呢？关于其设计理念，有种种传说，其中最普遍的说法是与星宿传说有关，即天昊36星和地煞72星之和。其寓意是将36天昊星和72地煞星踩在足下，既守护福陵平安稳固，又显皇权神威。还有一种说法是与佛教有关，因为在佛教里一百零八是个常用的吉祥数字。更有民间传说者云，工匠在修建台阶时，遇到"土地神显灵"，使坡斜路陡工程无法进行，便只好向神仙叩头，此后奇妙的事情发生了，设计图上突然间显示出了108个叩头印儿，叩头印儿的排列如同一个台阶，工匠受到启发，于是便修成了这座台阶。

这种种关于福陵"一百单八磴"的说法，也许都是古代科技不发达情况下人们的一种附会，也是皇家和百姓们的一种美好吉祥的祈愿，然而，它们恰恰给清福陵罩上了一层神秘的光环，吸引着四面八方的游人。

被迁出福陵的大妃是哪位

福陵在创立之初，供奉着太祖努尔哈赤、孝慈皇后叶赫那拉氏、继妃富察·衮代、大妃乌拉那拉氏共四位"宝宫"。但是清朝入关之后富察·衮代的宝宫却不知去向，成为福陵历史上一大谜团。那么，是什么造成了这样的结果呢？富察·衮代最后迁葬到哪里了呢？

富察·衮代是于孟古姐姐之前嫁与努尔哈赤的。其最初嫁与努尔哈赤的叔伯兄弟威准，威准亡故后，因当时女真施行"继婚制"，衮代便改嫁努尔哈赤。努尔哈赤曾一度对衮代十分宠爱和信任，作为努尔哈赤的大妃长达30余年，此期间她生养了莽古尔泰、德格类两位皇子和一位公主莽古济。

然而，努尔哈赤死后，莽古尔泰等一众皇子无疑都成了皇太极欲处之而后快的眼中钉。同时，莽古尔泰又脾气暴躁，时常不听皇太极的话。于是，便上演了一场著名的"御前露刃"事件，使得皇太极的权威受到了极大的挑战。

莽古尔泰死后，有人控告他们兄妹三人想要谋害皇太极而夺取储王之位，皇太极以大逆之罪追夺莽古尔泰爵位。所以，原本与清太祖合葬于福陵的衮代"宝宫"也被强令移出。不仅如此，皇太极又将清宫档案中关于衮代及其家族的许多详细记录悉数删除，并且也不排除在某些历史事件中对其家族人员进行丑化，这也使得富察·衮代成为清初历史中最为扑朔迷离的人物之一。

那么，富察·衮代最后被迁出福陵后安葬到了何处呢？史书上只草草说了迁于福陵之外，而没有更详细的记载。据传，福陵后山曾有"奶妈坟"，很多人猜测可能与富察·衮代有关，但时过境迁，也都无法考证了。

清福陵的神碑幻影的成因是什么

福陵内有一座大碑楼，亭内竖立着一块"大清神功圣德碑"。碑石来自北京附近的房山，高约7米，宽1.8米，厚0.27米，仅碑身就重达5万公斤以上。这座石碑有个奇特现象，每当阴雨天气之时，石碑的背面便出现"幻影"。这幻影形似一只狮虎眺望于崖边，又好似仙人伫立、观音下凡，甚为神奇。老沈阳人称其为"美女石"，《陪都纪略》也有诗云："古石成形瑞气全。胜似丹青巧手镌。两陵背后生神像，可入陪都志略篇。""神碑幻影"也是"盛京八景"之一。

关于这石碑上"幻影"的成因，现代的解释是由于制造石碑的石料密度不均匀所致。石料中某些部分密度小、善于吸收水分，在受潮后，会使其纹理颜色变深、纹理突出。这就像密度小、质地粗松的水缸，由于阴雨天到来之前空气湿度大，水缸便吸收地表水分，出现"穿裙"现象。古人所说的"月晕而风、础润而雨"，便是这种现象。而石料密度的不均匀又使人们根据各自的想象，观察到了各种不同的形象。

福陵陵寝是由谁来守卫维护的

清朝时，福陵需要看守的区域不仅是陵寝的区域，还包括周边更大的范围，那么，这么大的区域由谁来防卫和维护呢？

清朝时期，皇陵都是由八旗官兵守护的，守陵人的总管多是皇帝的舅、姨族人及其后人，他们世代居住于此，并享有优厚的待遇，被称为"国戚舅姨子孙"。顺治时期，福陵建筑规模已甄完备。为了加强对陵区的管理，在前陵堡相继设置了"总管衙门"和"掌关防衙门"，总管为三品大员，掌关防官为四品，而后朝廷又为总管和掌关防官及其家眷设置了"总管府"和"掌关防官府"。其他中、下级官员也都相继在前陵堡或附近建造房舍，陵区内逐渐形成村屯，有的村屯人数多达上千人。

现在沈阳清福陵前的公交车站还保留着一个古老的地名——"前陵堡"，这其实就是当年清福陵守陵人居住的村子。现在沈阳前陵堡和后陵堡村仍有很多守陵人的后代居住。

不过，即使有这么多人的守卫，清福陵在近代也未能逃过战乱的破坏。日俄战争期间，俄军将陵区内数百棵参天大树砍伐，用来修建运兵的道路，后来甚至直接在陵区内安营扎寨，"人用马食任意取掠"，陵区内所存的祭器被俄军洗劫一空。之后日军进入沈阳，将陵区内很多珍贵的历史建筑破坏殆尽。

清昭陵

清昭陵是清朝第二代开国君主太宗皇帝皇太极的陵墓,其占地面积16万平方米,因位于沈阳城北,也被称为"北陵"。

清昭陵是清代关外三陵中规模最大、气势最为宏伟的一座,是我国现存最为完整的古代帝王陵墓之一,也是一座皇家园林的游览胜地。昭陵陵园内古松参天、草木葱郁、殿宇威严、金瓦夺目,充分显示出了皇家陵园的雄伟壮丽。

这一节,我们来详细了解一下沈阳清昭陵的建筑、园林,以及它背后一些有趣的历史和传说。

昭陵的主人是谁

昭陵是清朝第二代开国君主太宗皇太极的陵墓,初建于崇德八年至顺治八年(1643—1651年),皇陵内除皇太极本人外,还有孝端文皇后博尔济吉特氏,以及关雎宫宸妃、麟趾宫贵妃和洐庆宫淑妃等一批后妃佳丽。

太宗皇帝,名皇太极,明万历二十年(1592年)出生于赫图阿拉城(抚顺新宾),1626年,35岁的皇太极继承汗位。明

清昭陵的皇太极像

崇祯九年（1636年），在盛京称帝，建国号"大清"。他一生可谓四面开拓、智谋武略，为清朝入关奠定了基础。明崇祯十六年（1643年），皇太极卒于沈阳故宫清宁宫，终年52岁。关于皇太极的死，正史记载是"无疾而终"，并无患有任何病症的记载，后人推断是"风眩"病，即现在所说的高血压。死后其"宝宫"葬于昭陵。

太宗皇帝的皇后，孝端文皇后，姓博尔济吉特，名哲哲，蒙古科尔沁贝勒莽古思的女儿。16岁时嫁与皇太极。后金极其重视与蒙古的联盟，哲哲也因此受到重视。皇太极称帝时，立哲哲为中宫皇后。顺治帝即位后，尊哲哲为皇太后。顺治六年，哲哲死于北京，后于昭陵与皇太极合葬。

此外，昭陵内还建有一座贵妃园寝，专门安葬皇太极的其他妃子。

"昭陵"名字由来的争议

古代皇帝陵墓都有各自的名号，这些陵名一般由嗣皇帝钦定，或体现对这位皇帝一生功绩的总结和赞扬，或者是带有吉祥和祝福的含义。同时，清代还有一项制度，如果遇到陵名与地名重复时，必须将地名换掉，这叫避讳。可见帝王陵名是极其神圣的。

"昭陵"一名是顺治元年太宗皇帝驾崩火化时确定的。但是，昭陵陵名的来历一直都存在着争议。前人有两种不同解释，一种解释认为是仿效唐太宗李世民的昭陵，另一种解释说与古代昭穆制度有关。

最先提出清昭陵仿唐昭陵而定名的是乾隆皇帝。李世民被历代统治者奉为帝王楷模，创造了"贞观之治"的盛世局面。乾隆在东巡盛京祭扫昭陵时把皇太极与李世民相提并论，旨在赞颂先祖，也意在褒扬大清的盛世如同唐朝的盛世一样被后世所传颂。所以，这不过是乾隆的附会之言罢了。

另外，也有人说昭陵的名字出自古代昭穆制度。昭穆制度是一种宗法制度，用于规定墓葬和宗庙祠堂牌位的排列顺序，即"始祖居中，左昭右穆"。但是，清代关外三陵的地理位置，显然不构成这种昭穆关系。源自关外游牧女真民族的满族，也并不受中原的汉族宗法制度所影响。

那么，"昭陵"名字又因何而来呢？

昭陵其名，更可能是出于对"昭"字本身含义的选择。"昭"字，意思是"彰明"、"显扬"。昭陵陵名的含义就是将太宗皇帝的文德武功彰明于世、昭告天下的意思。

昭陵选址的风水依据有哪些

按照清皇陵的选择要求，能够作为皇陵所在地的"风水宝地"，必须要具备"前有沼，后有靠"的条件。所谓"沼"就是要有河水，"靠"是要有山。可是，沈阳附近，除了努尔哈赤的福陵附近，四处都是一望无垠的平原，已无山可"靠"，只好想办法来弥补这一不足。于是，便调集大批人力来造一座山。北陵身后的隆业山就是这么堆成的。昭陵始建于崇德八年（1643年），至顺治八年（1651年）才建好，用了足足八年的时间，据说，这八年大部分时间都用在运土堆山上了。

据《盛京通志》记载，隆业山有"包罗万象、跨驭八荒之势。辽水右回，浑河左绕，佳气轮回葱郁，诚万年之业非偶然也"。又称"其山源出长白西麓，由长白而永陵起运，由起运山而福陵天柱山，由天柱山而昭陵隆业山，一脉相承，直到沈阳西塔湾而止"。这条脉系被称之为"龙冈"。既然是这么重要的一座山，那么花八年时间来造它也不足为奇了。

当时为避免破坏北陵之地的风水，用于隆业山的土必须选用"客土"，也就是说，取土要到几里甚至十几里开外的地方。当时没有机械，挖土、运土全部靠车拉人扛，最终，堆出了这个"长一百一十五丈、高六丈一尺"的隆业山，其工程量之大、工程之艰巨可想而知。

据说，这造山之土的选择也是有讲究的，隆业山的土是来自蒲河北岸一处名叫黄泥洼（今平罗街道黄土坎村）的地方，这里的黄土特别纯正。

昭陵是模仿明皇陵建的吗

在清朝入关以前的"关外三陵"中，规模最为宏大的当属昭陵了。

如今的昭陵所在区域被辟为"北陵公园"，每天到这里晨练、遛弯的人络绎不绝。公园的入口是一座仿古式的南大门，进入大门后是通向陵寝的主神道，主神道两侧是参天古树，沿着神路一直向前，会经过下马牌、华表等礼制性设施，最终到达陵寝的核心建筑区，这些建筑在绿树的掩映下显得异常庄重、幽静。

不过，如此规模的昭陵，实际从根本来上讲，是满清对关内明朝陵墓建筑的一种"微缩式"的模仿。明十三陵建筑中规模宏大的石牌坊，在昭陵这里衍变为雕工十分精美的三开间石牌楼。而明陵石牌坊后的大红门，在昭陵则被设计成"正红门"，其他主体建筑也都建筑在中轴线上，两侧对称排列，这些都是对明朝皇陵的模仿，其建筑体制虽不及十三陵的宏大，但装饰却十分精美，具有满族陵寝的特色。

昭陵的贵妃园寝都葬有谁

清昭陵内西南处，有一座专门埋葬妃嫔的贵妃园寝，据史料记载，这里共埋葬着清太宗皇太极的11位妃子，史称"靖懿大贵妃园寝"，民间称为"后陵"。

后陵中，有几位有名号的大妃的陵墓，其中包括宸妃海兰珠、贵妃娜木钟、淑妃巴特玛、庄妃布木布泰等人的陵墓，此外还有其他庶妃若干人的陵墓，共11座。这11座陪葬墓坐北朝南，分列在清昭陵中轴线两侧，同时又按照尊卑关系，排列有秩。几座大妃墓，是按照沈阳故宫内四宫的排列顺序进行排列的，7座庶妃墓又紧紧围绕在四座大妃墓周围。整个墓园突显出皇室后宫尊卑有序的礼制观念。

这其中，有一个大妃墓是空冢，即庄妃也就是孝庄的墓。因为孝庄死后根据她的遗愿，灵柩没有运往盛京与皇太极合葬，而是葬在了河北省的"昭西陵"。

清朝末年，因年久失修，贵妃园寝多处倒塌，后又经过多年战乱和"文化大革命"的破坏，除坟丘外的建筑大多已经倾塌殆尽。现在这里已经草木丛生，只能见一些建筑台基的土堆和残砖碎瓦，再也不见了昔日的尊贵。

宸妃是否葬于昭陵

关于宸妃海兰珠死后葬于何处，是清史上争议最大的问题之一，也被列为清初的悬案之一。

众所周知，宸妃是皇太极最爱的妃子，死后也是予以厚葬，追封为元妃，谥号"敏惠恭和"。按照清朝典制，所谓"元妃"指的都是皇帝的第一位正妃，而宸妃却并不是皇太极娶的第一位正妃，可见宸妃在皇太极心目中的地位。同时，这四个字的谥号在清朝历史上也是绝无仅有的，简直可以说是集万千宠爱于一身。按说这样地位和身份的妃子，死后葬在何处不应该存在什么争议，但偏偏就是这样一个看似明确的问题，却令世人众说纷纭。

那么，是什么造成这样的争议呢？原来，在清朝的官史中，从顺治朝开始，宸妃——无论是她本人事迹的记载还是她的谥号——都就此隐没在了茫茫的历史之中。只有在不得不提及的时候，才偶有出现"宸妃"的字样，也绝口不提她的谥号，更无从查证她本人的事迹。这显然是有人故意而为之。

宸妃海兰珠于崇德六年（1641）年去世，而昭陵初建于崇德八年（1643年）至顺治八年（1651年），所以昭陵是皇太极去世后才开始兴建的。据记载，宸妃海兰珠前期所葬之处，是在蒲河岸边距当时盛京城5里的地方，安奉在了临时搭建的芦殿之内。

昭陵的贵妃园寝中确有为宸妃所建的墓冢，但皇太极死后，宸妃究竟有没有归葬于贵妃园寝？对此，官书中没有详实的记载。

据考证，《清实录》、《大清会典》等官书中，初期称昭陵贵妃园寝为"宸妃、懿靖大贵妃园寝"，可后期改称"懿靖大贵妃、康淑妃园寝",并且,从康熙朝开始,皇帝的东巡祭中,均没有祭祀宸妃。这就导致官书中对宸妃墓地的记载变得无从可考,也使得民间议论纷纷。究竟是有人故意隐去官书中的记载,还是宸妃确实没有归葬昭陵,真相早已湮没在了时间的洪流之中,留给后人的只有无尽的慨叹和想象了。

庄妃因何未入葬昭陵

原本在昭陵之内的贵妃园寝中还修有一座庄妃的陵墓。然而,这座"庄妃陵"却只是一座空冢,这又引出了一段谜一样的历史。

庄妃又称"孝庄文皇后",姓博尔济吉特氏,名叫布木布泰,与她的姑姑孝端文皇后一样,她也来自蒙古科尔沁,其父亲是蒙古科尔沁部落酋长,姐姐是关雎宫宸妃海兰珠。清初因政治需要,满蒙交好,形成盟友关系,因此相互联姻。因草原部族的习俗,这种姑侄共嫁一夫的现象,在清初是很常见的。

孝庄画像

庄妃在皇太极尚称"四贝勒"时来到盛京,当时年仅13岁。皇太极继承汗位后,为侧福晋。据《清实录》、《康熙起居注》评价,庄妃"赞助"太宗、"肇造丕基"。皇太极死后,皇后哲哲从此被尊封为皇太后,庄妃并无太后称号。顺治帝死后,玄烨继位,是为康熙皇帝。尊庄妃为太皇太后。康熙很早丧母,由祖母庄妃抚育成人,祖孙两人感情颇深。正因为如此,康熙对祖母也极尽孝道。总之,庄妃一生辅佐两朝,是清初十分杰出的后妃之一。

可是,按照清朝陵寝制度规定,皇后死在皇帝之前,要等皇帝驾崩与之合葬,而死在皇帝之后,则要在皇帝陵的旁边另建皇后陵。庄妃死于太宗之后,理应在昭陵建孝庄文皇后陵。可是,庄妃的陵墓却建在了河北唐山的昭西陵了。于是,有很多人便猜测这其中一定大有文章。

而庄妃未入昭陵的事实，也似乎成为其"下嫁多尔衮"之猜测的证据之一，因为下嫁多尔衮意味着她与太宗已经结束了婚姻关系，不可再葬入太宗陵。

庄妃是否下嫁多尔衮，官书中并未记载，是否确有其事尚未成定论。不过，庄妃生前曾留有遗嘱，大意是太宗在盛京已经安葬很久了，不要再打搅他们而与之合葬了，加之自己惦念顺治和康熙父子，将自己葬在孝陵（顺治陵）之旁就可以了。于是，康熙遵照祖母的嘱托在孝陵旁另建庄妃陵，名为"昭西陵"，与沈阳的昭陵遥相呼应。

再一种说法是，庄妃晚年已废除火化制度，土葬的观念已经深入满族皇家的观念，可是，如果葬到昭陵去也必须按旧制火葬，庄妃害怕自己被火化，所以提出改葬在关内。

历史的真相到底如何，想来只有历史本身才能说得清，剩下的只能留给后人去想象和评说了。

清朝皇陵怎么会有最早的水冲厕所

昭陵是清朝的开国之帝皇太极的陵寝，所以，历代皇帝对其的祭祀活动，规模都较大，耗时也较长。参加祭祀活动的皇室大臣、侍卫随从等，人数众多。这大队人马，免不了有在祭祀活动时内急的。所以，陵园里厕所是少不了的。清昭陵里就有一座保存完好的清代厕所。

在清昭陵大红门东侧有一处单独的院落，名为更衣亭，关内称为"具服殿"，是皇帝当年祭祖的时候更换孝服的场所。在这个院落的东北角还有一个小亭，这个小亭就是"御厕"。这间御厕是清关外三陵中目前留存下来的唯一一处。在永陵、福陵都没有发现类似的建筑。关内清东、西陵都有具服殿，具服殿的后面也有一处建筑是供皇帝如厕的地方，但在昭陵的这个御厕却有其独特之

老照片中的昭陵

处。一般皇帝如厕都是坐在马桶上，而昭陵的御厕里则是一个蹲便池，可见一个花生状的坑眼。同时，昭陵的这个御厕可是用水冲的。石坑的底部呈斜坡状，水可从地下暗道流出，从斜坡冲下，将秽物带走。而在跨院的边缘处，还见到两个菱形的中空古砖，是用来排水的"地漏"。这等设计简直和现今的蹲式厕所的设计不谋而合，令人大有"穿越"之感。

昭陵中怎么会有座蛇神庙

昭陵的陵园内，有一座奇特的庙，就是蛇神庙。这座蛇神庙位于清昭陵陵寝正门大红门东侧约100米左右处，是一间硬山式青砖布瓦的小庙宇，庙宇里面只供奉有一个蛇神的牌位。小庙前还有两个大石狮子。

据《昭陵志略》记载，传说清代中期的时候昭陵附近有一条红头大蛇在陵区附近游移，守陵官兵发现后就将这件事报告给了皇帝，皇帝下令给这条红头蛇修建庙宇，让红头蛇保佑昭陵的平安。但据研究，这蛇神庙可能早已有之，并不是建陵时所建，据说这庙里面供奉的是一条巨蟒，叫做"金花教主"。坊间有传说，当年皇太极身为阿哥的时候，一次和明兵作战的时候，身负重伤。就在他走投无路的时候，一只巨大的蟒蛇出现了，它吓走了追兵，使得皇太极逃过一劫。后来皇太极登上了皇位，他感念这条巨蟒的救护，命人在盛京城北修建了这座庙，并给这条巨蟒封了个名字叫"金花教主"，经常派人来祭祀它。不过这些都只是传说罢了。

后来，蛇神庙在清末时已经倒塌毁坏，现在的蛇神庙是1926年前后修复的。那么，是谁修复的蛇神庙，这里边还有一个传说。

张学良先生的红颜知己赵四小姐在昭陵附近有一栋别墅，被称为"北陵别墅"。一次赵四小姐到北陵别墅小住，半夜梦见一条蛇从鞋里跳到桌上，变成了一条巨蟒。蟒蛇对她说："我已成仙得道，只是没有了栖身之所，如果你能帮助我，我一定帮助将军报杀父之仇。"赵四小姐醒后讲了此梦，劝说张少帅派人重修了这座蛇神庙。

不过这也只是传说而已，已不可考。但在这座蛇神庙里面却有一副对联，曰"正义之气，留芳百世"。至今蛇神庙香火不断，亦有不少善男信女前来祭拜。这座蛇神庙的存在，在大清十二座帝陵中也是独一无二的。

铁链锁住蹲龙脚

清代的陵制规定，位于陵寝门以北不远的正中神道上都要有一座二柱门。二柱门由两根四棱柱形的石柱和一个夹楼构成，是一种纯礼制性的建筑。两根石柱上各蹲有一只石兽，呈向天吼叫的姿态，俗称"望天吼"，传说是龙之九子之一的"犼"。

但奇怪的是，清昭陵的这两只望天吼脚上都有铁链，被牢牢地锁住。这是为什么呢？正史上没有记载，只有一个传说。

传说当年石匠在雕刻这两个望天吼的时候，不慎将手指砸破，鲜血溅在石兽上，石兽长期接受日月精华最终成了精，经常跑到外面去溜达，甚至还有人曾经看到他们跑去河边喝水。皇帝知道了这件事之后很生气，于是下令将两个淘气的小石兽用锁链锁起来，让他们面对皇帝地宫的方向思过。这只是一个传说，昭陵内这两只被锁住脚的望天吼就是面向陵寝地的，而关内陵园二柱门上的望天吼却是面面相对的。

无论真实的答案是什么，这两只石兽都成了昭陵一奇。

昭陵大明楼曾遭雷劈是怎么回事

清昭陵内有一座叫"大明楼"的建筑，也被称为"明楼"。大明楼地正中，有一个牌匾，上面用满、蒙、汉三种文字写就了"昭陵"二字。在明楼内部，有一座汉白玉石碑，高达六米，碑身刻有"太宗文皇帝之陵"几个大字。整座建筑是昭陵建筑群的制高点。可是，20世纪30年代，这座大明楼却遭到了雷劈。

1937年5月29日，昭陵大明楼遭雷击后起火、烧毁。当年的《盛京时报》予以详尽报道。据这篇报道记载，当时火势非常之大，"火势更形炽烈，迄至九时许仍未能稍息……经消防队极力扑救，结果，迄于当日午后二时许方始熄灭。但该楼全部已经化为乌有。"原因是，"建筑时间过久，更参以连日来天气阴雨，雷电交加之种种原因，调查结果判明，为雷火所发生云。"

据说，当溥仪得知昭陵大明楼遭到雷劈、发生火灾后，顿时惊恐万状、寝食不安。他认为，祖陵遭雷击，实乃不祥之兆，是对他卖身投靠日本侵略者当傀儡皇帝的惩治。中国人常说做了亏心事会遭雷劈，所以溥仪这时简直吓破了胆，一边在祖宗牌位前请罪，一边命人调查详情。调查的结果是——昭陵大明楼全部烧毁、圣号碑炸裂。溥仪听罢痛心疾首，并命人尽快修复大明楼。直到1939年，大明楼才重新修好，可圣号碑却不能更换，只得用一个铁箍将碑体箍住。

传说这块石碑也和福陵的石碑一样，每逢阴雨天其背后都会浮现出一个美女的形象，这里被称为"麻姑献寿图"，其成因和福陵的也大致相同。相传，张作霖统治东北时期，时任"三陵承办"的冯德麟有一次到昭陵巡视，听说了这个传说，于是他站在圣号碑后看了半天，却什么都没看到。冯德麟不由得怒火中烧，干脆找了个画师在圣号碑背后画上了一幅真的"麻姑献寿图"。可是后来圣号碑被焚烧，这幅画就再也看不到了。

昭陵是否真的存在暗道

清昭陵的影壁上镶有花瓶和九朵牡丹花的图案。民间有传说，在这几朵花中，隐藏着一个按钮，触动按钮之后，地宫的大门就会打开。如今影壁上的花朵不知被多少慕名而来的游客摸过了，但地宫的大门始终没有被打开过。

不过关于通往地宫的暗道倒是时常被人提起，据说这条暗道可以直通地宫。有人说，这条暗道的入口在明楼下，也有人说后山有暗道，总之关于昭陵暗道传闻的版本非常多。

建国后，北陵公园管理所的一位工作人员在树林里巡逻时，就曾发现一个洞口。当时有只狐狸钻到了一个树洞里，这名工作人员便往树洞里灌水想把狐狸逼出来，可是却发现这个树洞怎么也灌不满。当他往下挖时，发现下面有一块大青石板，揭开石板一看，底下是一个砖砌的暗道。

后来，有关部门还组织了一支三人探险队，来探查这条暗道。他们进入洞口爬了一百多米后，发现面前的岔道非常狭窄，三人被卡在洞中不得动弹。地面人员只得估算他们行进的距离，在路线上又挖了一个大坑，才把他们三人挖了出来。

通过这次地下探访，文物考古部门认定，这条"暗道"是北陵陵寝排水工程，并非是传说中直通地宫的暗道。但也有质疑的声音，有关部门慎重起见，把这个洞口封闭了起来。此后，在昭陵周围还数次发现过暗道的踪迹，但是都被确认是排水工程。

"哑巴院"的名字和哑巴有关吗

哑巴院在正史中叫做月牙城，是清代皇陵的一个重要组成部分。月牙城实际上就是陵墓方城旁由一面月牙形的墙构成的小院。

月牙城的正中贴砌一座影壁，影壁为黄琉璃瓦顶。从影壁下向南的地面上是全陵神道的起点，地宫的入口就在影壁之下。

至于为什么这个院要叫做"哑巴院"，民间有这样的传说。相传，为了保住地宫入口的秘密，凡是参加月牙城工程的工匠，都必须是哑巴。他们白天休息，夜间施工，路上得蒙着眼睛，完工后更得遣送到人烟稀少的边远地区居住。所以哑巴修建的院子，叫做"哑巴院"。

不过，这样的传说不合乎逻辑，因此不足为信。有建筑学方面的专家指出，中国古建筑中通常都把那些比较隐蔽、从外面看不到的部分或构件，用"哑巴"作为开头起名，如"哑巴当"、"哑巴椽"等，而月牙城刚好是这样，所以才有了"哑巴院"这么个奇怪的名字。

清昭陵是否曾经被盗

对于皇太极陵墓昭陵地宫里的秘密，古往今来也流传着许多传奇，除了前文所提到的之外，还有民间传说，地宫里和地面上的陵墓建筑一样，也有正殿、配殿，里边还藏着许多奇珍异宝，但这些不过是坊间百姓为了渲染皇陵的神秘色彩所进行的臆测罢了。

清代的皇帝墓室中，雍正、嘉庆、道光、光绪的陵墓或多或少都遭到了一些破坏，而康熙、乾隆、咸丰、同治的墓在民国时期曾多次被盗。从清帝退位到新中国的成立，这期间中华大地上历经了外国列强的殖民、长时期的战火及其时代巨大的变迁，那么，清朝的开国皇帝皇太极的陵墓有没有被盗呢？

答案是否定的，清昭陵除贵妃园寝处的建筑在战争和"文革"中遭到破坏外，其余未遭到破坏和盗掘，其地下基础完好，地宫未曾开启，规划、布局也依然完整，古建筑与遗址未受后人过多的干预与改变，自然环境也基本保持原始状态。清昭陵的这种真实性与完整性，在历代帝陵中实属罕见。另外，清朝皇陵中没有被盗的还有努尔哈赤和顺治的陵墓，究其原因，主要还是因为清朝初期采用的是火葬，陪葬器物少，没有给盗墓者留下过多的诱惑。至于传说中被盗的故事，也均不可信。

清昭陵是如何变为今天的北陵公园的

清昭陵如今有了另外一个名字——"北陵公园"。北陵公园是沈阳市内最大的公园，其苍松古柏、碧水荷花，使其成为现今沈阳市著名旅游景点之一，也是广大市民休闲娱乐健身的重要场所。

清朝时，昭陵内有陵兵保护，是"闲人免进"的"圣地"。普通百姓私入陵地砍柴打猎都要被杖责，进入陵寝那更是不可能的事。但历史的洪流总能淹没一切禁忌。昔日尊贵的皇家陵园，今日已成大众共享的公园，那么历史上是谁第一个打破这禁忌的呢？

曾经的昭陵面积比现在要大得多，几乎占了大半个沈阳市，粗略计算，东西与南北距离各不少于15华里。因地亩过于广大，看管难免疏漏，百姓或为开荒种地，或为沾皇家风水，进入陵地的情况屡禁不止。后来，随着大清的衰落，陵地的禁令也逐渐松弛。到20世纪30年代，据沈阳市政公所公布的实测结果，昭陵陵区南北仅5.1华里，东西为2.6华里，总面积为12.4平方里，已大大小于原来划定的范围。

随着清的灭亡，昔日的皇宫、皇陵都渐渐退去了神秘的面纱。1923年6月6日，张学良被任命为奉天市政总办，负责奉天的管理与规划。受过系统东西方文化教育的张学良，对市政建设有着超前的先进理念。张学良面谕奉天市长修建昭陵木门，透露出办理北陵公园之意，他提到"若能保存原有之状态而参以近代的要素以经营之，则异日完成，不第东亚唯一之公园。"1926年，时任奉天市长李德新将建设北陵公园提到了日程上。1927年，北陵公园正式成立，并售票经营。

北陵公园建设之始，即意在建成一座"伟大公园"，这一计划得到了张学良的首肯，对昭陵遗迹的保护起到了重要的作用。然而，这个建设"伟大公园"的宏伟蓝图随着"九一八"硝烟的升起而夭折。其后，又遭受到了日本侵略者和国民党军队不同程度的破坏。

直到新中国成立后，沈阳市政府对北陵公园进行了规划建设，使北陵公园有计划地开发建设，成为多功能、综合性的文化、休闲公园。今天我们看到的北陵公园正门，就是1994年修建的仿古建筑正门。北陵内的其余古迹和地宫，以及它所承载的那一幕幕历史、一个个故事以及那早已尘封的岁月，都得以保存了下来，供后人怀想和传说。

沈阳的名人故居与王府宅邸

东北第一名人故居——张氏帅府

一座大帅府,半部民国史。

大帅府之于沈阳城,是一段不可轻视的城市记忆。在这里,每一间房、每一扇窗、每一块砖石,都镌刻着百年的烙印。这里的故事,或惊天动地,或可歌可泣,亦或儿女情长,每每讲来,无不令人流连。然而,时间可曾顾盼谁,这些故事皆已远去,仿佛河流般奔流到海,永不复还。但历史不能忘记、屈辱不能忘却,这座从历史的流沙中洗尽铅华的宅院,时刻在向每一个中华儿女述说着那段不能被遗忘的历史。

张氏帅府是如何建起来的

张氏帅府,又被称为"大帅府"或"少帅府",是时任奉系军阀首领张作霖及其长子张学良的官邸和私宅。与南京的总统府一样,张氏帅府也是一个集政治和居住功能于一体的建筑群。张氏帅府始建于民国三年(1914年),以后又经不断扩建,形成了总占地3.6万平方米、总建筑面积为2.76万平方米的建筑和院落体系。

张氏帅府由东院、中院、西院和院外建筑等四个部分组成,院内建筑风格各异,是东北地区规模最大、保存最为完好的名人故居。中院三进四合院,是中式传统四合院,由堂屋和内宅构成,有角门通往东院;东院由大、小青楼和帅府花园等组成,东北角建有关帝庙;西院是红楼建筑群，"九一八"事变后建成；此外，院外的东部和南部，还有赵四小姐楼、边业银行和帅府办事处（俗称"帅府舞厅"）等建筑。20世纪后期，张氏帅府被国家列为全国优秀近代建筑群。1996年，被国务院列为第四批全国重点文物保护单位。

由于张作霖和张学良父子在中国近代史和沈阳地方史中的重要地位，使张氏帅府充满了丰富的历史人文内涵，其建筑群落保存的相对完整性、充满浓郁民国文化特色的建筑风和装饰艺术，使其赢得了"东北第一名人故居"的美誉，也使其成为沈阳市一个重要的旅游名片。

那么，张氏帅府的修建又有着什么样的历史呢？

清末，土匪出身的张作霖，受清廷招安，逐渐升任高级军官。1911年武汉爆发辛亥革命后，张作霖因带兵入奉天（现沈阳）镇压革命党人，被封为关外练兵大臣。1912年9月，袁世凯任命张作霖为陆军第二十七师中将师长，其后张作霖才开始在奉天安置家眷、置办产业。于是，他在大南门里的通天街租赁了清道台荣厚的一套旧宅居住，后又将这套旧宅买了下来，一并买下的还有西侧的江浙会馆。1914年，张作霖将这两处旧宅全部拆除，重新进行了设计和修筑，当时包括了中部三进四合套院和西院北部的两组四合院。

1916年，新居建成，此时张作霖已升任奉天督军兼奉天省长，被尊称为"大帅"，该新居既是他办公的官邸，又是家眷居住的地方，故此人们习惯称其为"大帅府"。其后，又陆续在三进四合院的东侧，扩建了一大一小两座楼，被称之为"大青楼"和"小青楼"。张学良主政东北后，鉴于帅府原有的建筑不敷使用，于是决定将西院的两套四合院及一些建筑拆除，修筑了6座红色的大楼，被称为"红楼群"。

随后，大帅府在我国风雨飘摇的近代史中经过了百余年的历史嬗变，占据者和用途也屡经变迁。直到1998年，在各级政府的努力下，张氏帅府才更名为"辽宁省现代史博物馆筹建处暨张学良旧居陈列馆"对外开放。

张氏帅府的设计理念如何

大帅府在设计理念和装饰风格上既有中国传统的建筑风格，又有仿罗马式和中西合璧式的建筑风格，它既反映出了张作霖的个人喜好，又彰显出了这位"东北王"强烈的权贵思想和政治野心。

首先，在建筑布局上，中院的三进四合院，前两进院为办公官邸，三进院为眷属私宅，是典型的仿王府式建筑，"前政后寝"的建筑功能表现得非常鲜明。同时，整个张氏帅府的建筑群又由东、中、西三个院落组成三路平行的建筑格局，这竟与沈阳故宫的布局形式惊人地一致。

其次，在建筑的高度上，1922年建成的大青楼，楼高22.45米，成为沈阳城的制高点，比建成前的制高点——故宫凤凰楼（楼高18.3米加土台高3.9米）还要高，这进一步昭显了张作霖在东北的最高地位。

此外，在建筑的装饰上，四合院的院门上挂有"治国护民"、"望重长城"等牌匾，墙身和础石上，都镶有多幅寓意深刻的砖雕。其中最著名的就是题材为"马上封侯"的砖雕，另外还有"吃各国"、"握环球"等不同题材，都揭示了张作霖在政治上的雄心抱负。

张作霖出生于满清王朝的晚期，封建王朝"家天下"的政治观念尚有遗余。张氏帅府正是张作霖头脑中权贵思想的集中表现，也揭示了当时的政治生态和社会局面。

张作霖是个什么样的人

"东北王"张作霖，我们并不陌生，张作霖和他主政东北时期的那段历史，也是各种影视剧、文学作品以及评书、讲坛等津津乐道的题材。

对于张作霖的评价，有人会说他好，认为他有才能、有魄力，为东北民众谋了很多福祉；也有人会说他坏，认为他狡诈阴险、穷兵黩武。各种小说或影视剧中的张作霖，或是一个身材矮小、充满江湖气的土匪形象，或是一个英俊潇洒、满腹韬略的大元帅形象，这些无不有些片面或偏激。其实历史上真实的张作霖并非如此简单，他其实是一位非常复杂的人物，也是中国近现代史上争议较大的人物之一。

据说，张作霖其人身材短小，目光炯炯有神，精悍之色见于眉宇之间。他出身草莽但却时有儒生之气。他为人狡诈阴险，但却又很讲江湖义气，不仅知恩必报，更能以德报怨。面对国内各势力，他似乎是墙头草一般，哪边硬便往哪边倒，他虽有心与日本抵制、抗争，但却又不敢与其针锋相对。在民族气节上，他既对俄国毫不退让，又对日本人软硬不吃，对日本表面上采取亲善、巴结的做法，可实际上又"暗渡陈仓"，抵制日本在中国东北扩大侵略势力。同时，张作霖统治东北时期，其有效的行政管理，使得东北三省无论是经济上还是文化事业上，都有了卓著的发展成就；然而，他穷兵黩武的军事决策，又使经济发展和人们生活遭到破坏。他实际上是有着强烈政治追求的，但却又不愿别人说他有野心，在实际中，张作霖取民主制度之名，却行的是军阀专制之实。可以说，张作霖既有爱国进步的一面，也有妥协落后的一面，可谓复杂至极。

关于张作霖，或许，大青楼前那块他亲笔题写的匾额——"天理人心"是最好的回答。

张氏帅府的四合院有哪些东北特色

中院的三进四合院是中国传统的仿王府式建筑。前两进院为办公官邸，一进院设有内账房、承启处、传达室和卫兵室，二进院是张作霖1916至1922年办公和会客的地方。三进院是大帅府的内宅，东院大、小青楼建好之前，张作霖的家属大都住在此院。

这座四合院可谓青砖珑瓦、雕梁画栋。它是设计师吸收奉天城清朝各王府建筑特点，遵循张作霖家乡辽南的生活习俗而建起的。与北京四合院不同的是，它集中体现了关外的民风民俗。

不过，这座四合院在装饰细节上，还充分体现了东北地区尤其是辽南地区的民俗风格和风土民情，其中，墙身上的砖雕生动形象、独具特色，堪称一绝。这些石雕的题材有表示富贵吉祥的，有表示功名利禄的,也有出自历史典故的。其中有东北农村盛产的萝卜、白菜、茄子、辣椒、高粱、谷子,同时,张作霖老家——辽南(今辽宁海城附近)所盛产的芦苇、河蟹等都作为题材,雕刻在石、砖和木头上,是研究东北民族建筑和民间习俗的珍贵艺术资料。

为什么说大青楼是中国现代史的见证

1922年之后的大帅府,其东院建成了一大一小两座楼。这两座楼因采用青砖所建造,周身呈青灰色,因此被称作"大青楼"和"小青楼"。此时,张作霖搬入了大青楼一楼办公,家眷也大部分搬入大、小青楼内居住。

大青楼是张氏帅府的标志性建筑,建于民国七年(1918年)到民国十一年(1922年),是一座三层的仿罗马式洋楼。其总建筑面积2460平方米,楼高22.45米,顶层有观光平台,整体建筑规模宏大,外部立体浮雕和内部主要房间的壁画装饰都具

大帅府大青楼

有较高艺术价值。大青楼的正门处为一处假山,是张作霖亲自指挥建造的,既有装饰又有防御作用,假山门上刻有张作霖手书的"天理人心"和"慎行"两块匾额。大青楼一楼是张作霖办公室和卧室,张学良主政东北后,为秘书长室和秘书厅;二楼为张学良的办公室、卧室及其子女的住所;三楼为张作霖几位夫人的住所。大青楼内还设有宴会厅,是当年张家聚餐及宴请重要客人的地方。当年,促成张作霖与孙中山、段祺瑞、卢永祥组成反直系军阀"三角同盟"的"三公子会谈",就是在这里进行的。

大青楼自建成一直到"九一八"事变期间,历经了两次直奉大战、张学良承接父业、东北易帜、杨常事件、中东路事件、中原大战等重大历史事件。所以说,大青楼可谓中国现代历史的见证。

张氏帅府的仪门为何又叫"教子门"

张氏帅府的三进四合院内有座垂花仪门,是帅府当年迎接贵宾时举行仪式的地方。这座仪门建在三层的青石台阶上,门前有抱鼓石和石狮子,两侧则悬挂着民国大总统徐世昌赠与张作霖的楹联:"关塞仗金锋屹甲千城万里,海外接半壁昭泽三省六州"。关于这个仪门还有一个有趣的事。

相传,张作霖的小儿子张学森从小十分淘气,八九岁时,他见仪门的卫兵总是立正敬礼,不禁觉得有趣,就在仪门前捉弄卫兵。他故意将卫兵的枪碰倒,没想到枪刺把他的脚面给划破了。于是,他就要赖骂卫兵,没想到惊动了父亲。张作霖来到仪门,问明情况后,一句"他妈拉个巴子的"!就把张学森摁倒在仪门前,当着卫兵的面狠狠地用鞋底抽了一顿屁股,任谁讲情都不行,打完之后还让张学森当场给卫兵道歉。

因为张作霖严于教子,不任其顽劣,于是,后来人们便把这扇仪门称之为"教子门"。

大帅府匾额

小青楼为什么又叫"小姐楼"

小青楼位于大青楼的南侧,由于地处张氏帅府花园的中心,又有"园中花厅"的美誉。这是一座中西合璧式的二层砖木结构小楼,建成于民国七年(1918年),因其采用青砖青瓦建筑而成,故称"小青楼",早期也叫"小姐楼"。

说到小青楼,就不得不说说张作霖的五夫人张寿懿。这座小青楼就是张作霖为她专门修建的。在张作霖的六位夫人中,提起五夫人——寿夫人,可是无人不知无人不晓,因为她曾在历史的关键时刻扮演了重要的角色。

1928年6月4日,张作霖乘火车返回沈阳时,被日本关东军炸成重伤,史称"皇姑屯事件"。当时被送回大帅府的张作霖不久便死在了小青楼里,但是日本方面并没有得到张作霖是否死亡的确切消息,因此不敢贸然采取下一步行动。为防范日本关东军突生事变,并稳定东北局势,寿夫人临危不乱,密不发丧。为掩人耳目,张寿懿把家中安排得井然有序,并要求家人严禁哭闹、严密封锁消息。在日本公使夫人和《朝日新闻》记者的面前,寿懿谈笑风生、泰然自若,当他们听到楼上留声机里放的戏曲以及家人按时送饭上楼的情景时,深信张作霖并没有死,因此也为张学良赶回沈阳赢得了宝贵的时间。由此可见,这位寿夫人可谓胸怀大度、有勇有谋。

另外,当张作霖为张寿懿修建小青楼时,为了避免几位夫人争风吃醋,聪明的寿夫人便把张作霖其他几位夫人的女儿,全部接进了小青楼居住,所以小青楼早期又被称为"小姐楼"。

关帝庙与张作霖的奉系军阀有着怎样的渊源

张氏帅府的东北角有一座小庙,是张作霖依据辽南民俗所建的家庙。这座家庙的正殿供奉的是关公,因为张作霖行伍出身,崇信关羽,他把关公的仁义道德作为自己的终身信仰。关帝庙四壁上彩绘了"桃园三结义"、"三英战吕布"、"温酒斩华雄"、"诛颜良、斩文丑"等故事。关公庙除供奉有关公外,还有张家的祖宗灵位以及张作霖两次结拜时的兰谱。

结义,民间俗称"拜把子",它源于三国时代的"桃园三结义"。张作霖出身绿林,十分重义气、善结交,而他的发迹也确实离不开和他一起出生入死的"把兄弟"结成的奉系"兄弟"班底。

据史料记载,1907年,张作霖与马龙

张作霖

潭、吴俊升、孙烈臣、张景惠、冯德麟、汤玉麟、张作相八人,按年龄为序,结拜为把兄弟,奠定了奉系军阀体系的基础。1927年,为了进一步团结各路人员,张作霖又与张作相、吴俊升、汤玉麟、孙传芳、张宗昌、韩麟春、褚玉璞等再次结拜为把兄弟,这次结拜标志着奉系军阀势力的最高点。

著名的"杨常事件"发生在哪里

大青楼一楼东北角的老虎厅,是张氏帅府一个非常重要的处所。这里原是张作霖的会客厅,"老虎厅"这个名字缘于汤玉麟在东边道任上送给张作霖的老虎标本摆放于此而得名。

这个老虎厅,因著名的"杨常事件"而站到了历史的舞台前。

1928年12月29日,当时主政东北的张学良,为了维护国家的统一,不顾日本要他实行"东北自治"的要求,毅然宣布遵守三民主义,服从国民政府,改旗易帜(以青天白日旗替换北洋政府的五色旗),这就是震惊中外的"东北易帜"。这一事件的发生,维护了国家统一和民族尊严,同时挫败了日本帝国主义攫取中国东北的阴谋。该事件标志着北伐的结束,国民政府至此获得了形式上的统一。但当时奉系"元老"杨宇霆和常荫槐在"东北易帜"上与张学良产生严重分歧,主张东北独立。1929年1月10日晚,张学良以"阻挠新政,破坏统一"的罪名,将二人击毙于老虎厅,史称"杨常事件"。

张学良

诛杀杨、常二人的前一天晚上,在张学良和夫人于凤至的卧室里,还曾经发生了"一枚银元"的故事。

常荫槐

因杨宇霆、常荫槐二人在政见上与张学良产生分歧,且骄横傲慢,功高盖主,阻挠张学良维护国家的统一,但他二人又是张作霖在世时的"元老",所以在处决二人的决定上,张学良犹豫不决。于是,张学良咨询夫人于凤至的意见,于凤至建议抛银元,让天意来决定二人的生死,银元正面朝上杀,背面朝上不杀。结果张学良连掷三次,全部都是正面朝上。最终,张学良决定处决杨、常二人。

事后,张学良把这枚银元收藏在了卧室的保险箱中。有趣的是,1931年"九一八"事变的第二天,日军占领了大帅府,当他们发现保险箱后如获至宝,迫不及待地打开后却吃惊地发现里面什么宝贝也没有,只有这枚银元。

"杨常事件"后,张学良稳定了自己在东北的统治地位,老虎厅也由此名扬四海。

杨宇霆

赵一荻故居有着怎样的陈年往事

张氏帅府大院的东墙外,有一处既与大帅府分不开却又独立于大帅府的小洋楼。这便是赵一荻故居,也称为"赵四小姐楼"。

这里是张学良的红粉知己赵一荻(人称赵四小姐)于民国十七年(1928年)到民国十九年(1930年)间所居住的地方。小楼为中西合璧式的二层建筑,独立成院,内设会客厅、舞厅、琴房、起居室、书房、办公室等房间。

1927年,16岁的赵一荻爱上了心目中的英雄张学良。不过她的父亲,时任北洋政府交通次长赵庆华无法接受自己的四女儿嫁入张家做小,遂将赵一荻从赵氏宗祠除名,断绝一切往来,并引咎从此不再为官。1928年,赵一荻不顾家庭阻挠,跪在张学良夫

晚年的张学良与赵一荻

人于凤至的面前请求她收留,并愿意在不计较任何名分的情况下,以私人秘书的身份陪伴张学良。心胸大度的于凤至同意后,买下了大帅府隔壁的小楼作为赵一荻的居所。

据说,赵四小姐楼内并未设立厨房,平时的饮食都由大帅府的厨房送来,据说这是有"不可另起炉灶"的用意。直至1964年,于凤至才同意与张学良离婚。而张学良自1938年被蒋介石囚禁后,直至1990年才恢复人身自由,在这五十多载的幽禁岁月里,赵一荻一直陪伴在张学良的身边。

正是从这幢小楼里开始,赵一荻陪伴张学良度过了72载冷暖岁月,直至人生的终点。赵一荻故居也成为张学良和赵一荻一段"冰霜爱情"的历史见证。

于凤至

沈阳的故居公馆与王府宅邸

你可知道，在那些鳞次栉比的摩天大厦之下，在那车水马龙的街道之后，有着多少座历经岁月洗礼的故居和宅邸。如今，它们或沉睡或焕新，但回首往日却是百年的风云诡谲。那一间间、一座座的背后，是情、是泪、是恨、是憾……

这一节，我们将带你穿越沈阳这座老城，去到她几个世纪以前的岁月往昔中，探索沈阳城内的老宅，以及它们背后一幕幕古老而真实的故事。

赵尔巽与沈阳有着怎样的渊源

赵尔巽公馆，坐落在今沈阳市大东区万泉街1号。据考证，这座典型的中式院落建于1905年前后的清末年间，曾经由正房、厢房、跨院和后花园组成，环境优美，但现在仅留存了中间的四合院。这座小院被沈阳市文物局列为"沈阳市不可移动文物"，2004年修缮一新后，作为大东区慈善总会的办公场所，不对外开放。

这间公馆曾经的主人，可是中国近代史上的一位风云人物。

赵尔巽

赵尔巽，生于1844年，字公镶，号次珊，又号无补，汉军正蓝旗人，出生于辽宁铁岭的一个官宦世家。他于同治年间中进士，任翰林院编修。历任安徽、陕西各省按察使，又任甘肃、新疆、山西布政使，后任湖南巡抚、户部尚书、盛京将军、湖广总督、四川总督等职。任湖南巡抚期间，他曾成功抵制了外国侵略者攫取矿权的阴谋。宣统三年（1911年）赵尔巽任东三省总督，正是他招降了当时作为土匪的张作霖，使其成为"正规军"。1914年，赵尔巽任清史馆总裁，主编了"二十六史"之一的《清史稿》。

纵观赵尔巽的一生，可谓极富传奇色彩。他早年叱咤宦海，而后又经历政局颓败、朝代更迭和家国动荡，他作为满清遗老，一生愚忠清王朝、反对共和、仇视革命。但他任东三省总督时，推行东三省新政，奠定了东北近代化的基础；年老后又转入史学界，专心修史，使《清史稿》成为后人研究清朝历史最权威且完整的史料。

赵尔巽公馆修缮前

赵尔巽与张作霖之间还有不少传奇故事，相传，当年赵尔巽是用50个鸡舌头馅的水饺招降了张作霖。赵尔巽出任东三省总督时，东北地区匪患严重，当时还是土匪的张作霖经常打劫清廷的粮车饷银，赵尔巽便命人捉拿张作霖。但张作霖凭借弹无虚发的神奇枪法，特意命中清兵将领的顶戴花翎。赵尔巽觉得张作霖有胆有识，决心将其招安。但谈妥条件后，心存疑虑的张作霖为了试探赵尔巽的诚意，假装肚子疼不肯进城归降，对赵尔巽派来的差官说："我有止痛秘方，就是吃50个鸡舌头馅的水饺就能好。"赵尔巽听闻，遂急命手下人立刻照办。没想到，天亮后，50个鸡舌头馅的水饺一个不落地端到了张作霖的面前，张作霖见状主动要求戴上手铐、脚镣，到赵尔巽面前请罪，表示臣服。赵尔巽也亲自走下台阶，扶起张作霖，以示自己的诚意。

此后，张作霖一直视赵尔巽为"恩师"和"前辈"，并拜赵尔巽为义父。

张作相与张作霖是亲兄弟吗

张作相在沈阳的公馆有两处，一处位于和平区八纬路16号，现房为沈阳市国家安全局使用；另一处位于和平区北五经街，现房为民盟辽宁省委员会所用。两处旧址均被市文物局确定为"沈阳市不可移动文物"。

乍一看张作相的名字，不少人会误以为与张作霖是兄弟俩，其实不然，张作相与张作霖，不是兄弟，但胜过兄弟。

其实，张作相与张作霖是生死患难的结拜兄弟。张作相对张作霖始终忠心耿耿，在张作霖主政东北期间，他也是其麾下的得力干将。

张作相

当张作霖在"皇姑屯事件"中被炸身亡后，张作相一心辅佐少帅，算是张学良成长路上的恩师和领路人。张学良对他也是十分敬重，称他为"老叔"、"辅帅"。据说，张作霖死后，奉系一时群龙无首，"东三省议会联合会"推举张作相为东三省保安司令。但是，张作相坚决不接受，一心力举张学良主政东北，他当着众人的面对张学良说："一定得由你来继承他（张作霖）的事业，我怎么样辅助大元帅，就怎么样辅助你。但话要说明白，你要不好好地做，我可要到屋子里打你的耳光。"

另外，张作相出任吉林省督军兼省长时，主张"固守关外，将养生息，训练士兵，扩充实力"为上策，施行很多有益于民众的事，如严禁种植鸦片和吸毒贩毒，拒绝与日本人合作而独自兴建吉海铁路，还创办了吉林大学。抗战胜利后，张作相多次拒绝蒋介石的拉拢，连周总理都对他做出了很高的评价。

小凤仙最后的下落在哪

2016年，沈阳市皇姑区计划打造小凤仙故居景点，还原、挖掘小凤

刘少奇故居位于何处

1929年,刘少奇同志受中央委派来东北任第五届中共满洲省委书记,与夫人何宝珍同志曾居住在当时的沈河区惠工广场东北的宏业南里2号。但是,因这座建筑地处沈阳北站的规划区内,已不能原地保留。经市委、市政府决定,将刘少奇旧居纪念馆按原貌异地重建于中共满洲省委旧址的北院。

刘少奇故居纪念馆,是一座硬山式青砖瓦房。始建于1991年9月,1992年5月竣工,同年7月1日正式对外开放。馆内陈列展现了刘少奇同志任第五届满洲省委书记时的艰苦斗争环境及其八个半月的战斗历程。依照原貌重建的刘少奇旧居,卧室内设有火坑,炕柜上叠放着被褥、旧式的皮箱等,办公室内陈列有办公桌椅等,真实地展示了刘少奇在东北地区的工作和生活环境。此外,还展出了王光美同志赠送该馆的刘少奇60年代视察东北时穿过的衣服、裤子、布鞋、皮带等。

沈阳也有一座陈云旧居吗

陈云沈阳旧居,建于20世纪20年代,位于和平区桂林街89-3号,为日式二层水泥瓦顶砖木结构的建筑。这里是1948年11月至1949年5月陈云担任沈阳特别市军事管制委员会主任期间的居住地,因此该处也是沈阳特别市军事管制委员会的旧址。

旧居常年作为"陈云同志在辽宁"纪念展展地,展示了陈云同志在东北解放战争、东北老工业基地建设中创下的丰功伟绩。沈阳是我党解放的第一个工业城市,解放初期的沈阳,面临着百业凋零的景象,沈阳的接管工作也是一项艰巨的任务。但是,在陈云主持领导之下,在短短的两个月中,沈阳特别市军事管制委员会便顺利地接收了沈阳,稳定了沈阳政治、经济形势,也使得沈阳的正常社会秩序得到了及时恢复。

张寿懿为什么有三个姓

张寿懿有着不同凡响的一生。她既姓王，又姓寿，既是王雅君，又是寿懿，也是张寿懿。但是，世人眼中的她是大元帅张作霖的五太太——寿夫人。

张作霖对张寿懿可谓宠爱有加，在张氏帅府扩建时，张作霖特意为张寿懿建造了一栋二层小楼，即"小青楼"。此外，张作霖还在其他多处地方为张寿懿建造别墅，现尚存有两处。一处位于和平区八纬路14号，建于1917年，为欧式单体建筑，占地面积468平

张寿懿

方米，建筑面积1926平方米，现归沈阳市物资局使用。另一处位于沈河区文会街33号，三层红砖混结构建筑，现房为沈阳市财政局所用。两处旧居都被沈阳市文物局列为"沈阳市不可移动文物"。

那么张作霖的这个五太太为什么有三个姓氏呢？

张寿懿的母亲王松岩是唱戏出身，1898年，与清末著名抗俄爱国将领袁寿山（明兵部尚书袁崇焕七世孙）相遇，生下寿懿。但是，袁寿山在抵抗沙俄的战斗中战死后，王松岩作为外室，并无名分，因此寿懿便冠了寿姓，同时又以母姓，名为王雅君。

1907年，20岁的张寿懿嫁给了43岁的张作霖，成为了大帅府的寿夫人。婚后，寿懿按习俗在其姓名前加夫姓，故称张寿懿。据说，张寿懿为人精明干练，颇有胆识，并且最受张作霖的宠信，长期在大帅府治理家政。1928年6月4日，张作霖在"皇姑屯"事件中被炸身亡，寿夫人为了稳定政局，决定"秘不发丧"，成功制造了张作霖没死的假象，避免了日军趁机挑起战端，也为张学良返回奉天主持大局赢得了宝贵时间。

抗日名将万福麟的公馆位于哪里

万福麟，出生于1880年，曾是张学良的部下。他先后出任黑龙江省

督办、辽宁省主席、二十集团军副总司令等职，后来成为国民党著名的抗日将领。

"七·七"事变后，国民党重新编组军队，万福麟受任第一集团军副总司令兼第五十三军军长。1939年2月，万福麟参加豫北、豫东对日作战。6月，武汉会战开始，万福麟任第二十六军团长兼第五十三军军长。9月，在鄂东南大冶、阳新一线抗击来犯日军精锐，苦战数日，使日本军队受到重创。

万福麟公馆旧址，位于沈阳和平区和平北大街17号，现为民革辽宁省委员会所用。公馆建于1920年，占地面积2960平方米，建筑面积727平方米。公馆为优美浪漫的仿巴洛克式建筑，主体二层，钢筋混凝土结构，外部为白灰色水泥罩面。建筑内部为三层结构，前部上层有方形阳台，屋顶起脊。外墙柱头装饰华丽浮雕，楼内皆为木板装修，并有各种造型独特的雕刻，十分具有保留价值。2004年，该建筑被沈阳市文物局列为"沈阳市不可移动文物"。

万福麟

沈阳曾经有过十一座王府吗

你可能不知道，作为有着"一朝发祥地，两代帝王都"美誉的沈阳，历史上曾经有过十一座王府。

入关以前，清朝在沈阳修建了一批王府，这些王府住的都是皇太极和顺治年间晋封的亲王和郡王，大都是努尔哈赤的儿子、皇太极的兄弟。那些于各种影视剧和文学作品中"出镜率"相当高的王爷，在当年的盛京城都有自己的宅邸。这十一座王府中，有九座是亲王府，分别是：礼亲王府、睿亲王府、豫亲王府、肃亲王府、颖亲王府、成亲王府、敬谨亲王府、庄亲王府和郑亲王府，另两座是郡王府，分别是武英郡王府和饶余郡王府。其中，睿亲王就是我们熟识的多尔衮，豫亲王为多铎、礼亲王为代善、肃亲王为豪格。

根据清朝时期的《盛京城阙图》来看，这十一座王府主要分布在当时盛京城的内城"井"字街附近，即今天的中央路、沈阳路、朝阳街和正阳街一带，总体上是按满洲八旗的管理区域排列的，以故宫大政殿为中心，两蓝旗在南，两白旗在西，两黄旗在北，王爷们在自己的势力范围内负责各自旗内的管理事务。这十一座王府规模都不算太大，建筑形制也基本相同。

沈阳唯一幸存的王府是哪个

豫亲王府是沈阳城内唯一幸存的王府遗址。

根据《盛京城阙图》的标示，豫亲王府就在现在的中街步行街之北偏西，也就是今天中街"豫珑城"商场的位置。曾经这里叫做"十王府巷"，是清太祖努尔哈赤第十五子豫亲王多铎的府邸旧址，因在努尔哈赤诸子中王位列序第十，所以民间又叫他"十王爷"，豫亲王府又被称为"十王府"。

多铎的亲王府是离努尔哈赤的罕王宫最近的，可以看出当年罕王对多铎的宠爱。

多铎生于万历四十二年（1614年），是努尔哈赤最年幼的嫡子，大福晋阿巴亥所出的第三子。努尔哈赤晚年的时候，非常宠爱他的大妃阿巴亥，阿巴亥为他生了三个儿子，即阿济格、多尔衮和多铎。子凭母贵的原因，这三个兄弟也深得努尔哈赤的宠爱。尤其是多铎，作为努尔哈赤最心爱的幼子，才13岁时，他就被封为贝勒，统正白旗。可以想象，倘若努尔哈赤再晚几年过世，后金的江山就会是多铎兄弟的也未可知。然而，历史的行进中没有"如果"，努尔哈赤

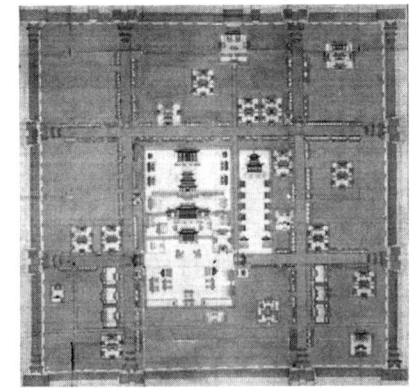

清代《盛京城阙图》中王府的位置

死后，皇太极为了坐稳王位，联合诸王一同逼迫大妃阿巴亥自杀殉葬，因为只有睿智的阿巴亥死了，未成年的多尔衮、多铎兄弟才不会成为他坐上皇帝位子的阻碍。

对于这样的杀母之仇，多铎心生怨恨，常与皇太极作对。据《清太宗实录》记载，皇太极"亲爱有功之人"，多铎便"反生厌恶"，皇太极"深恶背叛之人"，他则"反加矜惜"。商议大事的时候，他亦"时有忤逆"，更在节日时，以瘸马进献给皇太极。

不过，这位"十王爷"也没有在沈阳住太久，1644年，他与摄政王多尔衮一起举兵入关，大破李自成军队并夺取北京，之后又征战南北，为清王朝入主中原立下汗马功劳，是清朝世袭罔替的"八大铁帽子王"之一，乾隆帝称其为"开国诸王战功之最"。

清入关后，和其他十座王府一样，豫亲王府由家仆看守，清末年间因年久失修已经多有颓废。1931年"九一八"事变后，这座府邸被沈阳城文化用品富商"天德信"老板曹祖堂购置，改为公馆，进行了改建和修缮。然而，如今这座院落并没有被完整地保存下来，唯一保存下来的是一块石雕影壁。这间石雕高2米，宽4.1米，雕工精细、栩栩如生，具有极其珍贵的历史文化价值，是稀有的清初文物瑰宝。

2017年初，豫亲王府在原有遗址的基础上进行了仿古复原，并对外开放。

多铎像

沈阳其他的王府都在哪

清入关后，沈阳城的这些王府几经变迁，又几经战乱，直到20世纪80年代沈阳市的大规模市政拆迁，这些建筑基本都被毁掉。现在幸存的王府遗址只有豫亲王府一处，还有几处尚能够被确认位置，如郑亲王

府、肃亲王府等，其余的王府，位置都已经无法确认，着实令人痛心惋惜。

然而，虽然经过三百多年历史的变迁，这十一座王府已然淹没在了历史的长河中，但它们依然还会给这座城市留下诸多印记，并且以街巷的名字得以留存在人们的记忆中。

礼亲王府为和硕礼亲王代善的府邸。代善是努尔哈赤的次子，正红旗旗主，是"四大贝勒"之首，也是清朝"八大铁帽子王"之一。礼亲王府位于沈阳故宫大政殿以东，是距故宫最近的一座王府，据推断也是11座王府中最大最好的一个，位于现在的朝阳街大众里一带。

肃亲王豪格的府邸，大致位于怀远门内大街与天佑门内大街交叉西北的方向，与鼓楼南大街相望，现在那里有一条"肃王府巷"。豪格也是清代"八大铁帽子王"之一。

郑亲王府，是努尔哈赤之弟舒尔哈齐的六子济尔哈朗的府邸，位于小南门内大街路西、怀远门内大街路南。据说，20世纪80年代初期，在这里还能看到保存相当完好的郑亲王府建筑，直到后来大规模的市政拆迁，这些建筑才被毁掉，只留下了正阳街"郑亲王府巷"的名字。

庄亲王府原位于宫殿西墙外街东，其主人为皇太极第五子硕塞，也是清朝"八大铁帽子王"之一。现在仅在朝阳街附近，留下一个"庄王府巷"。

现在的沈阳城，应该是没有保存完好的王府了，这不禁令人扼腕。然而，虽然这十一座王府已经在历史的风雨中化作尘土，但他们的故事却依

然还在人们的耳畔传说。

沈阳的美食与特产

白山黑水间的沈阳城,南接渤海海湾,北依长白山,不仅幅员辽阔,而且物产丰富。勤劳的沈阳人充分利用了这天地自然给予的馈赠,用自己的双手创造出了各式各样的美食和特产。

沈阳的美食,是勤劳的满族人民与来自不同地区、不同民族的人们,以各自丰富的美食经验在这座老城里碰撞、聚变而出的,它具有独具一格的本地风味。这里的美食,集成辽菜、满族风味、朝鲜族特色、回民风味等各种口味,既有贵族官府菜肴,又有民间市井风味,既有老字号、老招牌的坐镇,又有街头巷尾的诱人小吃。想要探索沈阳的魅力,怎能错过沈阳的美食和小吃?选择了沈阳之旅,你就是选择了一场丰盛美味的饕餮盛宴,相信你一定能够大饱口福。

同样,特产更不能少。一个城市的物产,最能够代表这座城市的性格和人情冷暖。带一份特产,赠与友人,是一份心意;赠与亲人,是一份祝福;赠与自己,则是对这场旅行尘埃落定后的珍藏,那不仅是份不舍的回忆,更是这回忆中可以触及的滋味和情怀。

沈阳的老字号美食

老字号美食承载的不仅是传统的美味，更是对传统与经典的记忆和情感。老字号餐馆的招牌中，镌刻着历史沧桑的世态人情和不屈不挠的创业精神，那是传统美食缔造者的"匠人精神"，也是一代代传承者的智慧结晶。也正因如此，我们在品尝这些老字号的味道时，才有了经久的回味和由衷的敬意。

入关前的满清贵族们都吃些什么

发源于白山黑水间的满族人，在长期的生活积累中形成了独具特色的饮食文化。定都沈阳后，虽然逐渐受到汉族饮食文化的影响，但很多方面仍然保持了原来的特色。

满族人非常喜欢吃肉，其中最爱吃的是猪肉。猪肉对于满族人来说是上等的美味，每逢年节及喜庆日子都要杀猪，亲朋们聚集一堂共享美味。同时满族人还有杀猪献祭的习俗，他们把自己认为的上等美味献祭给神明和祖先们，希望与他们一同品尝食用，因此，猪肉也被看作是"福肉"。入关以前，满清的宫廷宴席基本延续了自己本民族爱吃肉的传统饮食习惯。那时的宴席比较简单，以各种家畜和家禽等为主要食材，其中猪肉是人们的最爱。猪肉要用清水煮制，煮熟后，分成白肉、血肠、猪头、肠、心、肝、肺等，并以大盘子、大碗盛装，不配任何蔬菜，蘸上作料吃。据《满文老档》记载，当年的"贝勒爷"们设宴时，甚至连桌案都不设，而是大家一同席地而坐，用解食刀割肉为食，大口喝酒、大口吃肉，颇具一番豪爽的牧猎之风。据说，赫赫有名的"满族八大碗"就是从努尔哈赤那时传下来的。

主食方面，当时的大米产量还不如今天这么高，因此各种粗粮都是人们餐桌上常见的主食，比如黄米、玉米、小米、小豆等。据说皇太极本人非常爱吃黏食，各类饽饽、黏豆包、黏火勺等都是他喜爱的主食。

青菜方面，除了各种东北地区常见的时令蔬菜外，渍菜和酱菜成为冬季盛京百姓家的主要食材。与普通老百姓家一样，皇宫中也渍酸菜、下大酱、腌咸菜等，其中酸菜是宫中皇族们的最爱。

另外，满族人还非常爱吃甜食，满族小吃萨琪玛的中译就是"糖缠"的意思。因此，宫廷中制作膳食时，糖和蜂蜜的使用量是很大的，为此，皇宫中还专门设了间熬蜜房。

沈阳的故宫中，不仅设有密库、磨房、碾房、粉房、果房、炭楼等，而且还建了一座专门贮藏肉食的肉楼，同时，还建了28间用来储藏粮食的粮仓，可储存一千多万斤粮食。可见，不仅仅是"民以食为天"，这皇宫里也是"食为天"呐。

当时盛京皇宫内，除了日常饮食外，还时常举办种类繁多的宫廷宴会，包括家宴、宴席、露天宴会、大宴和筵宴等，不胜其多。有宴会，那自然就少不了酒水，那时的酒水以烧酒为主，也有米酒、黄酒、奶子酒、清酒等。故宫大政殿前的广场上就时常举行露天宴会，宴会上的菜肴多为火锅，冬季时，皇帝与大臣们于冰天雪地之中，觥筹交错、大快朵颐，真是好不快活。大宴和筵宴则多是在年节或喜庆之日举行，包括贝勒迎娶、格格出嫁，也包括接待外藩或外部落首领以及军事大捷等，人数较多、场面盛大，肴馔也更为丰富。

沈阳"三春"与辽菜的创立有着怎样的渊源

说起沈阳的老字号大饭店，首当其冲的就是沈阳的"三春"。老沈阳素来就有"三春六楼七饭店"的讲究，三春即：明湖春、洞庭春、鹿鸣春；六楼即：庆仙楼、福仙楼、聚宾楼、松鹤楼、德意楼、龙海楼；七饭店指的是：新德馨饭店、中央饭店、宫记饭店、宫乐饭店、龙海川饭店、丽华饭店、沈阳大饭店。这些饭店皆发于清末时期，辉煌于民国时代。那时不论是在盛京的达官显贵、三教九流，还是平民百姓乃至南北客商之中，这些地方都是响当当的"盛京特色"，是人们享用美食的必去之地。不过，后来这些饭店或因自身经营不善，或因战乱、公私合营等历史原因，大多已经远离人们的视线，如今的沈阳，还剩下的只有"三春"了。

众所周知，我国饮食菜肴分为八大流派，即"八大菜系"。辽菜虽不在八大菜系之中，但也是极具地域特色的饮食流派。辽菜形成于清朝初年，是在鲁菜和官府菜的基础之上，结合东北的地域特点以及人们的饮食习惯，几经演变，从鲁菜中分化而出的自成一派的饮食派系。

由于大清国建都于沈阳，辽菜受本地满族食风影响较为深远。传统辽菜由宫廷官府菜、市肆菜和民间菜等构成。其兼具宫廷菜的精湛与考究、王府菜的名贵与品味、市井菜的雅俗共赏，以及民间菜的乡土醇厚，形成了辽菜广阔的胸襟。传统的辽宁菜极其注重刀功、勺功和火功的运用，擅长使用烧、炖、扒、靠、熘、拔丝、小炒、酱等烹调方法，加以围、配、镶、酿等制作方法，同时融合了满、蒙、朝、汉民族菜的特点和本地区气候山水的优势，创造了具有菜品丰富、季节分明、口味浓郁、讲究造型的辽菜特点。其中最为经典的菜有"拌拉皮"、"酸菜粉"、"猪肉炖豆角"、"小鸡炖蘑菇"、"鲶鱼炖茄子"等。

辽菜的发扬光大，离不开沈阳"三春六楼七饭店"这些百年老店的功劳，其中，"三春"更是功不可没。"三春"皆以经营辽菜而闻名，至今一提"三春"，沈阳餐饮业界乃至辽菜界依旧如闻宗师。

清末光绪年间，随着沈阳"闯关东"而来的山东人以及其他地区的外来人口的激增，沈阳的餐饮业以及各种商业开始兴旺起来。这时，一个叫做吉谦皆的人来到沈阳，此人不仅是个家境富裕的"富二代"，而且更是个视美食如命的"吃货"。他为了方便地享用美食，就从当时沈阳最好的饭店"德馨楼"挖来了"堂头"，自己开起了饭店，名为"明湖春"。当时的明湖春有两栋二层楼，使用面积近二千余平方米，规模之大，在当年的沈阳算得上首屈一指。明湖春饭店的名字就是取自山东济南的大明湖，可以看出，它是家专门烹制鲁菜的饭店。据说，其菜"菜品精细、味道鲜美、造型别致、别具一格"，一时间在沈阳城声名大噪，算得上是当年的"高大上"，沈阳的达官贵人无不咸来。接着，吉谦皆见生意火爆，又开了家"洞庭春"饭店。

后来，明湖春的一名"堂头"与山东人相处不合，因此出来另立"山头"，开了间叫做"鹿鸣春"的饭店，取诗经"呦呦鹿鸣，食野之苹"之意。鹿鸣春开业的第一天，就名声大噪，还迎来了少帅张学良和夫人于凤至的光临。后来，这里渐渐成为社会政要、商界名流的汇聚之地。其中鹿鸣春1号包房更是成了中共地下党组织谋划抗日方针的处所。

三春相继问世后，鲁菜的影响逐渐压倒京菜和奉菜，成为沈阳餐饮业中的最大帮派。这三家饭店其实都是同出鲁菜一脉，后逐渐融合演化，结合东北地域特色，最终发展成了独成一派的"大关东菜"，即辽菜，"三春"也就成了辽菜系的"鼻祖"。

解放后取消私营企业，实行公私合营，三家饭店均关张停业。值得一提的是，"三春"的厨师还是解放后沈阳地区各类厨师进修班的教师班底，并把酒店拿出来作为培训基地，为沈阳烹饪界培育出了一大批优秀的厨师队伍。所以，辽菜得以发扬光大，"三春"功不可没。

改革开放后，"三春"相继再次开门营业。如今的"三春"已经经历了两个多世纪的历史变迁，作为沈阳市历史最悠久的饭店，"三春"不仅在菜品上独具一格、精益求精，更延续了"不欺客、不作假、高品位，员工要和善待客、洁身自好"的店训，传承了深厚的文化底蕴，百年老店的名号当之无愧。

李连贵熏肉大饼源自药膳吗

李连贵熏肉大饼，可是沈阳的一道招牌美食，它原本是吉林省的传统小吃之一，起源于光绪年间，距今已经有一百多年了。

1895年，李连贵在吉林省四平市经营一间肉铺，字号"兴盛厚"。后来一位经常光顾的老中医给了他一张纸单，上面写了十几味中药，原来这正是老中医祖传的中草药熏肉秘方。李连贵开始如法炮制，潜心研究熏肉，按照老中医的秘方烹制出来的肉果然香气四溢，令人垂涎三尺。此外，他还用炖肉时沥出的油份和入面饼中起酥，制成外酥里软的大饼，与熏肉一同出售，用来夹食熏肉。从此后，李连贵的肉铺变得门庭若市，深受大家喜爱。

解放后，李连贵的孙子继承了祖业。他背着一坛老汤，把李连贵熏肉大饼迁到了沈阳，从此，李连贵熏肉大饼就在沈阳扎根，成为沈阳地区驰名的地方风味。

正宗的李连贵熏肉选用"前槽"到肋间不肥不瘦的猪肉，切块后放入锅中炖煮，待肉块熟透后晾于熏锅中加红糖熏制而成。这样制成的熏肉肥而不腻、瘦而不柴，色泽浓郁且熏香诱人。据说，李连贵炖肉时加入的中药有10余种之多，这些传统中医药膳秘方的加入，使其具有了解暑、消食、引气、调中、健脾胃等药用功效，成为集美味和药膳于一体的不可多得的佳肴。

浓香四溢的肉块切成薄片，夹于金黄酥香的大饼中间便可以享用美味了吗？且慢，你还需要配以葱丝和面酱涂于其中，另外，如果再配上绿豆粥或者小米粥，其风味才佳。据说李连贵熏肉大饼在冬、夏两季所用的药膳配方是有所不同的，为的是夏季能够解暑消食、冬季能够和胃散寒。所以，至今李连贵的熏肉秘方一直带有神秘的色彩，也使李连贵熏肉大饼名满沈阳，甚至蜚声全国，成为沈阳城名副其实的老字号美食。

世界上历史最长的饺子馆是哪家

老边饺子可是沈阳美食的一块金字招牌，它历史悠久，始建于1829年，到现在已有180多年的历史。2000年，老边饺子馆被上海大世界基尼斯认定为"世界上历

老边饺子

史最长的饺子馆"。老边饺子的传统制作技艺被列入辽宁省级非物质文化遗产名录,同时也是我国商业部认定的首批"中华老字号"之一。

所以,来到沈阳,你可一定不要错过这老边饺子,它的口感和味道都十分独特,不同于我们在家中自己制作的饺子。它鲜醇的口味源自它独到的调馅和制皮方法,选料十分讲究,制作也非常之精细,同时更有别致的造型,这些都是它久负盛名的原因。关于老边饺子制作方法的来历还有一段鲜为人知的故事。

相传清朝道光年间,关内很多地方连年灾荒,老百姓只好选择了背井离乡的"闯关东"之路。这其中就有一个来自河北任丘县的老汉,名叫边福。与很多逃荒到东北的农民一样,边福老汉一路上也是忍饥挨饿、风餐露宿,如果遇见好心的人家,施舍几口粥也算是幸运的了。别说,这

老边饺子馆

位边福老汉还真是个幸运之人。一天夜里,老汉借宿在了一户人家中,可巧赶上这家人在为老太太祝寿,于是这家人就给了边福老汉一碗寿饺充饥。边福老汉觉得这水饺清香可口,其馅肥嫩香软而不腻人,于是就虚心向这家人求教,主人见老汉诚实厚道,便告诉了他这其中的秘密。原来,这家的老太太由于上了年岁牙口和胃口都不算太好,家里人为了让老太太吃得舒服,在包饺子的时候就把和好的馅用锅煸炒一下之后再包,如此做出来的饺子不仅口感香软,味道也变得十分醇厚。边福将此记在心中,辗转来到沈阳市后,便打了个马架子小房,做起了饺子生意,名字就叫"老边饺子"。

据说,老边饺子的煸馅秘方是传男不传女、传子不传妻的,从边福那时候开始,每天都要等到伙计离店、妻子入睡后,老边和他的儿孙们才开始煸馅。这一招也使得老边饺子成为沈阳独树一帜的名吃,名副其实的"一直被模仿,从未被超越"。

后来老边的儿孙改进了饺子的煸馅技术,在继承了传统煸馅方式

的基础上摸索出了烫煸馅的方法，就是将肉馅用油煸之后再放入骨汤里煨，使原本收缩发紧的肉馅更加松软味美，易于消化。同时又以精粉做皮，使其皮薄馅饱，口感极佳。

现在，老边已经成为沈阳市闻名遐迩的老字号美食。1964年邓小平同志到沈阳视察时，品尝过老边饺子后高兴地说："老边饺子有独特之处，要保持下去。"我国著名的艺术家侯宝林先生品尝老边饺子后称赞不已，挥毫写了八个大字："边家饺子，天下第一"。所以，你来到沈阳的话，也千万不要错过这道美味。

马家烧麦最地道的吃法是什么

烧麦这种面食起源于元朝，历史悠久、品类繁多。沈阳历史最悠久、最有名的烧麦当属有着200多年历史的马家烧麦。

始创于清朝嘉庆元年（1796年）的马家烧麦，也是沈阳最早的回民小吃之一。当时其创始人马春刚刚来到沈阳，白手起家，甚至没有一间像样的门市，于是只有以手推的独轮车来往于热闹街市之间，边做边卖。但马春并没有因为这是小本生意而粗心大意，相反，他做的烧麦选料十分严格，制作也精细讲究，口味更是鲜香诱人。后来，他的子孙继承了烧麦生意，也有了自己的门店，逐渐变得远近闻名。2006年马家烧麦被商业部认定为首批"中华老字号"。

马家烧麦

马家烧麦的独到之处就是皮亮、筋道、馅松、醇香。选用上等的精粉制作烧麦皮，以开水烫面，使其柔软筋道，用大米粉做补面，松散而不粘。选用牛的三叉、紫盖等部位做馅，制馅要求严格，采用传统的"搞水馅"工艺，使肉馅鲜嫩醇香、口感十足。拢包时留一透口，令人望而生涎，食欲大开。

地道的烧麦讲究地道的吃法，吃马家烧麦，讲究的是一口一个，这样肉馅中香醇的汤汁才能满满入口,再佐以一碗羊汤才更加地道。羊汤要用干净的羊下水煮制,盛于大碗内,尚滚烫时加入新鲜的香菜碎,并调入适当的作料,就着烧麦一口下去,鲜香之气顿时沁入五脏,实乃人间难得之美味。

宝发园的"四绝菜"绝在哪

　　沈阳的宝发园名菜馆创办于宣统元年(1909年),至今已有一百多年的历史,也是首批"中华老字号"之一。

　　宝发园的创始人是国钧璋和国钧瑞两兄弟,原是河北省宁河县北塘村的农民,清末民不聊生之际,也加入了"闯关东"的队伍中,来到沈阳寻求谋生之路。兄弟俩在沈阳小东门外开了一家小饭铺,起名叫"宝发园",就是聚宝发财的意思。起初,开业的宝发园生意并没有想象中的那样红火,哥俩反复琢磨后发现,要想在这里站住脚,就得根据东北人的口味来做菜。于是他们改进了菜的口味,慢慢地小店的生意兴旺了起来,不但受到普通百姓的欢迎,一些达官贵人也经常光顾。宝发园有四道最拿手的菜深得大家的喜爱,即熘肝尖、熘腰花、熘黄菜和煎丸子,它们被称为"四绝菜"。

　　时至今日,这"四绝菜"仍然还是沈阳人宴请亲朋时经常向人推荐的菜。你可能会问,如此简单的四样菜,在家里也是可以做的,怎么会被称为"四绝菜"呢?这个问题,还得从咱沈阳的少帅张学良说起。

　　据说,一日宝发园里来了一位身着西装的年轻人,他对跑堂的说:"我是慕名而来品尝贵店最拿手的菜的。"菜做好端上桌后,青年对每道菜都细细品尝。最先上的是熘腰花,那青年吃了一口叫道:"绝了!"接着上的是熘肝尖,青年吃了后又叫道:"绝了!"接下来上熘黄菜和煎丸子,青年每每吃过后,就大赞:"绝了!"连连说了四个"绝"字,说完留下10块银元起身而去。青年走后,旁人忙向掌柜的道喜,原来,这青年不是别人,正是大名鼎鼎的少帅张学良。自此以后,宝发园的"四绝菜"一炮而红,名声大噪。

据说张学良自从吃过宝发园的"四绝菜",回到帅府后还经常让帅府的厨师做这四个菜,"四绝菜"也成为帅府名菜之一。那么,这四道菜到底绝在哪呢?

熘肝尖和熘腰花,用的是经过挑选的新鲜猪肝和猪腰子,烹饪的时候现用现切,在烹饪上设法去除内脏的腥味并保持鲜美。熘黄菜,则是用纯正的东北笨鸡蛋为主料,淋上精心调制的卤汁儿,清淡可口。煎丸子,选用的是新鲜的猪肉剁成肉末,三分肥、七分瘦,再以文火煎炸,外焦里嫩,香甜可口。这四道经典的菜肴在经验丰富的厨师精心烹饪下,可谓色、香、味俱全,熘肝尖讲究的是滑嫩,熘腰花讲究的是脆嫩,熘黄菜要软嫩,煎丸子则要焦嫩,此乃"四绝"也。

何为"中街大果"

来到沈阳,你还有一样不可错过的老字号美食,那就是"中街大果"。何谓"中街大果"?你且慢慢听来。

曾经张作霖的大帅府后厨里有一名年轻的伙计,名叫朱渊红,他的工作就是负责为张作霖安排水果和甜点。一个盛夏,天气分外闷热,以致张作霖茶饭不思,帅府上下一筹莫展。恰好朱渊红在山东的舅舅前来投奔,舅舅有一拿手绝活就是制作清甜可口的牛奶雪糕,朱渊红便向舅舅求教手艺。年仅21岁的朱渊红果然获得了张作霖的奖赏。据说,当初张作霖的办公桌前还常放着一个小冰箱,可见张作霖对雪糕的喜爱程度。

1946年,朱渊红创办了"华兴冰果店",这帅府的美食也渐渐走入了百姓的生活,后来改名为"中街冰点城"。"冰果"是老沈阳人沿袭的山东对雪糕的叫法,因朱渊红家的雪糕个头大、味道好,被沈阳人亲切地称之为"中街大果"。

转眼这个雪糕品牌已存在了70余年,现在已经成为了沈阳的一块金字招牌,不过,当年的张作霖可想象不到,今天的"中街大果"早就不仅仅是当年他吃的牛奶雪糕了。今天的中街冰点不仅有各类传统的口味,更推出了各种东南亚的、日式的、西式的等新式口味,也不再是过去的裸果售卖和蜡纸包装，而穿上了时代的新衣，品牌更是迈向全国。

来到沈阳最繁华的步行街——中街，不吃一吃中街冰点城的冷饮实属一种遗憾。酷暑时节，烈日当头，若这时轻轻咬上一口"中街大果"，顿时感觉清凉无比，夹杂着丝丝甜蜜，美妙极了。不过，沈阳人吃冷饮最甚的可不是夏日。隆冬时节，家家户户热气腾腾，这时，贩售雪糕的摊子前最是生意火爆，当然了，沈阳人不称其为雪糕，而是叫"冰棍儿"。数九寒冬，卖冰棍儿的摊贩不需要冷藏设备，更不需要摊床，整箱整箱的冰棍儿整齐地摆于封冻的地面之上，五颜六色，甚为壮观，来往的顾客便可以随时来"捡"，所以人说"东北一大怪，冬天雪糕放在地上卖"，当然，沈阳的"中街大果"也概莫能外。买来各样口味的"中街大果"回到家中，不是将他们放于冰箱，而是随手放在门外，或者用袋子吊于窗外，茶余饭后，坐在火热的炕沿上，来上一口冰凉沁心的"中街大果"，这是多少老沈阳人记忆中抹不去的"寒冬味道"。

沈阳冬季贩卖的雪糕

而今，中街冰点这块老牌子，已被列为非物质文化遗产，它不仅伴随着沈阳的中街和老城一同走过了风雨摇曳和世事变迁，更伴随着沈阳城迎来了新世界的美好和希望，寄托着沈阳人对未来幸福生活的满满期许和祝福。

沈阳最正宗的白肉酸菜血肠是哪家的

说起东北的白肉酸菜血肠，人们并不陌生，其源自满族人的"杀猪菜"，不仅为大家人所喜爱，而且还是我国城乡居民宴请亲友的一道主菜。那句著名的"翠花，上酸菜！"说的就是这酸菜炖白肉血肠。

白肉酸菜血肠可不是一道简单的炖菜，正宗的白肉酸菜血肠，讲究可不少。白肉要用上好的猪五花肉，血肠，就是把猪血加入其他作料灌进肠衣煮制而成，酸菜要用自家腌制的"大缸酸菜"。刀工也是有讲究的，切血肠时，为了保持其断面整齐，不可用力按压血肠，而是要以锋利的刀刃来回切割。白肉的切割，讲究的是"抽刀虎皮白肉"，酸菜则要仔细切成细丝，方可入味。正宗的白肉酸菜血肠，应当白肉肥而不腻、肉烂醇香，血肠明亮、细嫩，酸菜味足汤鲜、菜脆爽口。吃的时候，配以韭菜花、腐乳、辣椒油、蒜泥、酱油等，依个人口味调成蘸料蘸食，方能醇香可口。特别到了隆冬季节，若能再喝一碗酸菜汤，更有驱寒生暖之效。

沈阳有一家历史悠久的白肉酸菜血肠店，这家店也是全国年龄最大的白肉酸菜血肠店了，它的名字叫"那家馆"。那家馆位于沈阳市内故宫西侧，是沈阳城的一家驰名老店，距今已有100多年的历史了。

相传，清同治年间，有一位满族人士，名叫"那吉有"。他是皇太极的亲娘舅叶赫那拉氏，阿什达尔罕的后代，后改为汉姓"那"。一天，那吉有辞去朝廷官职，在盛京城小河沿的魁星楼前开了一家名为"吉兴园"的饭馆。吉兴园根据沈阳民间逢年过节杀猪吃白肉血肠的习俗，加入了东北特有的酸菜，逐渐地使这道白肉酸菜血肠在盛京城声名远扬，受到了远近顾客的一致赞誉。

民国初年，那吉有的大儿子那文贵继承父业开始经营饭店，并更名为"那家馆"，正式挂起了那家馆的金字牌匾。除保留了一直颇受顾客青睐的白肉酸菜血肠外，那家馆又增添了坛肉米饭、三套碗、八大碗、六碗六碟、满汉全席等菜肴，深受人们的好评。日寇侵占沈阳后那家馆一度迁往北京，直到1957年那家馆又重新在沈阳开张。

如今经营白肉酸菜血肠的饭店，在沈阳城可谓遍地开花，但是只有那家馆才称得上是百年老店，更是沈阳城首屈一指的老字号招牌。

"老龙口酒"的名字是怎么来的

俗话说"美酒配佳肴"、"无酒不成席"，既说沈阳的老字号美食，自然也不能少了沈阳的老字号美酒。沈阳城的老牌白酒当属已有350

余年历史的"老龙口"白酒。

　　清朝初年的"老龙口"白酒，是供奉给朝廷的"大清贡酒"，康熙、雍正、乾隆、嘉庆、道光五帝10次东巡，皆饮此酒，曾有"飞殇曾鼓八旗勇"的赞誉。"老龙口"拥有东北地区建造最早、规模最大、保存最完整、连续烧酒时间最长的老窖池群。据记载，这个窖池群从清康熙元年（1662年）建成伊始，至今一直都在连续使用，从来没有间断过，历经三个半世纪，一直是在原地、原池酿酒，这在整个东北地区可谓绝无仅有，即使在全国也比较罕见，可以称得上名副其实的"关东第一窖"。2010年，"老龙口"品牌被授予"中华老字号"的称号。

　　关于"老龙口"名字的来历，还有一个有趣的传说。1662年时，山西一名叫"孟子敬"的富商，在盛京的小东门外买下了一块空地，欲建酿酒作坊。但这里挖的井，井水又苦又涩，断不适于酿酒。酿酒人有句话讲："水为酒之血、粮为酒之肉、曲为酒之骨。"没有好的水来酿酒，孟子敬着实犯起难来。正在他一筹莫展之际，一位得过他恩惠的敖公子前来拜访。敖公子走到井边，看了看井里的水说："盛京城东临长白山之尾脉天柱山，是龙兴之地，这里开的井乃是龙口，这口井里出的水当属甘甜可口才是，怎能又苦又涩呢？"孟子敬不解，欲取井水来让敖公子一品究竟。就在这时，这位敖公子飞身而起，跃入井中，接着，井中一柱清水喷薄而立，直捣云霄。只见敖公子于云端之上翩翩而立，他轻抬衣袖霎时风起云涌，他俯瞰大地顿时又风平浪静，最后他转身化作一条白龙向东而去，只留下一行文字书于锦缎之上，曰："东海三太子，辽河小龙王，感恩脱劫难，报以万隆泉。"从此后，苦井变甜井，立名"万隆泉"，又称"龙潭水"。"老龙口"酒便世世代代用这甘甜的井水来酿造了。

为什么说"八王寺汽水"是中国民族饮料工业的一块"活化石"

　　前文中我们曾说到，在沈阳的大北关有一座修寺院，名叫"八王寺"，又称"大法寺"。寺门前有一口古井，俗名"八王寺井"，井水清澈甘冽，味道甜美，被誉为"东北第一甘泉"，就连清朝的皇帝都非常喜欢用这井里的水泡茶，还常常命专人千里迢迢地从沈阳把井水运送到紫禁城，供其饮用。得益于这天赐的好水，八王寺这里建起了一家汽水厂，其产品也非常受人们的欢迎。

但我们今天要说的不是汽水本身，而是要说一说这家传奇的工厂。它可不是一家简单的饮料厂，它不但有着近百年历史老字号品牌，更重要的是，它曾经是民国时期我们沈阳民族实业的杰出代表，是辽宁最早的现代民族企业之一，同时更是今天我国民族品牌复兴的生力军之一。它历经了百年的风霜雪雨，见证了近代中国的历史兴衰，是中国民族饮料工业的一块"活化石"。

20世纪20年代，时任东北官银号总稽的民族资本家张惠霖，倡导"实业救国、振兴民族、开办实业"，集资成立了辽宁历史上第一批现代民族企业，包括八王寺汽水啤酒酱油股份有限公司、惠临火柴股份有限公司、肇新窑业股份有限公司以及东兴染织

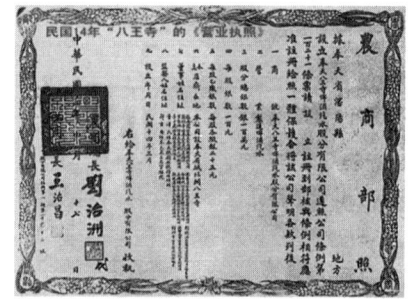

民国14年"八王寺"的营业执照

公司等，在倡导国货运动、实业救国中作出了卓越的贡献，也为沈阳民族工业的发展奠定了重要的基础。

当初，"八王寺"注册公司商号时选用的是"金铎"商标。原来，在我国，"铎"字意为一种大铃，引申为"警钟"之意，意为在那个内外交困的社会环境中，唤起民众警惕外敌入侵、奋发图强进行反抗的深刻内涵。1925年震惊中外的"五卅惨案"爆发后，全国范围内掀起了一股"抵制洋货、提倡国货"的浪潮。当时，沈阳的许多日常生活用品都为日本厂商所垄断，是日本妄图捆绑东北经济以期进一步发动全面侵华战争的手段之一。在这种情势下，"八王寺"趁势而为，利用当局政府实行的免税三年的扶持政策，扩大生产、薄利多销，使得洋汽水在本地没有了任何市场，并且还将产品远销到天津、上海等地。"八王寺"的这种实业救国理念，是民族自强精神的体现。

然而，1931年"九一八"事变后，日寇侵占了沈阳城，"八王寺"汽水也被抢夺走了，其生产的产品大部分被运回日本本土销售。公司易主后，"八王寺"的创始人张惠霖坚决不为日寇做事，毅然辞去一切职位，退隐乡间。

解放后，中共沈阳特别市政府将其接收，改名为"沈阳市八王寺汽水厂"，成为国营"大II型"轻工企业，为加速社会主义建设贡献了力量。到了80年代，八王寺汽水厂已经成为当时中国四大碳酸饮料生产基地之一。

然而，到了风云再起的90年代，"八王寺"再一次面临巨大的危机。美国某可乐公司以"帮助中国国营饮料企业发展、吸纳国营饮料企业八王寺合资入股"的名义，吞并了"八王寺"包括商标所有权、市场份额在内的全部资产，并将"八王寺"品牌封存达十年之久，同时完全取代了"八王寺"原有的市场，致使这个近百年的民族品牌濒临消失。或许，这正说明在市场经济面前，当年的我们都只是个"小学生"。

进入新世纪以后，各地民族产业、民族品牌的意识开始觉醒。2003年，八王寺汽水厂进行了全面的改制，这个停产十年、濒临灭亡的老企业重新恢复了生机，回到了大众的视野当中。近百年来，"八王寺"饱经历史浮沉，见证时代的变迁，在历史和市场的硝烟中砥砺前行，未来它依旧肩负着振兴民族企业和民族品牌的历史重任，打造最富有生机和活力的沈阳"老字号"品牌。

沈阳的传统小吃

小吃，是属于每一个普通人的味蕾盛宴。它没有亮眼的包装，没有醒目的招牌，更没有那么多荡气回肠的历史传奇。但是，小吃是属于我们每个人的，它从不述说，它只会聆听，它可能就在我们餐桌上某一个不起眼的角落，聆听着我们每一个人的传奇故事。

沈阳的鸡架究竟有多少种吃法

对于沈阳人来说，鸡架绝对算是最难以放下的那一小块"心头肉"了。那些去皮、去肉、去腿、去头、去内脏后剩下的鸡骨架，也许是旁人眼中食之无味、弃之也不算可惜的边角料，却竟然成了沈阳人餐桌上的美味。沈阳人为什么这么爱吃鸡架呢？

据说，是因为早年间百姓们大多穷苦，大鱼大肉都是仅供宫廷贵族们享用的，故百姓们就只好寻求那些被弃之的边角料了。京城人寻得了猪下水，于是便有了卤煮，四川人舍不得丢掉牛内脏，便有了夫妻肺片，而陕西人也将羊杂煮成了汤，这鸡的骨架自然也不能被早年的沈阳人放过。虽然现在的沈阳人早已脱贫致富，但是鸡架反倒愈加受到人们的喜爱。

你可别小瞧了沈阳的鸡架，沈阳城可号称是世界上鸡架消耗量最大的城市。小小的鸡架，烹饪起来可是大有学问的。在沈阳，几乎任何一家本地饭店都能找到鸡架的身影，最普遍的吃法是熏鸡架和拌鸡架，当然还有酱鸡架、煮鸡架、烤鸡架、炸鸡架、铁板鸡架、辣炒鸡架、QQ鸡架等,也有将鸡架拌于凉菜或是粉皮之中的,也有炖成鸡架汤的,不胜枚举。市场上的鸡架多为养殖的肉鸡鸡架,当然,若是老母鸡鸡架或是"小笨鸡"的鸡架,会更加具有营养价值,味道也会更加鲜美。享用鸡架时,贴着骨头的肉最鲜美,筋头巴脑和关节脆骨的地方最有嚼头,一个地道的沈阳人吃鸡架,是绝对不会造成半点浪费的。

不过,一千个饭店有一千种鸡架口味,一千个消费者心中也有一千种鸡架的味道。食材不分贵贱,风味本身才是关键。如果你想亲口尝尝沈阳的这道美味,必定亲自来沈阳城走一遭才是,相信单这鸡架就一定令你不虚此行。

什么是沈阳鸡架的绝配

要说鸡架的绝配,当属沈阳的抻面和"老雪"。

沈阳人有个说法,倘若一家抻面馆卖的仅仅是熏鸡架或者酱鸡架,那么八成可以断定这家的抻面与鸡架口味只能算作一般而已。因为熏和酱的味道都非常浓烈,它会掩盖住鸡架和拉面本身的香气。沈阳最有名的拉面馆当属有着三十几年历史的"老四季抻面馆"。老四季的鸡架香嫩可口,抻面更是一绝。面汤选用浓香的老鸡汤熬制而成,面则分为多种,有细面、普通、宽面、皮带等,皮带面就是和皮带一样宽。一碗正宗的抻面更少不了香菜和榨菜碎,面汤滚烫时将它们拌入汤中,不仅清香提味,更能解腻开胃。

只有鸡架和抻面还不行,只有加上一瓶"老雪",才能算得上是一桌"豪华"沈阳套餐。何谓"老雪"?"老雪"即为雪花啤酒在沈阳市特有的一款产品。1936年,日本人在沈阳设计建造了一家名为"满洲麦酒株式会社"的啤酒厂,沈阳解放后更名为沈阳啤酒厂。在1964年中国啤酒权威云集的产品评比会上,沈阳啤酒厂的啤酒因其泡沫丰富洁白如雪,香气沁人心脾,得名"雪花"啤酒。而"老雪"是雪花啤酒仅在沈阳地区供应的一款啤酒。"老雪"最大的特点就是"后劲儿足",曾就有人列出了"老雪"与其他啤酒的换算公式,即一瓶"老雪"等一瓶半的普通啤酒。当然这也许只是戏言,但"老雪"在沈阳人的餐桌上可谓经久不衰。

傍晚时分,约上三五好友,各家一碗抻面、一个鸡架、一瓶"老雪",鸡架就着啤酒,最后再吃面喝汤,朋友间敞开心扉畅谈不尽,人与人之间的情谊便在美食的催化下,渐渐发酵,这也许就是沈阳人所追随的美食精华和人生哲学。

"回头"是怎么来的

回头,是沈阳市一种特有的清真面食。

回头

它看起来像馅饼,却又不是一般的馅饼。回头多用牛肉为馅,有时也用羊肉,将擀好的面皮上均匀地铺好馅,然后整齐地折叠成长方形再把两头包紧。然后入平底锅内,两面反复煎烙,待到回头两面鼓起,便可以盛盘享用了。刚出锅的回头香气扑鼻,乘盘时讲究横一排、竖一排,其色泽金黄、皮焦馅嫩,看上去像是垒起的两叠金条,给人以富贵吉祥的感觉。享用回头须得趁热,一口咬下去,金黄的外皮酥脆可口,肉馅汤汁四溢,实属美味。

那么,这种美味的面食为什么被称作"回头"呢?相传在清朝光绪年间,有一户姓金的回族人,在沈阳北门里开了间烧饼铺谋生。因为烧饼实在是一种常见的面食,所以他家的生意便一直不好。后来,这位金掌柜干脆收拾店面准备关门大吉了。金掌柜见后厨还剩下一点肉馅和面粉,为了图个省事,便将肉馅包于面皮当中,一折一叠地包拢起来,准备回家。可巧这时进来一位官差,被告知店铺打烊了的官差刚要离去,无意间一个回头,看见掌柜手中的面食,掌柜的只好将其煎烙后盛与官差。谁想,这官差品尝之后,竟然大为赞叹,遂又命他制作了多份这样的食品送往官府，官府中的众人品尝之后都齐声叫绝。此后，这种食品便名声大振，官民争相购买，金掌柜的生意也日趋兴隆。为了纪念自己的幸运，也为了使自己的生意更加兴旺，他为这种食品取名"回头"。

说到回头，不得不说说沈阳吃回头最正宗的地方——西关。西关，在老沈阳的口中叫做"回回营"，据说从元朝时候起，这里就是回民的聚集区，现在这里的居民也有一半以上为回民，这里除了有辽宁省最大的清真寺以外，更有一条诱人的清真美食一条街。这里的清真美食可是原汁原味，除了最著名的回头，还有手抓羊肉、羊肉泡馍、羊肉粉汤、黄焖羊肉、羊肉串、羊杂碎、烧牛肉等，应有尽有，令人垂涎欲滴。

沈阳西关美食街

酸汤子和馇子有什么区别

酸汤子又称汤子，是沈阳人们夏季常吃的一种满族传统特色美食。它是用玉米制作而成的一种主食，口感细腻爽滑，营养健康，成为人们追求健康的一道绿色营养美食。

酸汤子的具体做法，是将"苞米茬子"——也就是玉米碎洗净后，置于阴凉处用冷水浸泡数日，待其自然发酵后捞出清洗，这时的玉米碎会发出一股微微的酸味，然后用水磨磨成糊状，再用布口袋滤去玉米皮，控去适当的水分后团成团状，这时的面团被称为"汤子面"，汤子面必须放在阴凉处或者冷冻起来，以避免腐败变质。

在食用时，要进行"攥汤子"才可食用，这"攥汤子"可是需要娴熟的技巧的。先待锅内的清水烧开，取适当大小一团汤子面合拢在双手中间，手指缝中要夹上一个"汤子套"，随后双手十指用力于面团，使其进入指缝内的汤子套里。所谓汤子套，就是用薄铁片卷成的一喇叭状小铁筒，大约一寸半长，大头比手指略粗，小头比筷子略细，使用时大头朝手心方向，小头从指缝间穿出。这样穿过汤子套的汤子面，就会形成类似苗条的形状。在攥汤子的时候，需要一边挤压一边甩动双臂，使得汤子面从汤套内蹿出后在空中被甩成弧线状，落入沸腾的开水锅里，这便制成了酸汤子。煮熟后，连汤盛起食用。酸汤子味香而微酸，顺滑爽口，经过发酵的玉米变得容易消化，更能够开胃，如果能再配上一碗新炸的鸡蛋酱，味道可更加鲜美。

若将酸汤子中的汤水倒掉，只留下其中的面食，则称为"馇子"。馇子可以晒干以备其后食用，也可进行炒食、炖食，炒时一般先把馇子在凉水里浸泡几分钟，拔除其酸气，接着放入油锅内爆炒，加以肉末、韭菜、葱花等与之搭配，炒出来的叉子筋道可口；炖叉子做法也有些类似，只需加入汤料即可，吃起来清爽润口，令人舒畅。

现代人都讲究健康饮食，常吃玉米制品有着诸多的好处，因玉米中含有丰富的维生素A、E、B族以及谷氨酸和不饱和脂肪酸等，具有抗衰老和防癌等诸多功效，非常适于现代人尤其是亚健康人群和中老年人群的食用。但是，未经发酵的玉米中还有丰富的纤维，不利于消化。智慧的满族人在多年的生活经验中聪明地克服了这一点，于是他们发明了更利于健康的酸汤子和馇子，若你来到沈阳，可千万不要错过这等既健康又美味的美食。

努尔哈赤黄金肉的来历

努尔哈赤黄金肉，又叫"阿玛尊肉"，也叫"油塌肉片"，是满族的经典菜肴之一，相传这道菜是清太祖努尔哈赤时代所创制的。在《满族简史》、《竹叶亭杂记》中均有关于此菜的记载，是清朝皇宫的祭祀活动以及各类宫廷大典中均有的一道名菜，也是著名的满族八大碗之一。所谓的"满族八大碗"，其实是满族人家当中最常见的菜肴，后来"满汉全席"兴盛的时候，满族八大碗便被纳为满汉全席当中的"下八珍"，而"努尔哈赤黄金肉"是满族八大碗当中最具代表性也是最出名的一道菜，曾被列为满族珍馐第一味，在清朝的各种宴会、盛典时，这道"努尔哈赤黄金肉"都是第一道菜。

这道菜选用上好的新鲜猪肉并以各种调料调味，于热油中炸制而成，以颜色金黄、清香酥嫩、滋味醇美著称。不过，最具有传奇色彩的是关于这道菜的来历。

相传努尔哈赤小时候，曾在明朝的辽东总兵李成良手下当差。那时的明朝朝廷已经日薄西山，各地官员腐败严重，地处边陲的总兵府更是奢侈无度，当时总兵府的膳食规则就规定总兵大人每日的膳桌必须至少要有八菜一汤。一次，当后厨师傅做完七道菜之后突然晕倒，正在帮忙的努尔哈赤急中生智，忙将切好的里脊肉，裹上蛋黄液，入油锅迅速煎烤，做成了一盘色、香、味俱佳的肉菜。上菜后，总兵大人觉得非常美味，便问其故，努尔哈赤只好实情相告，总兵大人又问此菜何名，努尔哈赤为讨吉利便称其为"黄金肉"。日后，努尔哈赤做了后金的老罕王，黄金肉便成了象征帝业成就的清宫名菜。宫廷中每每大典，努尔哈赤必令先上黄金肉，并当众讲述这段故事。此后，清朝各个皇帝便把黄金肉奉为至上珍馐，以示不忘先帝的恩典与祖宗的基业。

直至今日，努尔哈赤黄金肉仍是满汉全席中的"头菜"。

最具沈阳特色的饽饽是哪种

满族人统称面食为"饽饽"。

古时候，满族人长期在野外捕猎和征战，携带各类饽饽，既省事又抗饿，慢慢地养成了在居家日常饮食中也吃饽饽的习俗，并且在婚丧礼俗以及祭祀祖先和敬神时也离不开各种饽饽。经过多年的总结和发展，到清朝末年，饽饽的品种花样已变得数不胜数。在种类上，有黏面饽饽、笨面（不黏）饽饽和菜馅饽饽等。据说慈禧太后最爱吃的就是一种类似于玉米面小窝头的饽饽，叫"黄金塔"，后来在民间也是盛极一时。

满族人最爱吃的是各种黏面饽饽，原料多为糜子、粘谷和粘高粱，当然，现代人多数则用糯米取代了这些粗粮。黏面饽饽也许在北京、河北等地也实为常见，不过，沈阳可有一种黏面饽饽是最具本地特色的，

那就是"苏子叶饽饽"。

为什么这么说呢？因沈阳自古便是一座多民族混居的城市，在这里不同饮食习惯的各民族百姓一同生活、相安为宜。于是，来自不同民族的饮食便在这里产生了不可思议的聚变，擦出了令人惊喜的火花。这苏子叶饽饽就是最具代表性的一个，它是满族食品和朝鲜族食品结合而出的"后代"。

苏子叶，是植物紫苏的叶子，也叫苏叶，我国南北方各省都有种植，但是，因其味道比较特殊，我国汉族人很少食用，而多用于中医入药，有治疗风寒感冒、气喘咳嗽等病症。不过，苏子叶可是朝鲜族人民的最爱，在朝鲜族家庭，苏子叶几乎是不可缺少的食物，有时如同香菜一般用来调味、佐餐，如放入各种汤中；有时也可单独食用，如渍成咸菜或者泡菜；烤肉时也可用来包裹肉片，解腻的同时还美味。

将苏子叶和满族的黏面饽饽相结合就形成了苏子叶饽饽，它还有一个有趣的名字叫做"黏耗子"。苏子叶饽饽的制作很简单，就是将糯米浸泡后磨面，按成圆饼，内包红小豆等为馅，蒸的时候，在外面裹上一片新鲜的苏子叶，蒸熟后，苏子叶的清香稀疏浸入香甜的饽饽内，带着苏子叶一同食用，既有黏食的甜香，又有苏子叶的清香，吃起来还方便、不粘手，深受沈阳地区人们的喜爱，又因紫苏叶子的叶尖形状露在了圆滚的饽饽上，看上去就像一只憨态可掬的小老鼠，所以人们便给它起了"黏耗子"这一名称。

"老虎菜"的名字是怎么来的

老虎菜，只听这生猛的菜名就足以让人退避三舍，不过你可别害怕，这老虎菜既不是用老虎做的菜，也不是做给老虎吃的菜，这是一道地地道道的素菜，也是一道爽口的凉菜。

老虎菜的主要原料是尖椒、黄瓜、干豆腐等，切成细细的丝，配料有大葱丝、香菜和蒜蓉等，再配以各种调味粉、生抽、香醋和香油等，调拌均匀后便可上桌。这道菜的特点就是看起来有白有绿，十分漂亮，吃起来味道香辣、清爽利口，是如今沈阳人饭桌上非常常见的一道家常凉菜。

那么，这道老虎菜的名字又是怎么来的呢？

相传，张作霖统治东北时，有段时间经常自觉口中无味、不思饮食。为此，后厨的师傅们想尽了办法。这时有个厨师利用几样常见的蔬菜，切成细丝，凉拌一番，端上了餐桌。张作霖一尝，食欲大振，胃口大开，便向厨师问起这道菜的名字。厨师自知这菜本无名，自己创制的，于是灵机一动，想到这菜是做给"东北虎"张大帅吃的，便顺水推舟地将这道菜的名字起为"老虎菜"，张作霖听后十分高兴。老虎菜后来走出张氏帅府，成为东北百姓的家常菜，成为许多饭店的旺销菜。

这菜中爽脆的黄瓜、鲜嫩的香菜、酸爽的香醋，再加上辣味十足的尖椒、大葱和大蒜，吃上一口，其爽脆热辣的味道强烈地刺激着食客们的舌尖味蕾，令人无法抵挡，还真的如老虎一般辛辣生猛，迅速激活每一个人的食欲。

老虎菜之所以具有开胃的作用，主要还是因为大葱和辣椒中的辣素，再加上香菜特有的香气，能够刺激人们唾液和胃液的分泌，从而达到增进食欲、帮助消化的效果。几种原料都是维生素含量非常高的蔬菜，它们的完美搭配可谓夏季餐桌上凉拌菜的首选。现在老虎菜在全国各地都非常受欢迎，经过传播的老虎菜，做法也有了多种多样灵活的搭配。

沈阳的锅包肉与其他地方有什么不同

锅包肉，是一道耳熟能详的东北名菜。相传，清朝时6岁的旗人郑兴文随父来到北京，拜在一名淮扬菜名厨的门下，学习厨艺。1907年，郑兴文到哈尔滨滨江道衙门当了官厨，给道台杜学瀛料理膳食。由于道台府经常宴请的俄罗斯宾客喜欢吃甜酸口味，郑兴文就把原来咸鲜口味的"焦烧肉条"改进成了酸甜口味的菜肴。这道菜让俄罗斯客人非常喜欢，每次吃饭都要点这道菜。由于是用急火快炒，所以起名叫"锅爆肉",但俄罗斯人说起中国话来发音不准,时间一长,"锅爆肉"就变成了"锅包肉"。

张作霖主政东北后,东北三省都归属张氏家族管辖,锅包肉也逐渐流传到了包括沈阳在内的辽宁地区。沈阳人对锅包肉进行了一番改造,摒弃了原来以白糖和醋调汁的浇汁而改用番茄酱或者番茄沙司,并加入了一些粤菜调料,如西红柿和鲜柠檬等,使其口味上印刻上了独树一帜的"沈阳味道"。

小鸡炖蘑菇曾经是清宫名御膳吗

据说,2008年的北京奥运会期间,我国的川菜、粤菜、鲁菜等各大菜系都使出了浑身解数,用最好吃、最有营养的菜品让各国运动员大饱口福。不过,令人意想不到的是,主菜单上却出现了一道辽菜,那就是小鸡炖蘑菇。

沈阳人都十分喜欢吃炖菜,民间流传着经典的"四大炖"甚至"八大炖"等说法,在这些著名的炖菜中,小鸡炖蘑菇是首屈一指的沈阳名菜。在沈阳的年夜饭上,小鸡炖蘑菇始终都是沈阳人表达新年祝福的主菜,招待来宾的时候小鸡炖蘑菇更是展现沈阳人热情好客的招牌菜。有句老话讲:"姑爷进门,小鸡断魂儿。"就是说女婿陪媳妇回娘家时,老丈人家必做的一道菜就是小鸡炖蘑菇,可见这道菜在沈阳人餐桌上的重要地位。

满族人的各种发明中,最令人难忘的要数辽菜中的各类炖菜。满族早年以渔猎为生,常年住在野外,迁徙不定,但他们运用自己的智慧,既崇敬自然又适度地利用自然,从中获得质朴美味的食物,以吊锅、清水加以简单的调味,便能将大自然本身的味道极大地发挥出来,小鸡炖蘑菇,就最能体现这一点。

在满清时期,小鸡炖蘑菇曾经还是清宫的一道名御膳呢。说到清宫御膳,很多人第一个想到的就是"满汉全席",但是,根据清宫档案的记载,清朝的皇帝尤其是入关以前,吃的菜也多是家常的普通用料,外表无华的炖菜更是皇帝的主要饮食。尤其这道小鸡炖蘑菇，是皇帝非常爱吃的一道御膳。其中慈禧的御膳单子上就有"口蘑肥鸡"这道菜，它就是盛京的小鸡炖蘑菇进入关内后的变体，随着清王朝从辽沈地区入主中原，小鸡炖蘑菇也随之在全国各地流行起来。

不过，要想吃到最正宗的小鸡炖蘑菇，你可一定要到满清的发祥地——沈阳来。若是谁到沈阳来没有尝过小鸡炖蘑菇，那可真是一大遗憾。正宗的小鸡炖蘑菇，选料十分讲究。小鸡，一定要选用东北农村散养的"小笨鸡"，它比一般的肉食鸡生长速度慢，但是肉紧、味香；蘑菇，必须是野生干榛蘑，且是当年采摘于深山之中。榛蘑是东北地区特有的一种菌类，它不同于中原及南方的菌类，它是迄今为止为数不多的被人们经常食用，但仍然无法以人工方式培育的菌类之一，所以是名副其实的"山珍"。因多生长在榛子树的根部、倒木上，因而得名"榛蘑"。夏季的深山，一场大雨过后，菌类们立即就长得漫山遍野。新采摘的榛蘑必须经过晾晒变成干蘑之后，才能够将其独特的香气激发出来。一口简单的锅，一把适宜的火，正宗的小鸡炖蘑菇即可大功告成，鸡肉酥烂、菌香浓郁，令人回味无穷。

你知道酸菜的来历吗

酸菜，在满语里称做"布缩结"，是东北人传统美食中的一道有名菜肴。

酸菜的腌制，有着悠久的历史。金代的诗文里有"辽阳富冬菹"之句，这里"冬菹"二字就是指酸菜。清代学者何德刚在《客座偶谈》一书中就这样说当时游历沈阳时的印象："经过沈阳，中途偶有二草屋，下而憩息，屋中必有两大缸酸白菜。此地独多白菜，冬间淹之。"清初诗人顾

腌酸菜形象

太清还曾作有《酸菜》一诗，写道："秋登场圃净，白露已为霜，老韭盐封瓮，时芹碧满筐。刈根仍涤垢，压石更添浆。筑窖深防冻，冬窗一脩筋。"这首诗生动形象地描述了当时人们腌制酸菜的过程，可见当时人们对酸菜的情有独钟。

那么你知道腌制酸菜的起源吗？相传，金太祖完颜阿骨打远征漠北、起兵反辽的时候，命他的大妃带兵运送军粮和菜蔬，不料在途中遇上了辽朝的军队，双方发生一场激战。然而押运军粮的队伍人少车重，未等阿骨打的军队前去接应，就已因寡不敌众全部战死，军粮也被敌人全数抢走。士兵们寻找后只发现了几个被遗弃的陶罐，陶罐里只有几棵大白菜，却由于雨水的浸泡已经发黄变软。但幸运的是，他们发现这些白菜发出一种奇特的酸味来。士兵们将几棵白菜切碎来吃，顿觉体力倍增，一举取得涞流水（今拙林河）战役的胜利。

今天，酸菜仍然是关东人们冬季的主要素食。每年十月上旬和中旬，人们便开始采购白菜。将白菜的老叶去掉后以清水洗净，洗净后晾干多余的水分。然后将白菜整齐地摆放于大缸之中，每摆两层撒一把粗粒盐，摆满后，以青石压于其上，再填入一些开水即可。一个月后，这些白菜就变成美味可口的酸菜了。它们最适宜与猪肉制成菜肴，熬、炖、氽、炒均可，保证满足你的味蕾。

一种简朴而丰饶的食材，寄托了老沈阳人们心中的点点幸福与祥和的期许，是这个城市爽朗的外表下，最柔软和质朴的人情味儿。

你听过黄葵伴雪梅的故事吗

黄葵伴雪梅是沈阳市的一道特色美食，并且也曾是一道清代皇家御用菜。虽叫"黄葵伴雪梅"，但是，这道菜的原料里，既没有黄葵，也没有雪梅。

原来，它是以大虾和猪肉为主料，辅以20多样配料烹制而成的。具体来说就是，将虾球和肉馅蛋饺两种造型不同的原料成双结对地搭配在一起，并点缀以青椒、豌豆和虾尾等作为装饰，其造型十分精美，味道更是酥脆鲜香。

　　这道黄葵伴雪梅的背后，还有一段故事呢。相传清朝时期，盛京城里有薛、黄两姓人家，两家都十分富有。黄家有个儿子，名叫"黄奎"，薛家有个女儿名叫"薛梅"，两人自小一块长大，两小无猜，两家人就给二人订下了婚约。可是后来黄家家道中落，薛家人就起了嫌贫爱富之心，反悔了之前的约定，这对青梅竹马的男女就这样被拆散。不过，黄奎却是个有志气的青年，他发愤读书，赴京赶考。薛梅也是个重情义、有才智的姑娘，闻知情郎上京，自己也乔装成男儿的模样一同赴京应试。谁想，等金榜揭晓的时候，二人双双榜上有名。于是，薛家人也松了口，决定让二人再续良缘，并为他们大办婚宴。婚宴上，厨师端上的第一道菜就是"黄葵伴雪梅"，意在向这一对新人表达衷心的祝福。于是，二人的故事被传为佳话。

　　后来，人们纷纷效仿，使这道黄葵伴雪梅声名远扬，甚至在宫廷的喜宴和寿宴上，这道菜的身影都不可或缺，宫中将它定名为"寿喜菜"，以借用这道菜的美妙含意和喜庆色彩。

沈阳的特产

南果梨为什么会有酒味呢

每当秋季，各种瓜果相继成熟上市，沈阳的街边、市场就会大量地出现一种色彩亮黄、香气浓郁的水果，名为"南果梨"。

南果梨最大的特点就是，无论闻起来还是吃起来，都能感受到醇浓的香气。果农出摊的时候，相距几百米的街上，就能够闻到它的芳香，若是放在屋内，则会满屋都是它的香气。这果子的表皮，明黄中衬着一圈红晕，恰似一个偷喝了酒的少女般露出羞红的绯色。细细嗅来，这香气中还真隐约地带着一股美酒的醇香，咬上一口，更是甘甜醉人，与它可爱的外表相得益彰。

南果梨产于沈阳及周边一带，此梨以色泽鲜艳、果肉细腻、爽口多汁、风味香浓而深受国内外友人的赞誉，素有"梨中皇后"美誉。南果梨属秋子梨的一种，故其成熟的时间在每年的九月初，此时果实个头最大。刚采摘下的果实需经一到两周时间的贮存后，才能把果实最诱人的色泽、口感和气味充分显露出来。

成熟的南果梨，果肉非常细腻绵软、爽口多汁，吃起来，味道里带着

南果梨

淡淡白酒的香气。原来,这是因为南果梨成熟时,果肉内的糖分会自然地发酵,也只有经过发酵好的南果梨才最好吃。

你知道沈阳的不老林糖吗

不老林糖是沈阳特有的一种糖果。20世纪90年代初的时候,不老林糖曾经风靡大江南北,成为各地春节、喜宴上必备的糖果之一,也是沈阳人引以为傲的家乡特产。这种糖果主要以糖浆、淀粉以及各种干果仁制成,吃起来又香又甜,香醇细滑、回味甘美,深受大家的喜欢。它的包装也很有特点,为彩色条纹的塑料纸包装,正面印有其发明者林瑞丰的头像。

不老林

林瑞丰,有"北方制糖大师"的称号,他于1988年用毕生所学的精湛制糖技术和经验,独家创制了这个名为"不老林"的糖果。林瑞丰出生于1924年,14岁的时候,就在哈尔滨的某个俄国制糖作坊学习制糖技术。19岁时,他独自来到沈阳创业,做起了制糖生意。没想到,林瑞丰制的糖没过多久就风靡了沈阳,各大茶馆、戏楼常有他做的糖出售,不少达官贵人也都喜欢吃他做的糖。据说当年有着"南麒北马关外唐"之称的京戏名角唐韵笙先生,就是这糖的常客。林瑞丰一辈子都在制糖,技艺精湛又十分敬业。他65岁时创制了不老林糖,竟一举风靡了大半个中国,获誉无数。因此人们给他以"糖魁"的称号,又称他为"北方制糖大师"。

有人说,林瑞丰制起糖来,就像个年轻小伙子一样有着蓬勃的精力,而从林瑞丰为这种糖起的这个响亮的名字,也能看出来林瑞丰对事业孜孜不倦的追求和永不服老的心气儿,他的身上正有着我们这个年代最期望的"匠人精神"。

克拉古斯香肠源自俄国吗

沈阳最著名的香肠就是克拉古斯香肠。

克拉古斯的历史可以追溯到19世纪初。1905年日俄战争后,俄罗斯人雷德洛夫兄弟为躲避战乱,由俄罗斯来到东北哈尔滨,以制作香肠为生,因风味独特、食用方便,深受大家的喜爱,他们的生意也越发红火。据说,一位来到这里的沈阳商人在吃过他们制作的香肠后,久久难忘。这位商人说服了兄弟俩在沈阳开设分店,并表示愿意提供资助。最终,俄国风味的香肠于1917年如愿落地沈阳,并命名为"克拉古斯",就是俄语"大香肠"的意思。

克拉古斯店铺

相传沈阳店铺开张的第一天,香肠就供不应求,次日店前的中华路上更是排起了长龙,可见受欢迎程度。克拉古斯也与沈阳结下了不解的百年之缘。

如今,克拉古斯香肠是扎根沈阳近百年的老字号。在许多沈阳人儿时记忆中,小时候只有逢年过节时,才能吃到克拉古斯香肠。家里来了亲戚客人,切上一根克拉古斯香肠,便是一道让主人很有面子的"硬菜"。随着时代发展,沈阳人的生活水平得到了极大的提高,克拉古斯也从单一的老味俄式香肠,发展为拥有几十种口味的香肠熟食系列产品,越来越为普通消费者接受。但不管怎么说,克拉古斯香肠都是沈阳永远也抹不去的"老味道"。

沈阳红药源于满清时的军医药方吗

沈阳红药在我国跌打损伤、风湿骨病领域久负盛名,它与发源于云南省的云南白药一起,被中医界称为骨科的"南白北红"。沈阳红药不仅与我国北方中医药的发展有着重要的渊源，更在祖国医学的历史长河中传承了百年的智慧和经典。

沈阳红药是我国北方各民族医药文化融合、创新的重要典范，它的原始药方可追溯到明末清初时期。公元15至16世纪时，满清先祖努尔哈赤统一女真各部，并在赫图阿拉城（今辽宁抚顺市新宾县）建立后金政权。在长期的行军作战过程中，随军的医师通过长时间的经验积累，创制了一剂骨伤科药方，在为战士们治疗跌打肿痛和风湿骨病等疾病时，起到了良好的疗效，大大增强了八旗将士的战斗力。此后，清军入主中原，征战全国，该药方又不断融合了朝鲜族、回族、汉族等各民族医学的精髓，功效更为显著。到了清末民初时，这个药方已被满族各大名医奉为骨科的经典用药，并在我国东北地区广泛流传和使用。

建国以后，我国政府相关部门为了保护祖国医学的经典和传承，对散落在东北民间的满族骨伤科古方进行了广泛的收集、归纳和整理，系统地明确了此药方的配伍和治疗范围。因其药物功效以活血为首，遂将其正式命名为"红药"，从此骨科界便有了"南白北红"的说法。

同时，沈阳红药在我国中医药现代化的道路上也取得了举世瞩目的成就。从1972年沈阳红药制药有限公司（原沈阳中药厂）生产出我国第一粒红药片以来，经过多年的研发和处方的完善，沈阳红药已经发展为涵盖口服、外用两大给药方式，包含沈阳红药片、红药胶囊、红药贴膏、红药气雾剂等多种剂型的系列药大家族。因其产品剂型选择性多样，各个产品功效显著，几十年来，在我国北方医药市场上，沈阳红药一直牢牢占据着"跌打损伤、风湿骨病"治疗领域的头把交椅，是家喻户晓的骨伤科首选良药，更是改革开放以来祖国医学在现代化、市场化道路上的领军者。

2008年，沈阳红药被列为"首批沈阳老字号"名单。

沈阳最具浪漫色彩的特产是什么

沈阳下辖的辽中县，以盛产玫瑰花著称，中国著名的地理标志产

品。辽中县有着悠久的玫瑰种植历史,这里地势平坦、土质肥沃、光照充足、空气湿润,因辽河的存在而形成的独特地理小气候,造就了玫瑰花生长的优质自然条件。这里所产玫瑰品种繁多、花色鲜艳,同时又有着花姿优美、香气浓郁等特点,深受市场和消费者欢迎。这样的先天优势,备受沈阳市民的珍视,因此,辽中县被认定为辽宁的"花卉之乡",而玫瑰花被评选为沈阳市的市花。

辽中县的玫瑰种植有着悠久的历史,可追溯到明朝时期。据《辽中县志》记载,明末清初时,辽中"栽植玫瑰如种田,夏初开花,红苞逐月开,连续不断。花放大于盘,香味迷人"。相传,明朝万历四十四年(1616年),努尔哈赤建立后金政权时曾举行了盛大的开国大典。当时征用了大量的玫瑰花用来装饰庆典现场,这些玫瑰花大部分都产自辽中。当然,在明清时期,玫瑰花大部分还是用来做成化妆品或者香料,有时也可用来食用和入药,《红楼梦》中就有贾宝玉嗜食"玫瑰卤"的说法。清朝入主北京后,把辽中玫瑰花列为贡花。每年这里都要供奉给朝廷成千上万枝玫瑰花,倍受宫廷贵人、格格等的青睐。慈禧太后驻颜有术的秘诀就与玫瑰有关,据说她常年使用浸泡着鲜嫩玫瑰花瓣的水沐浴,并用玫瑰花瓣做成的软膏养颜美容,才使得她一直保持着肌肤的柔嫩与光泽。

玫瑰花实为花中的"皇后",其实2000年以前我国就开始种植玫瑰花了,我国也是玫瑰花的原产国。不过辽中地区培育出的玫瑰花,不仅高产,还有抗寒抗冻等优势,十分适合用作北方地区的装饰切花。每年利用包机出口到俄罗斯等北欧国家的辽中玫瑰就有5000余万枝之多。

沈阳羽毛画是如何创作的

羽毛画工艺在我国历史悠久,最早甚至可以追溯到2000多年以前,而现代羽毛画工艺则是20世纪60年代由沈阳市羽毛工艺厂首创的,沈阳的羽毛画在全国可是首屈一指的。

沈阳羽毛画是运用各种禽类的羽毛，同时汲取国画构图技法而制成的一种工艺画。它绚丽多彩、别具一格，富有浓郁的装饰性以及艺术性，以清秀淡雅、格调新颖、风格独特、题材多样而著称。沈阳羽毛画题材十分广泛，无论古代神话还是今人故事，都能表现得惟妙惟肖，无论是山川、人物，还是花鸟、鱼虫均可入画。沈阳羽毛画善于利用各种羽毛的天然色泽、纹彩、亮度和质感，采用平贴、浮雕和圆雕等技法，以绫绢装裱，层层叠贴羽毛而成。以这种形式创作的羽毛画，其表现力十分丰富，层次清晰、形象逼真，是馈赠亲友的佳品。

沈阳的民俗特色

民俗，是一个城市文化的重要组成部分。作为"一朝发祥地、两代帝王都"的沈阳，集合了不同民族的文化特征。

要想真正了解一座城市，你一定不能错过她的节日习俗、生活习俗、休闲娱乐以及这里的方言俚语。这些"活"的东西，才是这座城市的灵魂所在，其中，你能发现许许多多有趣的东西，是它们让沈阳这座城市立体起来，令其散发出吸引人的魅力，也让游人在此流连忘返。那么，就让我们共同来探索沈阳独特的民俗特色吧。

沈阳的节日习俗

沈阳人过年之前需要哪些准备

过年是沈阳人最隆重的日子。过去，在东北农村地区流传着这样一首民谣："小孩小孩你别哭，进了腊月就杀猪；小孩小孩你别馋，过了腊八就是年。"因此，从腊月开始，沈阳人就要开始为过大年忙活起来了。那么沈阳人是如何为过年做准备的呢？

赶年集、办年货，是沈阳人大年之前最重要的事。过年之前，家家户户都要买很多东西，和中国的其他地方一样，沈阳人采购的年货当中，一定少不了的就是各种食材、春联、福字、鞭炮、糖果、烟酒等。不过老沈阳人的年货中还有一些具有本地特色的东西。

沈阳人在春节前有蒸馒头、蒸黏豆包的习俗。蒸好后的馒头和黏豆包放到户外或是冰箱中冷冻起来，以备节日期间享用，人口多的家庭有时要提前准备几大锅来备用。黏豆包是沈阳人爱吃的一种黏食，来源于满族的"饽饽"，现代城市中的居民，自制黏豆包的越来越少，所以黏豆包也成为沈阳人必备的年货之一。沈阳人还有过年吃鱼的习俗，所以鱼也是节前必须采购的。鱼必须是鲤鱼，象征着"鲤鱼跃龙门"、"连年有余"之意。此外，各类冷饮雪糕以及冻梨、冻柿子也在沈阳人年货的必买清单中。

家里若有小孩，还要给小孩买身新衣服，这是对孩子未来平安幸福的一种美好祝愿。

春联，也是过年前必须要准备的，沈阳人称"对联"、"对子"。旧时东北，人们除了将春联贴在门上，还会为马车的车后也贴上春联，于是，现在在沈阳，依然还有很多人保留了这一习俗，将春联贴于私家车的车后。有了春联就要有"福"字，在沈阳，"福"字是要倒着贴的，意为"福到了"。

红灯笼也是春节前要准备的物品之一，称为"长寿灯"。沈阳的春节，有点长寿灯的习俗。不管你是住在农村，还是市区里，春节期间都要在院子里或者窗口挂上一个长寿灯，并且要从除夕一直亮到正月十五元宵节，其间必须彻夜通明，不能熄灭，为祈福延年益寿之意。

沈阳人如何过小年

小年被视为春节的"序幕"，从这时起，年的味道开始浓了起来。在我国，由于各地的风俗不尽相同，小年的时间也有所差异，部分南方地区把腊月二十四当作小年，而北方地区则将腊月二十三作为小年，沈阳的小年同样也在这一天。

到了小年这一天，沈阳的各家各户都要打扫卫生。称为"扫尘"或"扫棚"，民间有谚语说："腊月不扫尘，来年招瘟神。"小年的这一天，家庭主妇们通常用毛巾或者头巾将头发包好，再把屋里的家具等遮盖起来，然后用扫帚将屋顶和墙壁上的灰尘打扫干净，扫完后，将屋里的家具、地面、窗帘等一一清洗干净，于是屋里变得整洁、亮堂起来，以便人们怀着清新、喜悦的心情来迎接新的一年的到来。

沈阳的小年还有祭灶的习俗，因此这一天被称为"祭灶节"，也叫"送灶节"。灶神，也称灶王爷、灶君、灶王等，是古代神话传说中司管饮食的神仙。在神话传说中，玉皇大帝在每家每户都派驻了一位灶王爷，灶王爷的职责其实就是"监督员"，他负责监督和考核每个家庭这一年来的所作所为。到了每年的腊月二十三日这一天，灶王爷就要上天庭向玉皇大帝进行"工作汇报"了，玉皇大帝会根据这些汇报来决定下一年这家是否丰收。所以，祭灶节就是各家各户欢送灶神上天的日子，人们在这天举行祭灶仪式为他送行。

在沈阳，小年祭灶的时候，人们要在灶神像前摆上贡品，并点灯焚香。其中最重要的贡品就是用麦芽糖为原料做成的饴糖，民间称为"灶糖"。在小年之前，沈阳的街上就开始有人贩卖灶糖，它不仅是灶王爷的"最爱"，更是老沈阳孩子们的最爱，灶糖吃起来不仅甜、脆，而且还有些粘牙，口感十分独特。据说，之所以灶糖这么香甜、粘牙，不仅有"贿赂"灶王爷，希望灶王爷到玉皇大帝那儿禀报时多讲溢美之词的意思，更有希望他到说"坏话"时嘴被饴糖粘住、张不开口之意。除灶糖

灶糖

外，供品通常还有谷草、炒豆或高粱米以及清水等，据说这是给灶王爷上天时的坐骑准备的。民间就有顺口溜说道："灶王爷本姓张，骑着马挎着枪，上天言好事，下界保安康。"民间有句歇后语"灶王爷升天——好话多讲"，说的也是这个故事。送灶仪式时，要将灶糖用火融化后抹在灶王爷画像的嘴上。民间有"男不拜月，女不祭灶"的说法，因此祭灶活动只限于家中的男丁。此外，上天汇报完工作的灶王爷，还要于大年三十晚上回来，那时还要"接神"、"接灶"。

送完灶王爷，各家还要祭神祭祖。祭神祭祖就是祭拜各路神仙以及自家的先人，祭神祭祖一般用的是各类糕点，如各种饽饽和打糕等。不过，这时用的打糕不能用第一锅打出来的，因为沈阳人讲究，第一锅打出来的叫做"擦台糕"，是不干净的，是不能用来供奉神灵的，否则就是对神的不敬，第一锅蒸出来的饽饽也是同样的道理。

沈阳人的年夜饭有何讲究

沈阳人过年，最讲究的要数大年三十的年夜饭了。

虽然一千个家庭就有一千种丰盛美味的年夜饭，但是在沈阳，不

论谁家，这顿饭必须要有"四大件儿"，这"四大件儿"即指鸡、鱼、排骨和肘子，缺少了其中哪一样都不可。除此之外，在沈阳的年夜饭中"上座率"最高的还有，大虾、皮冻、酸菜、东北拉皮等。

年夜饭中更不能缺少的当然要数饺子了。在众多的饺子中，一定要包上几只带有硬币的饺子，谁吃到了这样的饺子就预示着在新的一年里会交好运，当然这是旧时的习惯，现在的家庭中，人们一般以糖块或者花生来代替。饺子包好煮好后，不能马上享用，而是要在吃之前放烟花、鞭炮，这也是孩子们最喜欢的节目。

吃完年夜饭后，沈阳人还有一个重要的项目，那就是吃冻梨和冻柿子。经过冰冻之后的秋梨和柿子，解冻后化成清甜可口的果汁，再加上冷冻后的冰凉感，年夜饭后吃上一口，便顿时解酒、解腻，令人身心舒畅。

沈阳人在正月里有哪些习俗和禁忌

正月一整月都洋溢着浓浓的年味。正月里的沈阳人也流传着诸多的习俗和禁忌。

首先，大年初一和初二两日，不得扫地。这是因为，从除夕到初二，家中洋溢的满是幸福、欢乐的气息，不扫地就是希望将这些好福气、好财气都留住的意思，因此，只有等着到大年初三才可以进行打扫。

在沈阳，初一、初五和正月十五这三天的早晨，家家户户都要放鞭炮，称为"崩穷"，意思是把"晦气"和"穷气"都从家中崩走。

大年初二这天，按照沈阳的传统习俗，是女儿回娘家、姑爷给岳父、岳母拜年的日子，称为"姑爷节"或"迎婿日"。

在沈阳，大年初五这天一定要吃饺子，也称"破五"。一口将饺子咬破，寓意着将坏事都破除掉，有驱灾避邪之意。

沈阳的正月期间，还有一项重要的禁忌就是不可理发。民间有说法，在二月初二之前，如果剪头会克自己的舅舅，所以沈阳人很忌讳这一点，没有人会在正月里面剪头发。

"二月二，龙抬头"，二月初二这天剪头发会很吉利，所以，在这一天很多人都会争相剪头，讨吉利。在沈阳，二月二这天还要吃猪头肉，有鸿运当头的好寓意。

沈阳人如何过正月十五

在沈阳的农村地区，正月十五元宵节这天有撒路灯的习俗。所谓的"撒路灯"，就是用稻壳拌上蓖麻油或是煤油，以纸包好，围绕着自己家的房前屋后，将纸包一排排放于地上，然后点燃，形成一条条美丽炫目的光带，意为平安祈福、祛病驱魔。在正月十五的夜晚，人们制作成百上千个这样的小灯，走一路、撒一路，把大街小巷都照得亮亮堂堂，这些光带与天上的月光遥相辉映，煞是好看，也更增添了节日欢乐喜庆的气氛。

撒路灯活动一般持续三天，即正月十四、十五、十六三天，这三天所点的灯还有所不同，分别被称为"人灯"、"神灯"和"鬼灯"。正月十四撒"人灯"，要撒在自家院子里，寓意着人丁兴旺、子孙满堂。正月十五撒的"神灯"，是用来供奉各路神仙的，以祈求一年风调雨顺、人畜平安，因而要烧香上供、沿街撒灯。而正月十六的"鬼灯"最为壮观，人们要聚集在土地庙前敬香，参拜各路神仙后才开始撒灯，这时的灯要到山上、河边或者野外撒，撒灯的一行人还要敲锣打鼓，并将全村所有的道路全部走一遍，传说这是为了"引渡"无法投胎的鬼魂早日升天。

老沈阳城市里的元宵节，热闹程度也不输农村。在清代，沈阳城就有"正月十五闹花灯"的习俗。每年元宵节前，当时的四平街（今中街）上都会搭起高台，高台上设有"三官"的神像——天官、地官和水官。民间传说，这三官分别是尧、舜、禹，天官赐福、地官赦罪、水官解厄。到了正月十五的夜晚，沈阳的大街上张灯结彩、光如白昼，人们以此来表达美好的祝福。著名诗人姚元之就曾有一首诗，记述了当时盛京四平街灯市的热闹景象："三官台起大街中，箫鼓清歌落半空。正是早春残雪里,珠花红树报年丰。"这"珠花红树"说的便是当时耀眼夺目的花灯,可见老沈阳历史上的元宵节灯会是多么的热闹非凡。到了正月十六日的当晚,沈阳的满族妇女还有"走百病"的习俗,她们三五成群,结伴而行,或逛街游玩、或嬉戏欢闹,甚是喜庆祥和。

现在,沈阳周边农村的元宵习俗已经很难看到,城市中的灯节也以现代技术的灯光代替。但无论以怎样的形式,元宵节这天都是人们寄托心中期盼和祝愿的重要节日,承载着人们健康幸福、吉祥平安的美好希冀。

正月不剪头的说法源自沈阳吗

民间有句老话:"正月不剃头,剃头死舅舅。"尤其是老沈阳人,对于正月里剪头是百般禁忌。那么,这种民俗到底是怎么形成的呢?据说,"正月不剃头"习俗的发源地正是在沈阳,起因就是清初时期皇帝在盛京发布的"剃头令"。

原来,"正月剃头死舅舅"一说中的"死舅",其实是"思旧"的变音。

在清朝还没有入关之前,就已经在盛京城的汉族百姓中强行推行"剃头令"。清朝对被征服的汉民一律强行改变发式、更换服饰,对于投降的明朝将士也必须以"剃发易服"作为臣服的标志。如天聪五年(1631年),清太宗在大凌河之役胜利之后,就要求"归降将士等剃发",崇德三年(1638年)又下令:"若有效他国衣帽及令妇人束发裹足者,是身在本朝,而心在他国,自今以后,犯者俱加重罪。"

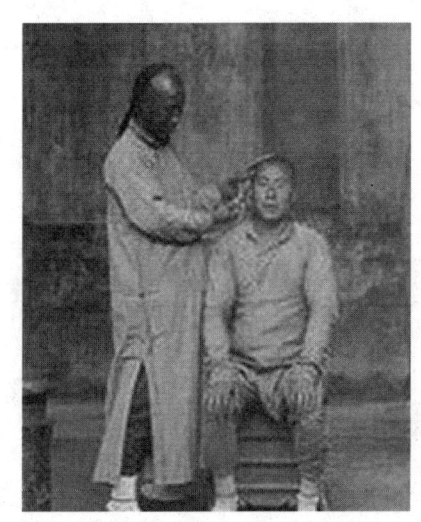

清朝剃头习俗

清军进关后,也依旧继续推行这个政策,并且更加苛刻,仅限十日之内剃头,若有迟疑就会被斩首,当时便有"留头不留发,留发不留头"的说法。在汉族人的传统里,"身体发肤,受之父母,不敢损伤、妄动",当时很多不愿剃头的人都被杀害,也因此而引发了很多流血冲突。据说当时不少汉人为怀念明朝,但又不敢公开对抗清朝政府,就在正月里不约而同地不剪头发,以此来表示"思旧"之心,慢慢地就有了"正月剪头死舅舅"的说法,并一直流传下来。

沈阳最大的庙会在哪里

"过大年,逛庙会",是沈阳百姓辞旧迎新之际最不可或缺的民俗活动之一。沈阳的很多寺庙在节日期间都有热闹的庙会活动,不过若要说一个"最"字,那必然当属沈阳著名的皇寺——实胜寺的庙会了。

实胜寺位于老沈阳的北市场附近。在满清时期,实胜寺是皇家的家庙,因此这里又叫做"皇寺"。北市场从清末时期开始,就是沈阳城最为繁华的"商圈"之一。如今,皇寺庙会是沈阳及周边地区最大型的庙会。沈阳皇寺庙会与北京的地坛庙会、上海的城隍庙会以及南京的夫子庙庙会,共同被称为中国的"四大庙会"。皇寺庙会在每年的春节、"五一"、"十一"等节假日期间都会举办,其中最热闹、持续时间最长的要数春节期间的庙会活动了。

春节期间的皇寺庙会,从正月初一一直持续到正月初八。庙会上,人山人海,热闹非凡。各色风味小吃皆汇集于此,令人大饱口福。同时,更有各种绝活绝技和民俗表演。

皇寺庙会最值得看的就是极具沈阳特色的民俗表演,从深受群众欢迎的沈阳秧歌、高跷,到东北二人转;从沈阳特有的奉天落子,到评剧表演;从独具满族特色的萨满舞,到锡伯族"灯官秧歌"等,无不充满了浓郁的东北传统文化氛围。另外,庙会上还时常有"皇帝出游"、"格格婚礼"、"坛城祈福"等表演节目,将百年前老沈阳的民俗景象

——搬到人们眼前,也十分值得一看。此外,还有许多民间技艺和绝活,如糖画、吹糖人、葫芦雕、蛋雕、面塑等,都会一一亮相,好不热闹。总之,皇寺庙会是你近距离感受关东文化、重温老沈阳民俗风情绝对不可错过的一站。

锡伯族的西迁节是怎么回事

锡伯族的先民起源于我国东北的草原,后来被满族编入八旗,定居沈阳。沈阳的太平寺就是锡伯族的家庙。清朝乾隆二十九年(1764年)的农历四月十八日,朝廷从沈阳征调了一部分锡伯族官兵及眷属三千余人前往西北边陲屯垦戍边。从此,这些锡伯族人便和留居沈阳的锡伯族同胞阔别两地。

为了纪念锡伯族人西迁的历史壮举和缅怀离别的骨肉同胞,每年的农历四月十八日,位于沈阳的锡伯族家庙,即太平寺,都要举行纪念活动,这一天便成为了锡伯族的传统节日——"西迁节"。

西迁节又叫"四一八节"和"怀亲节",新疆的锡伯族同胞称作"杜音拜专扎坤"。这一天是东北和新疆的锡伯族同胞共同的节日,也是锡伯族人最为盛大的节日。这一天,锡伯族人要聚集在太平寺内进行拜祭,还要杀猪、吃高粱米饭,更有盛大的庙会活动。更有许多锡伯族人不远千里从新疆赶回沈阳参加西迁节的节日盛典。

历史上的锡伯族与满族有着千丝万缕的联系,在宗教信仰、语言、艺术和生活习俗上既有各自的特点,又有许多共同之处。锡伯族传承了萨满教的文化习俗,又继承了满洲八旗"国语骑射"的文化传统,因此,锡伯族的文化传统是研究满清时期东北民俗和语言的重要而难得的"活化石"。锡伯族的传统音乐有戏曲音乐、说唱音乐等,如《蝴蝶歌》、《打猎歌》和《海兰格格》等;代表性的舞蹈有贝伦舞、萨满舞等;传统的美食有发面大饼和花花菜等。

如今西迁节及锡伯族的文化传统越来越得到重视。现在的西迁节不仅有庙会活动,沈阳市内还要举行文艺会演、比赛等体现锡伯族传统文化的文体活动，丰富多彩，令人耳目一新。若你能在农历四月十八这天来到沈阳，你定能够赶上这场多彩的节日盛典。

沈阳的锡伯族人怎么过抹黑节

居住沈阳的锡伯族人中，流传着"抹黑节"的传统。

每年的农历正月十六日为锡伯族的"抹黑节"。这一天，人们要起早，挨家串户互相往脸上抹事先准备好的锅底黑灰。年轻人你追我赶、笑声不止，十分有趣。老年人也会被抹黑，不过，年轻人都会先向老人下跪请安，征得老人同意后，再向老人额头上抹一点黑。在锡伯族的传统中，脸上被抹上黑是吉祥的象征，可以避免灾难，这一天如果谁未被抹黑，就会被认为一年都不顺利。

那么，锡伯族为什么会有这个节日呢？传说，这一日是巡天神来视察的日子。在古代，锡伯族的祖先以渔猎为生，后来一对老夫妇救活了一只受了伤的燕子，燕子为了报答这家人的救命之恩，便衔来麦子作为报答。于是，锡伯族人渐渐开始了以种麦为主的农耕生活。巡天神知道后定下规矩：人吃面粉，狗喂麸皮，不可浪费粮食。但有一次，一位年轻媳妇不慎将面饼烙糊，便将烙糊的面饼喂了狗。巡天神知道后大怒，便使麦种长了黑色的病菌，结出来的麦粒也全部都是黑色的，无法食用。为了祈求巡天神恕罪，全村的男女老少都表示宁愿往自己脸上抹黑，也不愿叫麦子变黑，并发誓以后一定珍惜粮食。巡天神看见他们确实诚心，就收回了法术，但是每年的正月十六这天都要下凡来巡视。

于是，锡伯族就有了抹黑节的传统，既是祈愿巡天神免除庄稼的黑穗病，又有祝福新的一年庄稼丰收、家人安康之意。

沈阳人是如何过端午节的

端午节是中华民族古老的传统节日之一，也称端阳节、午日节、重五节、五月节、浴兰节等。在端午节这一天，很多地区人们都要进行赛龙舟、插艾草、喝雄黄酒等多种纪念活动，但我国幅员辽阔，各地的端午节传统也有不尽相同之处。那么，沈阳的端午节有什么特别的习俗呢？

在过去，沈阳的端午节又被称作"女儿节"。在这一天，沈阳的已婚女子都要回到娘家去看望父母，并和父母一同过节。而未婚女子们则会在端午节这天，佩戴着荷包，成群结队地外出郊游、踏青。

沈阳的端午节，家家户户的门上不仅要插艾蒿，还要插上柳枝和桃树枝，还要买纸葫芦、布制小虎、小猴和小笤帚等挂在门前或屋内，有辟邪去病的用意。在过去，民间流传着"善正月，恶五月"的说法，按现代的解释，五月为春季，是各种流行性疾病高发的季节。因此端午节这一天，在沈阳也是祛病消灾的日子。与南方的肉粽不同，沈阳人多在端午节这天包红枣粽子，枣粽谐"早中"，是旧时人们鼓励学子读书赶考早中状元的意思。

沈阳人的端午节要从五月初一过到初五，一过就是五天，这源于满族人的传统。满族过端午节的习俗与汉族有所不同。在清代宫廷，过节时朝廷会给官员们放假。人们会去拜山祭祖、乘水临风、登高望远、骑马射箭等，还要挂五毒荷包。满族人端午节不仅吃粽子还吃鸡蛋，且鸡蛋要和粽子一同煮制。满族人的房檐上还要挂上布制的小猴子，据说猴子可以看家护院。在有些满、蒙古族聚居的地区，端午节的活动会拉得更长，一直可以热闹到五月十三，因为传说这一天是关公的生日，到时各旗的人们都要列队到关帝庙去进香。

沈阳人为什么立秋要吃肉

立秋，被视为一年当中秋季的开始，通常在每年八月的七、八或九日的其中一天。立秋这天，沈阳民间有"吃秋饱"、"抢秋膘"的习俗。

俗话说"夏过无病三分虚"，夏季天气炎热，人们胃口不佳，饭食清淡，多数人体重都会有所减轻，被称之为"苦夏"。为了增加营养以

弥补夏季的损失、抵御寒冬的到来,人们需要抓住秋季这个进补的好时机,因而形成了"贴秋膘"的民间习俗。

贴秋膘,就要吃美食佳肴,沈阳人的传统是吃肉和饺子,而忌吃黄瓜等形状细长、水气大的蔬菜食品。这一天,人们都要在家中炖肉,白切肉、红烧肉、炖鸡、炖鸭等,以及各种肉馅饺子都是这天人们餐桌上的主菜。

沈阳人是如何过中秋节的

中秋节是我国重要的传统节日之一,因其恰值三秋之半,故而得名。中秋节以月之圆兆人之团圆,这一日一家人围坐在一起赏圆月、吃月饼,阖家团圆、祈福寄思。那么,沈阳人又是如何过中秋节的呢?

沈阳老百姓喜欢叫中秋节为"八月节",据历史文献记载,辽沈地区从明清时期起中秋节就已是非常重要的节日了。在清朝,不但普通百姓的家中十分重视中秋节,朝廷也会搞庆祝活动与百姓一同庆祝中秋。清代刘世英所著的《陪都纪略》一书中曾说道:"中秋佳节,钟楼以南,时常鱼行,果木俱全。"意思是,平时的一个小小鱼市,到了中秋这一天就会变得应有尽有。

此外,《沈阳百咏》和《奉天通志》等史料当中,也都记载了老沈阳中秋季的热闹景象。缪润绂在《沈阳百咏》中有一首与老沈阳人过中秋节有关的竹枝词,是这样写的:"提浆作馃趁秋风,月饼居然出沈中。终是枣泥滋味好,痴人偏买自来红。"这首诗说的就是沈阳人过中秋节吃月饼的情景,所谓的"提浆",就是京式月饼的一种,其用蛋白、糖浆和面做成饼皮,再包以用枣泥、豆沙和豌豆等材料做成的什锦馅,制出来的月饼外观白净。但是,沈阳人却偏偏喜爱那被称作"自来红"的月饼,这种月饼是用植物油烤制成的,面皮颜色很深,表面还有一块黑红色的圆圈,因此而得名。

沈阳的生活习俗

老沈阳人怎样婚配

我国的传统习俗中，结婚是人生中的头等大事，在老沈阳也同样如此。老沈阳的婚嫁习俗在延续了一些满族婚俗的基础上，也多受汉族习俗的影响。旧时，老沈阳男女青年的婚姻皆由父母包办，在清朝时期的沈阳，满族人结婚十分注重门第，但对男方的贫富不是很讲究，有的家族的族规就规定：为姑娘寻找配偶时不许论财。老沈阳人订婚都要经历一个说媒和相看的过程。

说媒有两种情况，一种是男女双方家长有意订下儿女亲事，男方就会主动托人前去女方家说媒。另一种情况则是在双方并不熟悉的情况下，由媒人在中间撮合而成。媒人到女方去说亲，通常是要去三次才行的，每去一次都要带一瓶酒，所以俗语有云："成不成，三瓶酒。"

说媒后，还要有一个"相看"的程序，即男方的母亲到女方家观看姑娘的容貌、才干等，询问其年龄、八字，并考察女方家的财富、门风等有关情况等。如果各方面都满意，男方母亲就送一份礼物给女方家，称之为"小定"，就算确定下这门婚事了。

正式举行婚礼的日子由男方确定，成为"正日子"。正日子之前，男方家要给女方家送去正式的彩礼，俗称"过礼"也叫"放定"。彩礼一般较丰厚，有衣服、首饰、器皿和现金等。据史料记载，民国时期沈阳的聘礼多改为现金支付，若一次性支付不足，还可以分批进行支付。

"过礼"之后，就可以等待"完婚"了。自订婚到结婚，相隔两、三年不等。在此期间，已经确定婚姻关系的男女在节日或平时可以来往，培养和增进感情。

老沈阳的婚礼有哪些习俗

在"正日子"这天，也就是婚礼的当天，是最热闹的了。

迎亲的时间以及婚礼开始的时间，都是请人占卜而来的"好时辰"，有吉祥、幸福的寓意。迎亲队伍的人数是有讲究的，必须是单数，有"去单回双"的说法，即娶回新娘后就凑成了双数。按照老沈阳的习俗，结婚当天的接亲要越早越好，有"抢头"一说。在新娘离开娘家之前，新郎要给岳父岳母留下一块新鲜的猪肋条肉，称为"离娘肉"，然后才能动身。

旧时的婚礼都在男方家的庭院中进行，其间设有供奉祖先的天地牌位，新人在天地牌位前跪拜，称为"拜天地"。拜完天地进入洞房后，便是坐帐仪式。新人要坐在崭新的被褥上，被褥上会撒上大枣、花生、桂圆和莲子，寓意"早生贵子"，被褥下方则会放上一把斧子，谐音"坐福"，寓意坐享幸福。

老沈阳的婚礼上，新人要吃"子孙饽饽"。子孙饽饽必须由女方家做好，然后送到男方家，男方则需同时准备长寿面。子孙饽饽和长寿面在制作的时候不可煮熟，婚礼当日，两位新人各吃一口，这时由家中长辈问："生不生？"新人夫妇则要大声地回答："生！"

在我国的传统婚俗中，婚后三日新郎会陪妻子一起回娘家，这叫"回门"，在沈阳也同样如此，回门时新郎要带上四样彩礼，称作"回门礼"。

满族人扁头的说法是怎么来的

通过头骨的形状能够辨别一个人所属的民族吗？

《中华全国风俗志》上记载："故辛亥之役,摸脑骨以别满、汉,以满人平直而汉人硬起也。"意思是,辛亥革命的时候,革命党能通过摸后脑勺来甄别满、汉两族人,后脑勺扁的是满族人,后脑勺圆挺的就是汉人。

第二次直奉大战后,也有类似的判断标准。当时张作霖的奉系军阀战胜了吴佩孚的直系军阀,由东北人组成的奉军一直打到了上海。当时奉军自上而下均为"胡子"(土匪)或者是农民构成,张口闭口就是些粗话,于是就流行起这样一句顺口溜:"头戴狗皮帽,腰挎盒子炮;后脑勺子是护照,妈了巴子就免票。"这就是当时人们判断奉军的标准。东北冷,所以奉军都戴狗皮帽子,官兵们普遍装备由俄国传入的盒子炮。这些奉军官兵坐火车从来不买票,如果有人敢查票,他们就把帽子摘下来,亮出后脑勺,因为他们大部分后脑勺都平得像刀切过一样,很好辨认,再骂上一句脏话,人们便知道他们是奉军,也就没人敢惹了。

那么,这种判断标准来自何处呢?既然东北人并不都是满族,那么为什么会有通过头骨来判断满、汉的说法呢?原来,这源于旧时满族的睡扁头习俗。

在过去,满族新出生的小孩,大人要看着给他"睡脑袋"。在老满族人的审美里,只有脑袋尖尖平平的小孩才聪明好看。因此,他们会将孩子放到一个特制的摇篮中悠着长大,这种摇篮,俗称"悠车子"。悠车子的形状为两头椭圆,底下扁平,人们再用绳子把它悬挂在屋中的幔杆上,像荡秋千一样来回悠动。不仅如此,大人还会将婴儿的胳膊、膝盖和脚踝捆绑在睡板上,让其仰卧睡觉,并很难翻身。这不仅能有效避免婴儿坠落的意外,以便大人们到田间劳作,同时还能使婴儿保持四肢伸直、肩背展平的姿态,婴儿长大后,自然宽肩展背、四肢挺直,不会出现罗圈

吊悠车习俗

腿等现象。不但挺拔好看,而且利于弓马骑射,符合满族人的特殊审美。所以,东北"十大怪"中有一个就是"养活孩子吊起来"。

不过,由于婴儿的颅骨较软,囟门未闭合,长时间仰卧的睡姿,便使婴儿的后脑变得扁平。"扁头"对面容也会造成一定的影响,后脑的挤压,使头部两侧的太阳穴突显,印堂也会挺起,婴儿的面容便由此丰满起来。满族有句谚语说:"睡好了后脑勺,成全了前门脸。"满族人认为丰满的脸形才是富贵多福的好面相,从清初几位皇帝和后妃的画像中我们多少也能看出一些端倪。据说,当时哪家的孩子小时候没有把头"睡扁",他的母亲就会被嘲笑为"不会伺候孩子"。

因此,满族人在头部体征上的特点,并非先天基因所致,而是与"睡扁头"这种习俗有关。渐渐地,这种习俗和审美,也影响了关东地区的汉族百姓,使得东北地区的人们在体征上出现了一致的"扁头"特征。辛亥革命以后,清王朝走下历史舞台,再加上科学育儿观念的普及和现代审美观的变化,满族的这种习俗也就日渐式微了。

沈阳人的火炕是什么样的

"南人习床,北人尚炕",火炕是北方居民为适应冬季寒冷的气候而发明的取暖设施。沈阳的冬季漫长而寒冷,这里的人们冬天最离不开的就是火炕,在农村地区,至今还保留着建火炕的习俗。

火炕是一种可随居室长、宽而搭建的砖石结构的建筑设施,搭建炕在关东称为"盘炕"。火炕一般用砖和土坯搭建,有烟道与灶台相连,这样烧火做饭的时候,热量就会从烟道抵达火炕内,砖和土坯是热的不良导体,所以土炕被烧热后其温度会持续很久。

火炕出现的历史很早。金初《三朝北盟会编》就记载了当时北方建筑中的炕:"环屋为土床,炽火其下与寝食起居其上。谓之炕,以取其暖。"南宋使臣出使过金朝,曾写过《炕寝》一诗,诗中描写道:"御冬貂裘弊,一炕且踪伏。西山石为薪,黝色惊射目。"可见当时满族的先人们,已经采用煤炭作为烧火炕的燃料。

在沈阳，早年间传统住宅受满族住宅的影响，一般是"口袋房"的形式，即屋门开在东侧而不在正中。东侧进门后是灶房，所以东侧不设炕，其余三侧的火炕形成一个"凹"形，因而也被称为"万字炕"，或"转圈炕"、"拐子炕"、"蔓枝炕"等。室内南北炕与屋的长度相等，又叫做"南北大炕"，是供人起居坐卧的。在旧时，南炕向阳而温暖，是家中长辈居住之处，其最热乎的"炕头儿"位置一般留给供家中辈份最高的主人或尊贵的客人。北炕则是家中晚辈居住或作烘晾粮食之用。西炕较窄，一般不住人，满族人家以西为尊，因此西墙正中是他们供奉神灵和祖宗牌位之处，炕上只能摆设贡品，更不许随意踩踏坐卧。一般人家火炕的靠墙一侧都会有一个用来放被褥的柜子，称为"炕琴"。人们白天要将被褥收入炕琴之中，以保证屋内的整洁，到了晚间就寝的时候再拿出铺好。

这种结构的房屋，火炕占据了室内大部分的空间，人们的室内生活无论是饮食起居，还是待人接客都主要在这火炕之上。因此，若你来到沈阳的农村人家做客，一进屋，主人便会邀请你"上炕"，你可千万不要见外。而在城市里，火炕早已销声匿迹，不过如今一些楼房的地暖设施，其设计思路其实也是来源于这古老的火炕。

沈阳人是如何储藏秋菜的

沈阳的秋季别有一番风味。秋高气爽、落叶纷飞，不过最壮观的景象当属沈阳人争相购买和储藏秋菜的场面了。

储秋菜的习俗起源很早。东北漫长的冬季，使人们不得不需要把粮食、青菜甚至水果储藏起来。在东北，储藏秋菜是每个家庭过冬前的头等大事，它甚至有着堪比过节一样热火朝天的气氛。过去，每到秋菜上市的季节，各企事业单位和学校还要放"秋菜假"，以便于人们回家购买秋菜。事实上，这种储存秋菜的习惯一直延续到今天，在沈阳的个别农村家庭，依然在房前屋后的菜地里挖出深深的菜窖；城市里即使没有菜窖，人们也会大量地购买秋菜。

凡是利于冬季储藏的蔬菜都可以称之为"秋菜"。每年的10月下旬到11月上旬是秋菜上市销售的季节，这时，各种农用车载着农民的收获之喜悦遍布于城市的大街小巷。肥硕的大白菜、绿油油的大葱、浑圆的土豆、粗壮的大萝卜等，都是秋菜的主力军，此外还有茄子、豆角和西红柿等，也是人们争相购买的蔬菜。

秋菜的存储也是一门很大的学问，不同种类的蔬菜需要不同的方式进行存储。大白菜和大葱需要晾晒干燥，以防止存贮过程中的腐烂，萝卜则要削去叶子及其根部，为的是防止其变"糠"，土豆要带着泥土储存。将这些蔬菜一个个放入菜窖中，在菜窖口加盖毡布。这样，在寒冷的冬天，菜窖里不仅温暖还能保持恒温，十分利于蔬菜的储藏。在整个冬季里，菜窖要定期地翻动、检查，保持卫生。

当然，还有其他的许多方法同样也能使蔬菜存储起来，直到第二年的春季。于是，人们将大白菜腌成酸菜，黄瓜和芥菜可以制作成咸菜或酱菜，茄子、土豆和豆角则需要晾晒成干货，而西红柿则需要灌装进高温消毒过的玻璃瓶以隔绝氧气，豆腐等副食则可以冷冻储存……总之，沈阳人从多年的生活经验中积累出了丰富的秋菜储藏经验，这些经验无不在寒冷的冬季温暖着人们的餐桌和味蕾。

如今，冬季的沈阳市场上可以很方便地买到新鲜且便宜的蔬菜，这不仅得益于存储技术的进步和运输系统的完善，也得益于政府设立的冷库存储基地，以及针对农副产品开设的"绿色通道"。如今储存秋菜的习俗已经日渐式微，大部分存储秋菜的市民只限于老年群体，也许，他们存储的并不仅仅是几棵简单的秋菜，而是对老沈阳、老生活的一种情怀吧。

下大酱是沈阳人重要的生活习俗吗

大酱，起源于满族，它在沈阳乃至整个东北地区百姓的餐桌上扮演着重要的角色，是人们必不可少的佐餐美味。大酱是用黄豆为原料酿制而成的，在沈阳，酿制大酱叫做"下大酱"，自家下的大酱被称为"农家酱"。

　　说起大酱的制作，还有不少理论呢。首先，要"烀豆子"。豆子要精选粒大、饱满的黄豆，剔除坏豆和其他杂质，洗净后放进锅里加水煮熟。沈阳人称煮为"烀"。烀豆子一般是在过了春节的二月份的下半月，据说这时烀的豆子下酱不生蛆。烀豆要用大锅，水和豆的比例要适当，大火烧开后改用小火慢慢加热。大约一白天的时间才能将豆子烀好，这时的汤水已经蒸发殆尽，豆子酥烂而不焦糊，熄火后焖至次日早上。这时的豆子已经被焖成红色，然后用特制的酱杵子捣成豆泥，再揉成一个个方方整整的"酱块子"。将酱块子置于通风处晾干后，以牛皮纸或报纸包好，放置在屋里的高处"困"起来，因屋内的热气上升，这些酱块子便可以自然发酵。酱块子多的时候，还要以细木条隔开，隔段时间调换位置继续贮放。

　　发酵到一定程度的酱块子，会长出白毛或绿毛，这些都是有益菌。但这时的酱块还是个"半成品"，还需要进行第二次发酵后才可以享用。第二次发酵才是"下大酱"的正式开始。

　　下大酱是相当有讲究的。首先，下大酱要选择一个"良辰吉日"才行，一定要在农历四月份下酱，因为只有四月下的酱才有足够的时间和温度进行发酵。要选择四月初八、十八、二十八这三天下酱，大概是取"发"的谐音。三月时的气温太低，不利于大酱的发酵，而到了五月，天气会迅速变热，便没有了足够时间使酱发酵，民间就有"五月下酱，毛驴子上炕"的说法。

　　这时，将之前准备好的酱块子拆包，将白毛、绿毛等清理干净，掰成小块下到小缸里，撒上盐粒儿，倒上温水搅拌均匀。盐的比例很重要，盐多了，酱容易变得咸苦；盐少了，酱则容易变酸、变坏。下好大酱后，要用细纹的白纱布将酱缸口蒙上，缸口外还要以红布条或红绳系住。老人们迷信，未发酵成的大酱不能被怀有身孕和来月经的女人看到，不然大酱就会"下不成"。

　　剩下的工作就是"打耙"和晾晒看护了。酱缸要安置在窗前阳光充分照射之处，以利于发酵。为避免地面的潮湿，一般要将砖石垫在酱缸

之下。有时还要为缸口罩上一顶"酱缸帽子",为的是通风防雨。打耙则要从下酱三天之后起,就是使用特制的"酱耙子"将大酱表面发酵出的沫子清除掉,每天打耙会使酱变得很细。大约经过一个月的悉心管理后,金黄清香的大酱就做好了。

发酵好的大酱是"生酱",生酱可以用来做酱菜,也可以用来作为炒菜时的作料。不过,以大酱为主的吃法中,最为大众吃法的当属蘸酱菜。蘸酱菜,顾名思义是拿小菜蘸着酱吃。蘸酱菜所用的酱还需要一道工序,那就是"炸酱",也就是用锅将生酱炒熟。许多菜都可以作为蘸酱菜来吃,小葱、生菜、香菜、水萝卜、山野菜、豆腐、木耳等,也可以是开水烫熟的白菜、酸菜等。蘸酱菜好不好吃,关键在于酱,农村有"百家酱、百家味"之说,各家酱有各家不同的味道,这一点也不假。

萨满教的"跳大神"是怎么回事

满族人早期信仰萨满教,这对今天辽沈地区的方方面面都产生了深远的影响。一些神话传说和民间艺术中,都能见到萨满教留下的痕迹,如作为一种民俗艺术的萨满舞,以及二人转中的《大神调》等,都是由萨满教发展而来的。

萨满教是一种古老的原始宗教,它不是由某个人创立的,而是在人类原始社会阶段自发形成的。我国北方各民族原来都曾信仰过萨满教。萨满教强调泛神论,信奉万物有灵,崇拜自然万物。在萨满教中,山川树木、日月星辰、风雨雷电和动物等,都被赋予人格化的想象和神秘化的灵性,视为主宰自然和人间的神灵。在早期满族各部族中,认为某种动物与他们的祖先有着血缘联系,因此不同部族便会有着不同的图腾。

萨满教的神职人员称为"萨满",可以理解为"神"的代理人或化身,是现实世界和超自然的世界之间的沟通者。萨满多为女性,非世袭,下一代萨满被认为是上一代萨满的"神灵附体"。萨满从事祭祀活动的主要形式是"跳神",民间也称"跳大神"。满族入关前,凡祭祀必"跳萨满"。入关后也未放弃萨满祭祀的活动,乾隆年间还颁行了《钦定满洲祭神祭天典礼》,使萨满祭祀更加规范化、典制化。此后,萨满教的祭祀活动成为清代"国祭",与其他祭祀活动并行不悖。

民间的萨满"跳神"活动也十分常见,萨满的"跳神"一般具有以下几种职能,一是声称"为人治病",二是声称"消灾驱鬼",三是声称能"祈求丰收"。萨满从事"跳大神"活动时,一般来说要有两个人共同完成,一个是萨满,被称为"大神",还有一个助手,被称为"二神"。萨满还要穿戴特有的服饰,还要有各种法器,包括"神衣"、"神帽"、"神腰铃"、"神鼓"等。"神衣"是一件长袍,通常用鹿皮制作,周身缀有铜镜和腰铃,腰上缀有飘带。萨满跳起"神"的时候,有节奏地敲"神鼓",大小铜镜和腰铃相击作响,飘带翻飞。边击鼓,边跳跃,边吟唱,吟唱有固定的曲调和请神词。当鼓声停息时,萨满开始浑身抖动,按萨满文化的解释,此时的萨满已由"仙"或者"灵魂"附体。这时,人们可以与之沟通对话。有时,萨满还会做出搏斗之状,意为与恶鬼颤抖,一直"斗"得物我不分、若狂若颠。

旧时,人们认知水平有限,认为让萨满跳一通"大神"就会治好病。后来一些人利用"跳神"治病来招摇撞骗,"跳大神"便开始声名狼藉,更被视为封建迷信、装神弄鬼而被禁止。

如今,人们认识到,萨满祭祀活动既是歌、舞、乐的综合体,也是宗教、民俗和艺术的综合体。萨满的"跳神"中所囊括的萨满歌谣、萨满音乐和萨满舞等,更多地被视为一种民间艺术被保留了下来,也是人们研究原始宗教和艺术的一个"活化石"。

满族的背灯祭从何而来

旧时,老沈阳的满族人逢年过节都要举行名目繁多的祭祀活动,"背灯祭"就是其中的一项重要活动。

"背灯祭"一般是在大祭之后夜里举行。祭祀时,要将一个黑布口袋置于西墙祖宗板旁,口袋内装有柳叶、柳枝和木质人偶。并且要把室内的所有灯烛都熄灭,由萨满演唱"背灯调",家人开始拜神行礼。关于"背灯祭"所祭祀的神祇,说法不一。因"背灯祭"出现在满族早期,因而尚无可供考证的文献。但大多数说法认为,其祭祀的是"佛托妈妈",也有"万历妈妈"、"完立妈妈"、"锁头妈妈"和"子孙娘娘"等说法。

其中有一则传说,流传甚广。据说,明朝总兵李成梁欲加害努尔哈赤,其妾喜兰可怜努尔哈赤,暗中将他偷偷放走。李成梁发现后将喜兰打得皮开肉绽,死的时候身上已经一丝不挂。后来努尔哈赤建立大清,为报答救命之恩,便追封喜兰为"佛托妈妈",因其死于万历年间,又尊为"万历妈妈"。又因她裸体而亡,故只有在晚上背灯而祭。

不过这只是个传说而已。经民俗专家考证,满族的"背灯祭"其实是一种从原始社会流传下来的生殖崇拜。"佛托"满语为"柳枝"之意,"佛托妈妈"即为"柳枝妈妈"。在满族的图腾中,柳树是他们的始祖母之化身,而柳树多枝多叶的形象和插枝即活的特征,是原始母系社会的象征,因而满族的祖先在很早以前就开始有了祭柳活动,甚至要早于萨满教的出现。这种对柳图腾的祭祀逐渐演化成后来的"背灯祭"。

你听说过"狗咬奉天"的传说吗

过去,东北三省曾流传着"三大传说"——风刮卜奎、狗咬奉天、火烧船厂。

这句话说的是昔日东北三省的省会,当初东北三省的省会分别是沈阳市、吉林市和齐齐哈尔市。"卜奎"是当年齐齐哈尔市的旧称,"风刮卜奎"的意思是说此地风很大。吉林市在明朝时就曾是重要的造船基地,因盛产木材,整个城市全是木头所建,因而祸患较多。

"火烧船厂",说的是吉林市历史上的那场大火。那么,关于沈阳的"狗咬奉天"又从何说起呢?

原来，满族自古以来是个崇敬狗的民族，狗在满族的图腾里占有重要的地位。满族人不准杀狗，不吃狗肉，不戴狗皮帽子。汉族或其他民族的人，若穿戴着与狗皮毛有关的衣帽去满族人家办事串门，进门前必须先将狗皮帽子等衣物放在院外才能进屋。满族人家平时对狗也是精心喂养，一般不打骂狗，如果有人打了自家的狗，就会认为是对其主人的不尊重，所以"打狗还得看主人"这些俗语就是这么来的。若狗死掉，要土葬，以寄托主人的哀思，可见满族人对狗真挚的感情。自清代以来，沈阳地区的许多民谚和传说与狗有关，曾有满族谚语说："狗见人贫死也守，人见人贫亲也疏。"因而，当时的沈阳城几乎家家户户都养狗，一到晚上，一家狗叫就会带动满城的狗都跟着叫起来，于是就有了"狗咬奉天"的说法。

关于"狗咬奉天"有这样的传说。相传，努尔哈赤当年逃难时，不仅得到了喜花、大青马和乌鸦的搭救，也得到过一只大黄狗的搭救。凡是有恩于努尔哈赤的人和动物，努尔哈赤在称帝后都给他们予以封赏和供祭。然而，国事繁忙的他却一时忘记了那只搭救过他的大黄狗。所以努尔哈赤称帝后，沈阳城里的狗都为这只义犬鸣不平，狂吠不止。特别是晚上，各处的狗都"汪汪"地叫个不停，吵得人彻夜难眠。努尔哈赤也被吵得睡不好觉，就命官员前去查问。结果一查才知道，原来是救主的义犬被忘了，于是努尔哈赤封义犬为守护神，让满族的子孙后代们都不要忘记义犬的功劳。从此满族人传下了养狗、爱狗、不杀狗、不吃狗肉、不戴狗皮帽子等习俗。

关于"狗咬奉天"的来历，还有另外一个版本的传说。说的是，清初时期有位勇猛的武将，武将有一只爱犬，对其十分忠诚，哪怕是征战沙场，爱犬对其也是形影不离。又一次在战场上，这只狗叼住了射向武将的箭，救了主人一命。勇将凯旋后为他的爱犬请功，皇上没有批准，武将一气之下便辞去了官职。这只狗也为其主人鸣不平，想要把他主人的功绩告诉全城的人家，于是一到夜里就狂吠不止，大街小巷的狗也都一齐应和。因此，沈阳城便一直都能听到彻夜不绝的狗叫声。

虽然这些故事都是传说，不过沈阳人养狗、爱狗的传统至今犹存。

老沈阳女子为何流行"一耳三钳"

旧时,老沈阳的女子,特别是满族女子,十分流行一个耳垂上悬挂三件坠饰的习俗,时称"一耳三钳"。

耳环,在清代时又被叫做"耳钳",清代女子戴耳钳十分普遍。有钱人戴金银材质的耳钳,而贫穷百姓家有的只能戴铜质的耳钳。满族的女子很早就有佩戴耳钳的习俗,与汉族女子只打一个耳洞的习惯不同,满族人的先人女真人,女子耳上的装饰有八、九环之多,甚至鼻子、手臂、脚踝都有重钏,并且金代的女真人男女皆佩戴耳饰。不过,到了满清时期,男子已经不再佩戴耳饰,耳钳成了女性的专利,并逐渐形成了"一耳三钳"的惯例,也就是在每只耳朵上分别打三个耳洞,同时佩戴三对耳环。

随着满族统治地位的加强,这种习俗也逐渐被汉族女子们所效仿,"一耳三钳"的装扮便在辽沈地区风行起来,玲珑的耳饰使女子们的步态和身形看起来更加摇曳多姿、婀娜迷人。清代的贵族女性,其耳饰按身份等级不同有所区分。皇太后和皇后的耳饰使用一等东珠,皇贵妃、贵妃的耳饰用的是二等东珠,普通妃子使用三等东珠,而嫔则使用的是四等东珠。东珠,指的是黑龙江中下游及其支流所产的珍贵野生珍珠,也称北珠。可见,耳饰的材质也是身份等级的象征。后来,清乾隆皇帝下令,"一耳三钳"的习俗不可更改,使得这种习俗在制度上得以规范化和典制化。

到了现代,耳环仍然是女性热爱的饰品之一,随着民族的融合,过去老沈阳人"一耳三钳"的习俗早已鲜为人知。虽然如今偶见追逐时尚的女性也在耳朵上戴三、四个甚至更多的耳饰,但也只是标新立异的表现而已。然而,不论是过去还是今天,耳环作为一种装饰,都是女性耳边摇曳的一抹独特风情。

锡伯族为何要供奉"喜利妈妈"

锡伯族的诞生与满族以及沈阳这座城市有着很深的渊源。

与满族一样，锡伯族也是来源于东北的白山黑水之间。因而沈阳的锡伯族仍然保留着一些原始的宗教信仰和独特的风俗习惯。每年的新年之际，锡伯族家家户户都要供奉"喜利妈妈"。

与其他宗教信仰不同，"喜利妈妈"没有被制造出具体的人形偶像，锡伯族人供奉的"喜利妈妈"在形象上是一条两丈多长的丝绳，名曰"索绳"，它实际上是锡伯人祈求子孙繁衍不息的象征，同时，也是记载锡伯族家族历史的族谱。这根丝绳上系有小弓箭、小靴鞋、箭袋、摇篮、铜钱、布条、嘎拉哈（猪羊的关节骨）、木锹、木叉等物。其中，嘎拉哈的数量表示辈数，添一辈人就往"喜利妈妈"上添加一个嘎拉哈；添一男孩，就在两个嘎拉哈之间添上一张小弓箭；若添一女孩，则增加一个布条。摇篮、小靴鞋等表示子孙满堂，铜钱表示生活富裕，木锹、木叉等则表示农业丰收……

"喜利妈妈"的牌位一般在正房的西北角处，平时这些丝绳和上边的器物都被装入纸袋里，供奉在牌位前。每年农历大年三十时，由袋里取出挂于屋内，家人们焚香祭拜，到了二月初二时再装入纸袋，放回原处。

供奉"喜利妈妈"的传统被一代代锡伯人保留至今，其方式实际上是一种传统的结绳记事的办法。"喜利"在锡伯语中是"延续"或"藤蔓"的意思，因而"喜利妈妈"也被称作"子孙妈妈"，是保佑子孙繁衍、人口兴旺、家宅平安以及人财兴旺的女神，其与满族的"佛托妈妈"一样，来源于原始母系社会的一种生殖崇拜。

"九一八"当天的鸣警纪念来自沈阳吗

历史造就了人们共同的生活习惯，而生活中人们共同的记忆又恰恰是这座城市历史的见证。在沈阳这座古老的城市里，市民的生活中有着一项特殊的惯例，那就是于每年9月18日这一天固定响起的防空警报。

1931年的9月18日，日本关东军炸毁了沈阳柳条湖附近的一段南满铁路，反而诬陷是中国军队所为，随即炮轰东北军北大营，攻占了沈阳

城，这就是震惊中外的"九一八"事变。"九一八"事变是沈阳以及整个东北人民被日本帝国主义长达14年之久的殖民和奴役的开始。

勿忘国耻才可以奋发图强，从1995年起，沈阳市委、市政府决定，每年的"九一八"当天的9时18分，沈阳全城鸣警报3分钟。同时在"九一八"历史博物馆前的残历碑广场举行纪念仪式，并撞击警世钟14响，寓意着中国人民抗战14年。并且，警报响起时，在市区规定区域的9条路、18条街上，行驶的机动车辆一律停驶鸣笛。

采用鸣警报的方式来纪念"九一八"事变，源于沈阳市胶带总厂的一名退休工人郝松青的建议。他说："伪满洲国亡国奴的经历一辈子也忘不了。那时候我们每天都得面朝东给日本天皇行礼，现在好了伤疤不能忘了疼！"于是，沈阳的"九一八"警报一响就是二十几年。正是这尖锐的警报声刺激着人们的神经和记忆，提醒着人们铭记历史、勿忘国耻。

如今这一活动已成为每个沈阳人生活的重要部分，每年的9月18日前后，全市各大、中、小学都纷纷举行抗日纪念活动和爱国主义教育，沈阳市每年还公开向全社会选拔"撞钟手"，每当警钟响起、警报鸣起时，沈阳大街小巷的人们纷纷驻足、车辆纷纷鸣笛。

沈阳市一年一度的鸣警撞钟活动，以其强大的影响力和凝聚力以及发人深省的感召力，已成为全国抗战纪念活动中颇为重要的一环，并在全国各界引起了强烈的反响，它已不仅仅是一项纪念活动，而是通过神圣庄严的仪式，在"九一八"这天将全国人民的心联结在了一起。

休闲娱乐

沈阳秧歌有哪些特点

沈阳秧歌是盛行于沈阳地区的一种古老的民间艺术。其形成于明清时期，是在继承了唐代以来的东北大秧歌的传统基础之上，形成的一种具有地方特色的传统民间舞蹈。旧时，秧歌只是被少数民间闲散艺人作为谋生的手段，在街头表演。后来这种艺术形式为百姓们所喜闻乐见，到民国初时，沈阳秧歌得到了进一步的发展，逐渐变成了节庆和庙会期间不可或缺的一项娱乐活动。

沈阳秧歌属东北大秧歌的一个分支，除继承了东北大秧歌原有的传统艺术形式和风格外，还同辽沈地区的高跷艺术相融合，形成了独具一格的秧歌形式。沈阳秧歌分为高跷秧歌和地秧歌两大类。高跷秧歌，因舞蹈时多双脚踩踏木跷而得名，木跷的高度从90公分至200公分不等，表演者需要摆动双臂才能保持全身平衡，表演难度十分大。

沈阳秧歌以其独有的粗犷、豪放、热烈、欢快而著称，其自由洒脱、奔放豪迈的表现技法和不受步法约束的灵活舞步，深受辽沈人民的热爱。在表演时，表演者可灵活地运用腰、胯、手臂等部位的肢体变化，采用走、摇、扭、颤、跳、跨、抖、扔

沈阳秧歌雕塑

等多种技巧，并配以逗、浪、俏、哏等手法，动作潇洒而自如，场面热烈而活泼，诙谐幽默、妙趣横生。

秧歌表演时，要伴着锣、鼓、镲、唢呐等乐器奏出曲调，表演者们踩着曲调和鼓点列队行进并变换各种队形。表演者可以装扮成不同的传统人物，还可以通过与其他表演者的互动来表现人物之间的故事。同时，还可将许多民间绝活杂耍融于表演之中，如高跷秧歌中就有"文跷"和"武跷"之分，还有"过街楼"、"倒爬城"、"芙水倒立"、"众星捧月"、"坚蛸蜓"等高难度动作，令人耳目一新。

沈阳人酷爱秧歌，如今，不论是节日、庙会，还是广场、公园的老年健身运动，都少不了秧歌的身影。每年沈阳市都会举办秧歌节，不仅使热爱秧歌的市民有了一个切磋技艺的平台，更是给外地游客乃至外国友人打开了一扇深入了解沈阳、了解中国的魅力之窗户。

奉天落子有着怎样的兴衰历史

奉天落子，起源于20世纪20年代初到40年代末的沈阳。它是莲花落子、唐山落子、民间小戏等传出关外，而在东北地区形成的一种独具地方特色的传统戏曲，因沈阳在当时被称作"奉天"，又是东北地区的政治、经济和文化中心，人们便称这时的落子为"奉天落子"。

落子戏又称"蹦蹦戏"，河北一带的落子戏其后演进为评剧，而传入东北的落子戏在不断融合了东北民歌和东北小调等特点，并与本地的语言、习俗相结合后，形成了具有典型东北特点的"奉天落子"，其唱腔后来也被评剧等吸收。

1919年，当时的落子戏班参加了奉天地区的赈灾义演，并为张作霖岳母演出祝寿，从此登上大雅之堂。民国时期，沈阳的北市场开了第一家专营落子戏的大观茶园，为奉天落子发展起到了推动作用。奉天落子的形成，将评剧的发展推到了鼎盛阶段。奉天落子不同于关内各地的落子戏，也与当代评剧不同，它具有很强的地域性、通俗性和民族性。其唱腔粗犷豪迈、高亢嘹亮，其节奏明快、干净利落，版式丰富多样，既复杂又灵活。奉天落子的演员在表演时铿锵有力，唱腔激昂高亢，代表了当年辽沈地区的文化形象，令人过目难忘。

奉天落子的角色行当以女旦为主，具体分为正旦、闺门旦、花旦、老旦、彩旦等，在当时涌现出了众多的名旦和表演流派。如花莲舫、筱桂花、金开芳、李金顺等都是当时奉天落子的"名角"。其著名剧目有《马寡妇开店》、《花为媒》、《昭君出塞》等，深受观众的欢迎。

"奉天落子"曾在各剧种中占有着重要的地位，全盛时的奉天落子甚至比京剧还要火。1929年，奉天落子第一次进京演出就深受北京百姓的喜爱，其后又不断传播到华北及南方各地。"九一八"事变之后，大批奉天落子艺人流落到北京、上海等地，奉天落子开始风靡各地，其受欢迎程度甚至几乎压倒其他一众戏曲。每当奉天落子和京剧、梆子等同时演出时，它都曾是整场演出的压轴戏，各大茶楼都争相上演奉天落子，其演出费往往也超过其他戏种。据《评剧简史》中的记载："奉天落子在上海演出，把上海人弄得像'疯魔'一般。"

奉天落子以其通俗易懂、内容新颖、贴近百姓生活的艺术特点，不仅在评剧的发展史上有着重要的作用，而且更是我国地方戏曲中重要的组成部分，具有深刻的历史和艺术价值。解放后，奉天落子逐渐被评剧融合和取代，其对评剧的发展也产生了深远的影响。不过，老戏曲就像老古董一样，不论年代多么久远都值得人们去深入挖掘和研究，更值得人们去珍惜和传承。

东北大鼓融合了哪些地方戏曲

东北大鼓是流行于我国东北地区的一种传统地方曲艺，为国家级非物质文化遗产之一。东北大鼓曾一度盛行于沈阳地区，故曾有"奉天大鼓"之称。民国时期，奉天省改称辽宁省后，又曾称作"辽宁大鼓"。

东北大鼓的起源和传播由来已久，距今已有约200年的历史。关于东北大鼓的起源，有两种说法，一说是清乾隆年间，北京的弦子书艺人

黄辅臣来沈阳献艺，吸收当地民歌小调演变、发展而成的；又一说是清道光、咸丰年间，由辽西的"屯大鼓"发展而来。总之，东北大鼓是在弦子书、子弟书的基础上，吸收借鉴乐亭大鼓、京韵大鼓及东北二人转的唱腔，逐渐发展形成的。其曲调丰富、唱腔流畅，说中有唱、唱中带说，表现力极强，其内容大多取材于戏曲、小说和民间传奇故事，为人们所欢迎。

东北大鼓早期主要流行于乡村，最初的表演形式是演唱者一人操小三弦自行伴奏说唱，并在腿上绑缚"节子板"击节，演唱的曲调多是当地人们熟悉的土腔土调，唱词也不甚讲究，还有一些艺人在演出中一边表演一边翻看唱本，照本宣科，被称为"把垛说书"。当时演出的节目主要有《回杯记》、《彩云球》、《四马投唐》等。到了19世纪末至20世纪初，东北大鼓开始进入城市演出，大批的女艺人进入到表演行列中来，男艺人则退而伴奏，从而发展成为一人击鼓说唱，另一人操大三弦等专司伴奏，唱腔采用的东北方音，据说大帅张作霖就非常喜爱东北大鼓。

东北大鼓在长期的传播和发展过程中，形成了不同的艺术流派，如吉林的"东城调"、哈尔滨松花江以北的"江北派"等，辽宁省内的流派主要有沈阳的"奉调"、营口海城的"南城调"、锦州的"西城调"、大连的"新金调"以及丹东的"凤城调"等，这些流派曲调各有特点，并拥有自己的传统节目。沈阳的"奉调"唱腔徐缓，长于抒情，代表艺人有魏喜奎、霍树棠等，代表节目有《宝玉娶亲》、《宝玉哭黛玉》、《李大成救火》等。

当时知名的东北大鼓艺人还有刘问霞、朱玺珍、傅凌阁等人，其中刘问霞曾获得过"奉天大鼓鼓王"的称号，朱玺珍被誉为"辽宁大鼓皇后"，并带领"朱家班"来到天津演出，由傅凌阁挑梁的"傅家班"，则将东北大鼓带到了北京。进入北京的东北大鼓，又进一步融入了一些京剧和京韵大鼓的唱腔，成了人们喜闻乐见的一种艺术形式。

民国时期，东北大鼓发展到鼎盛时期，据说当时的沈阳，北市场、小河沿以及各茶楼、茶馆，都能听到东北大鼓的声音。

"二人转"的名字是怎么来的

二人转如今已是沈阳市的一块文化旅游招牌,来到沈阳城,不看一看、听一听这著名的二人转,那可算是一桩憾事。不过,你知道"二人转"名字的由来吗?

二人转绘画形象

二人转在历史上曾经有过许多名字,有称"小秧歌"、"双玩艺"、"蹦蹦"、"春歌戏",又称"过口"、"双条边曲"、"风柳"、"半班戏"等。实际上,在二人转300多年的发展历史上,其名字一直未被固定,直到今天,不同的地区对二人转的称呼也不尽相同。

"二人转"这一名称直到1934年才出现,当时大连市的《泰东日报》上曾刊登:"……本城三道街某茶馆,迩来未识由某乡邀来演二人转者,一起数人,即乡间蹦蹦,美其名曰'莲花落',每日装扮各种角色,表演唱曲……"这是关于二人转最早的新闻报道。1953年的首届全国民间音乐舞蹈大会上,二人转节目正式参加演出,"二人转"这个名字才首次得到全国文艺界的承认。从20世纪80年代末开始,二人转参加的国际性演出和国际艺术交流活动增加,考虑到"二人转"一词较难翻译,中国代表团一般将其称为"东北地方戏"。

虽然,仅凭二人转这一种曲艺形式并不能代表整个东北地区的民间传统戏曲艺术,但是,二人转的确是植根于东北民间的一种文化形式,并且在几百年的传播和演化中得以完整地保留和传承,具有重要的文化和艺术价值。2006年,二人转被国务院列入第一批国家级非物质文化遗产名录。

二人转的表演形式和唱腔有哪些

二人转最大的特点是,唱腔高亢粗犷,唱词诙谐风趣,表演者服饰鲜艳,手拿扇子、手绢等,边走边唱边舞,有时热闹幽默,有时粗犷泼

辣，充满浓厚的生活气息和东北特色。在民间就流传着"宁舍一顿饭，不舍二人传"的说法，可见人们对二人转的喜爱。

二人转属于东北地区的一种民间小戏，长期以来受到农村地区民众的欢迎。其艺术形式主要借鉴于东北地区盛行的大秧歌和河北的莲花落，用东北的一句话来形容二人转的艺术特征再恰当不过——"秧歌打底，莲花落镶边"。与奉天落子和莲花落比起来，二人转更趋近于秧歌的舞蹈形式，有时甚至不拘于舞台的形式，更具互动性和娱乐性；而与秧歌比起来，又更添了故事性、情节性以及说唱艺术。后来，随着关内居民的迁入，二人转又吸收了河北梆子、霸王鞭、驴皮影等多种民间艺术。二人转的很多曲目和戏词，与奉天落子、莲花落以及东北大鼓等戏曲艺术是相通的，但二人转的演出形式更强调边说边唱、载歌载舞。

二人转可不单是字面理解的两个人转，它的表演形式大体上可以分为"单"、"双"、"群"三大类。"单"，指的是"单出头"，即一个人一台戏，也就是独角戏，有时一戏一角一人演，也有时一人分饰多角。"双"，又叫"双玩艺"，这是名副其实的"二人转"，早年间是由两位男性演员进行表演，二人装扮成一旦一丑两个角色，其后出现了女性演员，便由一男一女两个演员进行互动表演。二人可以演多个角色，既叙事又代言，边说边唱，边唱边舞。"群"，就是多位演员分饰各种不同的角色，在舞台上表演一个完整的故事，这种形式又被称为"拉场戏"。拉场戏没有所谓的代言和跳出，人物上场需自报家门，故事的时间和环境都是随着剧中人物的唱词来变化的。

二人转的唱腔十分丰富，素有"九腔十八调七十二嗨嗨"之称，共三百多个不同的唱腔。其中常见的有呼呼腔、喇叭牌子、红柳子、抱板、三节板、文嗨嗨、武嗨嗨、大鼓调、大救驾、小翻车、哭糜子、大悲调、五字锦、压巴生、靠山调等。

二人转中的"四功一绝"指的是什么

在常见的男女对唱的二人转中，女的叫"上装"，即旦角，男的叫

"下装",多为丑装,可为小生装或武生装。演员的表现手法,有"四功一绝"之说。"四功"即"唱、说、做、舞","一绝"是指用手绢、扇子、大板子、手玉子(小竹板)等道具做出的特技动作。

二人转的表演中,"唱"占首要地位。唱词以七言、十言句为主,兼有民歌长短句。唱功讲究"味儿、字儿、句儿、板儿、调儿、劲儿"几个方面,即韵味要足,吐字要清,句子要完整,节奏要合板,曲调要优美,唱腔要有劲,才能达到引人入胜的效果。

"说"指的是"说口"。说口有两种形式,一种是"成口",也叫作"套子口",类似于对口相声中的捧逗和"抖包袱",一般为男逗女捧,内容风趣。因二人转中的男演员多为丑角,所以在老艺人当中流传有"唱丑唱丑,全仗说口;不会说口,别想唱丑"的说法。另一种是"零口",也叫作"疙瘩口",也就是穿插在正戏中的说白。

"做",即扮功,就是做派身段、表演动作。所谓"千军万马,全靠咱俩","做"讲究的是以虚代实。"舞"则指的是舞蹈,其主要来自东北大秧歌,同时也吸收了其他种类的民间舞蹈和武打动作。二人转舞蹈的基本动作可以概括为"跳、走、翻、扭、错、转、扇、抖、耍、打"十个字。二人转中的"一绝",以手绢花和扇花最为常见,这主要来源于大秧歌。其中,手绢花有绕花、片花、缠花、转花、出手花等高难度动作。

二人转有哪些经典曲目

二人转的传统曲目众多,共计有三百多个。从内容上看,二人转著名的曲目有取材于经典四大名著的桥段,如《猪八戒拱地》、《凤姐大闹宁国府》、《单刀赴会》、《草船借箭》、《孙二娘开店》等,也有取材自包公事迹的,如《秦香莲》、《包公砸銮驾》等,还有取材于传统《二十四孝》、《西厢记》、《梁祝》、《杨家将》等的经典故事和桥段。

其中最有名的传统曲目为大四套曲目和小四套曲目,有"四梁四柱"

之称。大四套曲目包括《清律》、《钢鉴》、《浔阳楼》和《铁冠图》；小四套曲目包括《西厢》、《兰桥》、《阴魂阵》和《李翠莲盘道》。

按照演出的形式分，比较著名的"单出头"有《王二姐思夫》（又名《摔镜架》）、《红月娥做梦》、《丁郎寻父》等；"双玩艺"有《蓝桥》、《西厢》、《包公赔情》、《杨八姐游春》等；"拉场戏"有《回杯记》、《锯大缸》、《寒江》、《拉马》、《二大妈探病》等。

此外，还有反映现代生活的创新曲目，如《丰收桥》、《接姑娘》、《柳春桃》、《给军属拜年》等，均深受人们的欢迎。

沈阳的关氏皮影是辽宁皮影的重要代表吗

沈阳的关氏皮影是我国北方皮影分支之一——辽宁皮影的重要代表。关氏皮影的传承已历经三代，具有百余年的历史，其主要分布在沈阳市的沈北地区。

皮影在我国有着悠久的历史，据说隋唐以前就已经有了皮影这种形式的表演艺术。关于辽宁皮影的起源，史料中这样记载：明朝万历年间，滦州有一位名叫"黄素志"的人，他在

传统的皮影形象

关内创立了皮影的一个重要分支——唐山皮影，随后唐山皮影在当地大为盛兴。黄素志这个人，不仅饱读诗书，还多才多艺，精通绘画并擅长雕刻，但多年来就是屡试不第，怀才不遇。随后，他愤而出关，游学至辽沈一带。黄素志在关外对唐山皮影的影卷、雕刻材料、脸谱和唱腔均进行了重大改良，于是兴创了辽宁皮影。

在造型上，黄素志一改以往皮影形象忠奸难辨的困难，使人物的眼睛能够表现出身份和地位，这成为辽宁皮影的显著特征之一。在多年的流传中，辽宁皮影在唐山皮影的基调之上，逐渐加入了辽宁地区的民间小调，形成了既爽朗高亢，又婉转动听的独特唱腔，语言道白通俗灵活，绘画手法别具一格，并具有浓厚的乡土文化特点。

沈阳关氏皮影的奠基人为关有富,生于清道光年间。20世纪30年代,关氏皮影的第三代传人关宝凤成为"领箱人",唱红辽沈地区。其创作的皮影作品,不仅吸收了京剧脸谱和服饰的成分,还融入了民俗装束和民间剪纸等艺术,色彩艳丽,表现生动。其唱腔圆润而有力、淳朴而悠扬,又夹以方言为主的道白,独具沈阳本地的文化特色。关氏皮影现已被列入沈阳市非物质文化遗产名录。

沈阳的唐派京剧有哪些特征

很长一段时间里,"南麒北马关外唐"的说法曾响彻整个梨园。唐派京剧是由沈阳京剧名家唐韵笙创立的京剧老生艺术流派。

唐韵笙祖籍沈阳,满族人,少时入天津"小四喜"班学艺,勤学苦练。他博采众长,并且戏路宽博,曾先后随师在山东、河北、上海、东北等地演出。20世纪30年代的时候,

唐韵笙塑造的关公形象

刚刚三十岁出头,唐韵笙便开始在东北地区乃至全国享有盛名。逐渐形成了自己独特的艺术风格和艺术流派,被誉为唐派宗师,素有"关东伶王"的称号,并与上海周信芳创立的麒派以及北京马连良创立的马派并称为"南麒北马关外唐"。

唐韵笙不但功底深厚、多才多艺,而且文武兼精、昆乱不挡,可谓唱、念、作、打俱佳,他演技全面、戏路宽绰,是梨园中一位难得的多面手。在本工老生行当中他文武皆备,除此以外,红生、大嗓小生、铜锤、架子花、老旦、彩旦乃至净行,他皆不在话下,且有独到之处,受到大家的一致推崇。同时,唐韵笙还是一位集编、导、演、教于一身的全才艺术家,他不仅新编了大量的历史剧,还自编自演了50余部剧目,塑造的角色之多,在京剧史上也是少见的。其中还编演了不少列国戏,

因而在梨园内有"唐列国"之称。除此之外，唐韵笙对于京剧服饰、道具等都有自己独到的设计要求，在运用上更是准确、娴熟。因而，唐派艺术的形成对京剧生行乃至各个流派的发展都做出了重大的贡献，并起到了极大的推动作用。

唐派京剧主要特征是，声音激越刚劲，唱念字真意透；作功表演以"妙、巧、雄、奇、美"著称；武打身法招招分明、雄姿健美，且具有超高的难度。

唐派京剧的代表剧目有《铁龙山》、《艳明楼》、《徐策跑城》、《刀劈三关》、《古城会》、《华容道》等。尤其由唐韵笙出演的关羽戏更是独具特色，被誉为活关公，对关公这一艺术形象的塑造有着深远的影响。唐韵笙中年后自编自演了《驱车斩将》、《闹朝扑犬》、《好鹤失政》等剧目，大都文武兼备、别具风格，有着重要的艺术价值。除本工老生外，由他串演的《铡美案》中的铜锤花脸角包公、《目莲僧救母》中的老旦刘青提、反串《法门寺》中的刘媒婆也都同样非同凡响，令人称绝。

总之，唐派京剧是京剧界一个罕见的综合性艺术流派，同时也是在东北地区形成的唯一一个能够代表和全面体现关东京剧风格的京剧艺术流派。2006年，京剧唐派艺术通过国家审批，被列入第一批"国家级非物质文化遗产名录"。

太平鼓源于萨满祭祀吗

太平鼓是流行于关东地区的一种舞蹈，又称单皮鼓或单鼓。相传，单皮鼓最早是满族人的祖先用来围猎时的工具，当时人们出猎时集体协作，称为边围。围猎时通过击鼓追赶和包围动物。捕获猎物后也通过击鼓和歌舞来表示庆祝，并以猎物祭祀祖

萨满舞形象

先。其后，太平鼓逐渐演变为满族祭祀跳萨满舞时所用的乐器。《柳边纪略》中就有记载："满人有病必跳神……跳神者以铃系臂后，摇之作声，而手击鼓，鼓以单皮冒铁圈，有环数十枚在柄，且击且摇，其声索索然。"

到了清代，鼓舞开始兴起，太平鼓逐渐演变为一种象征吉祥、太平的舞蹈，满族妇女们也常敲击为其歌舞伴奏。演奏时，左手持鼓柄并上下、左右摇动，右手执鼓鞭敲击鼓面，可以敲击鼓心，亦可以敲击鼓边、鼓框或鼓背，击法有打、抽、叩、按、抖等，同时手腕加以振动，使鼓上缀着的铁环和小铜钹碰撞作响。在舞蹈中，边舞边敲，极具喜庆欢快的气氛。

"嘎拉哈"是一种什么样的玩具

嘎拉哈是沈阳人常见的一种玩具，它的名字源于满语，意为动物的膝盖骨。旧时，东北的满族人，在宰杀猪或者羊等牲畜时，便将其后腿的膝盖骨保存下来，作为儿童的玩具。这种膝盖骨只存在于牲畜的后腿，以小羊的膝盖骨为上品。玩这种骨制的玩具，在沈阳称之为"欻嘎拉哈"。

欻嘎拉哈是满族的传统游戏，通常为几个女孩聚在一起玩，男孩则很少玩。因嘎拉哈的形状是非对称的，因而四个面的样子有所不同。欻嘎拉哈的规则有多种，通常四个为一副，欻嘎拉哈时，玩者把嘎拉哈置于炕席上，然后抛起一个布口袋，接住口袋时，要迅速把炕上的嘎拉哈改变方向。这只是较为简单的玩法，有些技巧复杂的玩法今已濒临失传。总之，这种游戏需要人手眼并用、时抓时抛，能极大地提高儿童的敏捷力和动手能力，并且由于它材料简单、规则多样，玩耍的时候不受空间限制，

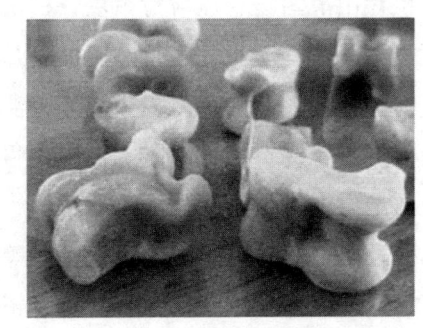

嘎拉哈

在民间广泛流传。

关于嘎拉哈的起源，众说不一。其中有一种说法是与金太祖完颜阿骨打的第四子金朝开国名将——金兀术有关。据说，金兀术年少的时候，父母为了锻炼他的智勇，让他进山打猎并取下山中最凶猛的四种野兽的膝盖骨。经过重重难关后，金兀术终于带回了四种猛兽的膝盖骨。此后，金兀术被称为金国开国功臣，他的勇敢和强悍传为人们口中的佳话。于是，女真人便让孩子们抓玩野兽的膝盖骨，希望后代们也能像祖先金兀术那样勇敢。

现在，欻嘎拉哈因兼具趣味性、观赏性和竞赛性等特点，已经成为各级民族运动会上的一项表演节目和竞赛项目，更多地受到人们的关注和喜欢。

"冰雪嘉年华"自清代时就有了吗

每逢冬季，沈阳的各大滑雪、滑冰场陆续开放，各种嬉雪玩冰的活动项目吸引着来自全国各地的众多游客。冬天的沈阳才是一年当中最有趣的时候，各种冰雪嘉年华、冰雪竞技竞相举办，激发着人们游玩的热情。

清代冰嬉图

沈阳有多个大型的滑雪场，如棋盘山滑雪场、怪坡滑雪场、白清寨滑雪场、东北亚滑雪场等，还有丁香湖的冰雪节、北陵公园的冰雪嘉年华、东陵公园的冰雪大世界以及浑河沈水湾公园的冰雪嘉年华等。沈阳冬季的冰雪项目还真是不少，你不仅可以感受滑冰、滑雪等传统项目，还可以体验雪地爬犁、雪地摩托、雪地碰碰车、冰上陀螺、冰滑梯、冰上自行车等好玩的趣味项目，同时你还可以参与打雪仗、雪地足球等竞技项目，除此以外，还有活灵活现的雪雕、晶莹剔透的冰雕，更有银装素裹、雪松兀立的美景，一定能让游客在寒冷的冬季玩得畅快淋漓、流连忘返。此外，人们还能够体验卧龙湖冬捕的乐趣、感受各大温泉养生地的舒适，领略一番难忘的盛京热情。

其实，在盛京沈阳，清朝的时候就有冰雪游乐项目了，并且满清皇家还有自己的"冰雪嘉年华"。

清朝时期，对各种冰雪运动统称为"冰嬉"。史料记载，隋唐时期我国东北的少数民族就已经兴起冰上运动，到了清朝时期，冰上运动受到皇家的青睐。满清皇室对冰上运动的重视还要归功于努尔哈赤时期的一场战役。据说，一次努尔哈赤在征战时，遇到一个强劲对手，又因是在冰雪之中作战，因而连连失利。这时一名叫做弗古列的将军自告奋勇请求帅兵前去支援。原来，弗古列手下的士兵个个都是冰上作战的高手，他们换上冰上装备连夜出发，在冰冻三尺的河道上只用了一天一夜的时间，就行进了700多里地。将士们迅速到达了敌方的营地，打了对方一个措手不及，并乘势兼并了敌方的部落。从此后，努尔哈赤对冰上运动另眼相看。

据《满文老档》记载，努尔哈赤统一女真各部后，几乎每年都要举行盛大的冰嬉大会。冰嬉大会上，皇帝同福晋们来到封冻的河面上，观看八旗和蒙古诸贝勒率领士兵们进行的冰上踢球和冰上赛跑，以及滑冰等运动，有的时候脚下打滑，不慎摔倒，摔倒的样子千形百状，常常引得众人哄堂大笑，气氛十分活跃。

后来，清军入主中原后，也将冰嬉运动带到了关内。冰嬉不仅是皇宫贵胄们喜爱的活动，宫廷内的宫女、太监也都常常参与其中，成为了一项参与广泛的冬季日常娱乐活动。到了乾隆时期，乾隆皇帝还将冰嬉与满语、骑射和摔跤一并定位"大清国俗"。为了提高滑冰的技巧和表演花样，他还在清军部队设立了"八旗冰鞋营"专事冰嬉表演。乾隆不仅亲自在雪中戏耍、打闹，还作了《冰嬉赋》等许多诗词来表达自己对冰上运动的喜爱，为了让冰嬉的场面为后人所见，他还经常命人摹画冰嬉的场景，现故宫博物院中就保存有《冰嬉图》。据说，当时八旗士兵们所穿的冰刀，是在木板下嵌入钢条或钢片，然后绑在鞋底，他们就是用这种简易的冰刀完成了多种运动甚至是一些高难度的动作，这被看作是现代冰上运动的雏形。

中国第一部电影是由沈阳人拍摄的吗

电影，诞生于1895年法国巴黎卡布新路的一家咖啡馆里，一年之后，它带着"西洋影戏"的名字来到中国。那么你知道中国第一部电影是何时由何人拍摄的吗？

中国第一部电影是由一位名叫任庆泰的沈阳人摄制的。任庆泰出生于沈阳法库县，他7岁入私塾，11岁拜师学习木匠手艺，因而年少的他不仅聪明过人，更是心灵手巧，对新鲜事物充满了好奇心，据说任庆泰当时的木雕作品技艺精湛、栩栩如生，是当地木匠中的佼佼者。清同治九年（1870年）前后，他来到沈阳市内的一家由富绅开办的照相馆中当伙计，偷着学了一些照相技术。此时，任庆泰察觉到资本主义国家的科学技术已经远远超越了我们，于是他决定自费去

任庆泰

日本深造照相技术。随后，学成回国的任庆泰在北京开设了"丰泰照相馆"，这也是由中国人自己开办的第一家照相馆。任庆泰的照相技术十分高超，自然也是名声大振，慈禧太后就常常召他入宫照相。这让他的生意更加兴隆。

随后，当电影这个当时中国人眼里的新鲜"玩意儿"传入北京后，任庆泰再次把握住了商机，他不仅开设了北京最早的电影院"大观楼影戏园"，更萌生出了拍摄一部中国人自己的电影的想法。1905年，他与京剧名角谭鑫培合作拍摄了京剧中的经典剧目《定军山》。这不仅是我国第一部电影，也是世界上的第一部戏曲影片，它也使沈阳人任庆泰的名字写入了我国电影史册，成为中国电影之父、中国电影第一人和中国电影的创始人。

沈阳的方言俚语

沈阳话有哪些特点

沈阳话,即沈阳地方方言,具有浓厚的地方特色,集中体现了沈阳人的性格特点,具有刚健、质朴、清新、爽亮等特色,给听者以亲近之感。

沈阳方言是东北官话的地方变体,详细的分类为汉藏语系——汉语语种——东北官话——吉沈大片——通溪小片。沈阳话在句法、语法上与北京方言等北方方言基本一致,与东北其他方言在语音、词语和熟语上具有许多共同之处。但因语言历史和地理的差异,也演变出了诸多不同之处,形成了自己独有的地方特色。

近年来,由于沈阳的许多影视作品和舞台形象的异军突起,使得沈阳方言在全国范围内得到了广泛传播,并得到人们的喜爱和追捧。沈阳方言生动形象、亲切幽默、精炼准确,且十分贴近生活,虽略显夸张诙谐,但却富于节奏感和很强的感染力。首先沈阳方言,在语调上多爽朗、质朴,语音铿锵有力、掷地有声,男声浑厚刚健,女声音调上扬。在语音上,沈阳方言存在不分平翘舌、声母r和l不分、个别韵母混淆等情况。在词汇上,沈阳方言中有大量的词汇是普通话中所没有的,但大多有规律可循,如一些固定的前缀、尾缀以及叠音用法等。同时,沈阳方言中还有许多约定俗成的熟语和俚语也极具地方特色。

随着普通话的推广和流动人口的增加,沈阳话还出现了老沈阳话和新沈阳话两种变体，它们共同组成了当代的沈阳方言。土生土长的老年沈阳人，以及中年以上的沈阳人，在非正式场合中多操地域特点较浓的老沈阳方言，在社交场合则使用土腔、土语较少的新沈阳方言。老沈阳方言俗称"大北关味"或"苣荬菜味"，在老沈阳人的方言中比较讲究礼貌和客套用语，男人多语调低缓、鼻音浓重、嗓音浑浊，并时有含糊吞音的现象；女人则声调高扬、语速较快。新沈阳方言，也即是沈阳普通话，是沈阳的青年人较多使用的语言，新沈阳方言较之老沈阳方言节奏更为明快，语调相对简单，语音清晰，更接近于普通话。

沈阳方言是如何形成的

　　沈阳自古以来就是多民族的聚集地区，满、蒙古、回、朝鲜、锡伯等多个少数民族都在以沈阳为中心的东北地区世代居住。这些不同民族的人们生活在一起，各种不同的生活习俗和语言文化在长期的交流中相互影响、融合，并孕育出了现在沈阳地区的地方文化和地方方言。

　　从战国时期开始，中原人就开始不断地进入东北。自努尔哈赤迁都沈阳后，使沈阳的历史地位发生根本性的变化，从此成为东北的政治、经济和文化的中心地位，清军入关后，大量的汉族人开始涌出山海关，移居沈阳，从而加强了语言和文化上的交流。民国初年，更是形成了一个向关外移民的热潮，同时随着奉军入关，又有大批沈阳军官进入北京，也促进了两地的语言交流。新中国成立后，我国政府于1955年提出推广"以北京语音为标准音，以官话方言为基础方言"的普通话，对沈阳方言起到了进一步的整化作用，也促使年轻一代的沈阳人形成了新沈阳话的方言变体。

　　组成沈阳方言的元素有很多，其一是当地"土著"少数民族的语言要素，二是外来少数民族的语言影响，三是继承了明清以来辽沈地区的汉语，四是进一步融合了关内语言尤其是河北、山东等地的移民语言，五是周边国家如俄国、日本等语言的进入。这些因素共同构成了现在辽沈地区的方言，在今天通用的沈阳方言中，我们都能不同程度看到上述因素在沈阳方言中留下的痕迹。

沈阳话在语音上有哪些特点

沈阳话与其他东北方言相比，在语音上有很多独特的地方，以致沈阳人一开口便很容易被识别出来。

第一，平翘舌不分是沈阳话的显著特点。在沈阳话中z、c、s、与zh、ch、sh在使用的时候是相互混淆的，有趣的是，沈阳人并不是没有翘舌音，也不是随意相混淆，而是有时几乎全部颠倒使用。比如像"四、十、四十、十四、森林、吃鸡翅"这样的字眼在沈阳话里就很难区分，有时甚至要结合语境来理解。

第二个显著的特点，就是缺少声母r。在沈阳方言中，声母r一律读成y，比如"人、肉、然后、热闹、日子"等。

第三，在老沈阳话中，如果是韵母开头的发音，通常在前面加上n后发音。比如"爱人、安排、恶心、大鹅"等。

第四，韵母u经常丢失。比如将"暖"读成"nǎn"，"卵"读成"lǎn"，"乱"读成"làn"等。

第五，时常将ing、eng、ong相混淆。比如"泞"读成"nèng"，"弄"读成"nèng"，"粽"读成"zèng"等。

第六，在音调上常常将普通话中的阳平读成上声，如"职业、国家、蠕动、结合"等。

此外，还有一些固定形成的发音，如"街"读成"gāi"，"音乐"读成"yīnyào"，"上学"读成"shàngxiáo"等。

沈阳话在词语上有哪些特征

在沈阳的语言里，表述好一件事并不算什么本事，讲述人一般要将这件事描述得生动形象、淋漓尽致，要做到述者推己及人、听者感同身受，不仅有历历在目、如临其境之感，更使喜者如沐三月之春风、悲者

如割体肤之疼痛，才算作罢。

因此，在沈阳的方言中，包含有极为纷繁多样的语气词、叹词、拟声词和大量生动形象的形容词和副词。乍听沈阳人谈天，你可能还摸不着头脑，但是别急，细细品来，这些词语还是有许多规律可循的。

首先，沈阳话中有很多表示夸张的副词。在普通话中，我们的程度副词一般有"很、非常、太、十分"等。在沈阳话中，有"贼、贼拉、老、忒"等表示程度极大的副词，这些词通常可以相互替换使用，比如很远，既可以说"贼远"又可以说成"老远"。

其次，沈阳话中还有很多表示程度加强的前缀，它们与被修饰的要素形成一个偏正词语，并且具有一定的固定性，不可任意替换，常见的有"确、稀、溜、精、焦"等。比如，"确"这个字，一般只能与"黑、紫、青"等颜色连用；"稀"这个字一般只与表示松软的形容词连用，如"稀烂"、"稀软"、"稀泞"等；"溜"一般用来强调事物的平滑，如"溜滑"、"溜平"、"溜直"、"溜齐"等；"精"则是表示小的程度副词，如"精细"、"精瘦"、"精薄"等；"焦"比较特殊，既有"焦酸"的表达，又有"焦黄"、"焦绿"的表达。

沈阳话中还有一些表示程度加强的中缀，如"么、了吧"等。比如，"抠搜"说成"抠么搜"、"乐呵"说成"乐么呵"，"埋汰"说成"埋了吧汰"，"糊涂"说成"糊了吧涂"等。

同时，沈阳话中还有很多尾缀，这些尾缀不仅起到了强调作用，还使话语中增添许多感情色彩和节奏感。这些尾缀可分为单音尾缀和多音尾缀。单音尾缀有表示性质的"性"，比如"娇性"、"邪性"、"尿性"；有表示肯定意味的"实"，如"敦实"、"皮实"、"闯实"；有表示否定意味的"叽"，如"磨叽"、"咯叽"、"赖叽"等；还有表示动词的"登"和"愣"，如"掭登"、"悠登"、"迷登"、"毛愣"、"窜愣"、"摆愣"，等等。多音尾缀如"啦吧唧"、"啦吧嗖"、"啦呼呲"等，一般表示轻微的程度并有贬义。

另外，沈阳话中还有很多叠音词，它们一般表示强调，极富感染力。如AA型的有"杠杠、嘎嘎、嘟嘟、叽叽、霍霍"等；ABB型的有

"神叨叨、哭咧咧、艮纠纠、牛哄哄、干巴巴、虎超超"等；AABB型的有"磨磨叽叽、武武旋旋、边儿边儿拉儿拉儿"等；ABAB型的有"垫吧垫吧、撒么撒么"等。还有一些叠音词则为拟声词，同样用来表示强调和夸张，如"嗖嗖地、咔咔地、啪啪地"等。

此外，沈阳方言中还有大量普通话中不存在的词汇，比如沈阳人叫葵花籽为"毛嗑儿"，玉米叫"苞米"，乌鸦叫"老鸹"，麻雀叫"家巧"，勺子叫"池儿"，毛毛虫叫"洋拉子"，好吃的叫"好贺儿"，迷糊叫"蒙圈"，说谎叫"白话"，举债叫"拉饥荒"等，不胜枚举。

沈阳的方言词语因其中很多是吸收了少数民族的语言成分，所以在书写时多为音译，并没有固定的写法。

沈阳话中有很多满语的影子吗

满族可谓是东北地区的"土著"民族，长期以来，满族使用的满语对整个东北地区的语言都产生着深远的影响，沈阳方言也不例外。清朝期间，官方将满语定为"国语"，使满语的地位进一步稳固。沈阳不仅是满清的都城之一，又是其入关后的"陪都"，因而大量的满语词汇渗透到了沈阳的方言中来，成为沈阳方言的重要组成部分，直到今天，我们仍然能在沈阳话中见到大量满语的影子。

我们看到，很多汉语中的词语原本只有一到两个字，尤其是动词，在汉语里很少有三个字以上的。但在沈阳话中大多数本来可以用普通话中一、两个字表达的形容词和动词，几乎都为两个音以上，四个音的词汇更是非常之多，在网络上被调侃为"东北式成语"，如"五脊六兽、吭哧瘪肚、爆土扬灰、老天拔地、急头白脸、五迷三道、支棱巴翘"等。实际上，这些多音节的表达习惯，正是来源于满语。满语是多音节语言，在满语中大多数词语都为两个音节以上，这种语言上的习惯对沈阳方言产生了重大的影响。此外，一些词语更是由满语直接而来。据统计，沈阳方言里与满语相关的方言词汇多达三、四千个，其中有一部分已被普通话所接受。

最常见的如"萨琪玛"这种食物就是来自满语,萨琪玛是满族常见的一种食品,它是将苗条用油炸熟后,浸入糖浆,再辅之以青丝、玫瑰、芝麻等,然后切成方块,色香味美,是老少皆宜的甜品,如今也是红遍了大江南北。

上文说,满族人宰杀牲畜的时候,将其后腿的膝盖骨保存下来作为孩子们的玩具,满语称其为"嘎拉哈"。动物的肩胛骨则称之为"哈拉巴",我们常在影视剧中看到一些乞丐手持一物,并敲击乞讨,就是这个东西。

沈阳话中"抠搜"一词也是直接来自满语,满语中表示"少"这个意思的读音即是"抠么搜"。

沈阳话中有"秃噜反仗"一词,形容人说话没有条理,或办事不利索、常返工。这里的"秃噜"就是来自满语,有事情没落实之意。

满语中"哈拉",意为油变质后所发出的异味,是现在沈阳人常见的一种说法。

人们常说的"他穿的真特勒"、"你在这撒么啥呢"、"他总嘞嘞个不停"、"你少在这胡诌八咧"、"你在这叽咯什么呢"等,均来自满语和汉语的嫁接。

此外,沈阳的一些地名也来自满语,如"法库"就是满语鱼梁之意。

沈阳话中有哪些有趣的熟语

熟语就是人们语言习惯中约定俗成的固定用语和歇后语等。沈阳方言中的熟语不仅具有浓郁的生活气息,而且十分幽默、风趣,深受广大人民群众的喜爱。

沈阳话中常见的歇后语有:狗撵鸭子——呱呱叫,比喻学习、体育等很厉害;乌鸦落猪身上了——只看到猪黑没看到自己黑,比喻只看到别人的毛病,没看到自己的毛病,不善于自我批评;大鼻子他爹——老鼻子了,形容数量很多;竖笛不叫竖笛——短箫(削),比喻欠揍;

连毛胡子吃炒面——里挑外撅，比喻挑拨离间；老母猪啃碗碴子——一肚子词儿，讽刺人话多、狡辩；黑瞎子掉山涧——一熊到底，比喻人太窝囊；豁牙子啃西瓜——净道，意思是办法多；抱着屁股亲嘴——分不出香臭，意思是不分好坏；肚脐眼拔罐子——抽风；后脑勺留胡子——随辫（随便）；吃雪团打哈哈——满口冷笑；野鸡扎雪堆——顾头不顾尾；汽车压罗锅——死也直（值）了；裤腰带没有眼儿——系（记）不住，等等。

沈阳话中还有大量约定俗成的俚语，如吃枪药，意为言语蛮横无礼；胳膊肘往外拐，意为向着别人说话；赌气囔塞，意为生闷气；猫一天狗一天，意思是做事没有长性；七个碟子八个碗，形容饭菜丰盛；完犊子，表示没能耐；舞舞扎扎，意思是虚张声势，也有挥舞东西的意思；瞎么糊呲眼，意思是看不清楚；五脊六兽，形容闲得慌；不知在哪腿肚子转筋呢，意思是没出生呢；不进盐酱儿，比喻不听劝；大嘴嘛哈，比喻吃起别人的东西毫不客气；浮溜儿浮溜儿的，意为太满了、快要溢出来了；坑吃瘪肚，意为说话不利索，等等。

沈阳的博物馆和考古遗迹

  作为我国历史文化名城之一的沈阳，历史上曾有过灿烂而辉煌的文化。从远古的石器时代，先祖们就在这里创造出了举世瞩目的新乐文化；汉代这里曾是西汉四郡的玄菟郡；契丹人建立的大辽国，也在这里留下了丰富多彩的文化财富；满清从这里建国而强大……

  然而，多灾多难的近代史，也在这片血泪尽染的土地上留下了诸多的"负遗产"，时刻提醒着这里的人们不忘屈辱，奋勇向前。

  历史早已远去，故事仍在讲述。若你愿做一个倾听故事的旅人，那么，就请随本书一同走进沈阳的一座座博物馆、陈列馆和考古遗迹，来一场穿越时空的旅程吧。

沈阳的博物馆、陈列馆

辽宁省博物馆在我国博物馆中的两个"第一"是指什么

辽宁省博物馆是我国著名的历史艺术性博物馆之一。畅游辽宁省博物馆，你不仅可以对我国各朝代的历史文物有所了解，更可以详细而深入地了解以辽宁为主要活动区域的我国北方文明的发展史。辽宁省博物馆素以藏品丰富、特色鲜明而享誉海内外，并且在我国的各大博物馆中具有两个"第一"的称号。

首先，辽宁省博物馆是新中国建立的第一座博物馆。1949年7月7日，经当时的东北人民政府批准而成立的"东北博物馆"，正式对外开放。这座综合性的博物馆，是新中国建立的第一座博物馆，其前身为日本帝国主义侵占东北后，伪满洲国霸占汤玉麟公馆后设立的"国立博物馆奉天分馆"。1959年，东北博物馆改名为"辽宁省博物馆"。2008年，辽宁省博物馆被列为国家一级博物馆，也是全国仅有的八家中央、地方共建的国家级博物馆之一。

其次，现在的辽宁省博物馆新馆，是我国面积最大的省级博物馆。由于发展的需要，辽宁省博物馆曾经三易其址。2004年，辽宁省博物馆从最早的位于沈阳市和平区十纬路26号的"汤公馆"，搬迁至沈阳市政府广

辽宁省博物馆新馆

场东侧。其后，又于2015年搬迁至位于沈阳市浑南区智慧三街157号的新馆。搬迁后的新博物馆以"建成东北最大、国内一流、国际知名的国家级博物馆"为发展目标，以"五个一流"即一流的设施、一流的功能、一流的管理、一流的服务、一流的展览为发展定位，以保护和弘扬中华民族优秀文化遗产、传播人类先进文化、满足人民群众精神文化生活、推动辽宁文化事业繁荣发展为己任，建成了一座大型的综合性博物馆。

建成后的新馆，占地面积83200平方米，建筑面积100013平方米，是旧馆的三倍之大，也是我国省级博物馆中面积最大的一座。新馆分为陈列展览、观众服务、文物库房、文物保护、综合业务五个业务区，其中又分为22个展厅。

辽宁省博物馆的藏品总量达11.2万余件，共17类，收藏体系全面而宏大，非常值得光顾。其中，东北地区的考古发现最具特色，特别是辽瓷，闻名天下。馆藏的历代书画中更不乏稀世珍宝，其中尤以《曹娥诔辞》《唐摹王羲之一门书翰》、张旭的《草书古诗四帖》《簪花仕女图》《虢国夫人游春图》、北宋徽宗的《草书千字文》《瑞鹤图》等最为珍贵。同时，宋元明清缂丝刺绣、红山文化玉器、商周时期窖藏青铜器、辽代陶瓷、历代碑志、明清版画、古地图、清李佐贤《古泉汇》著录的历代货币等，也很有特色和影响。

辽宁省博物馆为何最初设在汤玉麟的公馆内

走进辽宁省博物馆，我们能够看到其常设展览之一的"中国古代碑志展"。博物馆共收藏从东汉至明清历代碑志计120件，其中包括袁敞碑、熹平石经、三体石经和毌丘俭纪功碑等，还包括辽代萧太后的儿孙——皇帝圣宗耶律隆绪、兴宗耶律宗真、道宗耶律洪基及其皇后墓中的石刻哀册，这些均为难得一见的国宝级文物。这些碑志精品，使我们深入地了解到了中国历史上各个时期的政治、经济、文化、地理建置、职官制度、民族融合、民族谱牒、民族习俗等各方面的情况，具有重要的文化价值。

其实，这些辽代的石刻哀册还是辽宁省博物馆中的第一批文物，从这些文物的来历中，我们便可以窥见这座古老博物馆的历史。说到辽博的历史以及其中珍藏的辽墓哀册，就不能不谈到一座老建筑，那就是位于沈阳市和平区十纬路26号的汤玉麟公馆。从1931年，辽博的前身，即伪满洲国国立博物馆奉天分馆设立伊始，到1949年新中国在此成立东北博物馆，再到2004年辽博搬迁新址，70多年间，这些辽代墓志哀册始终都未离开过这座建筑，那么它们又与这座博物馆的历史有着怎样的渊源呢？作为辽宁省博物馆前身的伪满洲国国立博物馆奉天分馆，又为何会设在汤玉麟曾经的府邸呢？这里有一段鲜为人知的故事。

1930年，奉系汤玉麟担任热河省主席期间，在今内蒙古赤峰市巴林右旗附近的一个被称作"王坟沟"的地方，发现了一座皇陵。这座皇陵就是著名的大辽萧太后之子辽圣宗耶律隆绪的陵墓，其旁边还有辽兴宗耶律宗真和辽道宗耶律洪基的陵墓，三座陵墓通称为"庆陵"。随后，汤玉麟偷偷派了他的儿子汤佐荣带着一支部队，以军事演习的名义在庆陵实施盗墓活动。然而，让他失望的是，庆陵

辽宁省博物馆中保存的道宗皇帝契丹文哀册并盖（1101年）

早已经历了不计其数的盗墓挖掘，当他们前去的时候已经没有什么宝物可盗了。但是，盗墓有一个讲究叫做"贼不走空"，于是，汤佐荣只好将那些原本拿不动的石刻哀册用牛车拉回了沈阳。

哀册是古代皇帝下葬时的"悼词"，随葬于皇陵之中。辽代帝王所用哀册呈方形墓志状，均由汉白玉制成，不仅体积巨大而且还十分沉重。与汉代皇帝的哀册不同，辽代皇帝的哀册有非常特殊的价值。契丹人建国后曾创出了自己的民族文字，即契丹大字和契丹小字两种。但在辽被灭后，这些文字也遭遇厄运，被金人废除了，从此消失。所以，这些契丹文哀册的史学、民族学、考古学价值是十分重大的。

汤佐荣从庆陵盗出了十几方哀册的册石和册盖，它们都是用汉白玉所制，呈正方形，边长130厘米左右，厚约30厘米，每石重达1.5吨。这些哀册若在古代时盗墓者拿回去价值不大，但是民国期间考古学兴起，碑石收藏热门起来，于是汤佐荣费了九牛二虎之力才将他们运回沈阳，藏于汤玉麟的公馆内。

原汤玉麟公馆，后改为博物馆

但没过多久，"九一八"事变爆发了，汤家将家财一卷，仓皇逃到天津去了，他的家宅和这些哀册也落入伪满洲国之手。伪满洲当局发现这些哀册太过沉重，搬运起来太过费力，只好就地成立"国立博物馆奉天分馆"。日军投降后，博物馆连同内部的藏品均被蒋介石的民国政府接收。同样也是因为太重，国民党也未能将它们运走。不久沈阳解放，这里便成立了人民政府的"东北博物馆"。辽宁省博物馆也就按照旧址设立在了汤玉麟曾经的公馆处，而这些穿越历史的珍贵石刻哀册也成了该馆最珍贵的文物之一。

"九一八"历史博物馆是如何揭露日本人侵华的罪行的

沈阳"九一八"历史博物馆是全国百家爱国主义教育基地之一，也是国内外迄今为止唯一全面反映"九一八"事变历史的一座博物馆。

"九一八"历史博物馆位于沈阳市大东区望花南街46号，邻近今长大铁路及柳条湖立交桥。这里也是震惊中外的"九一八"事件的发生地。1931年9月18日夜，日本关东军蓄意炸毁南满铁路的柳条湖路段，并栽赃嫁祸于中国军队，随后，日军以此为借口，炮轰沈阳北大营，攻占沈阳城，是为"九一八"事变。它不仅是日本帝国主义以武力征服中国的开始，更揭开了第二次世界大战东方战场的序幕，标志着世界反法西斯战争的开始。"九一八"事变后，中国东北沦为日本的殖民地，在这里，日本人制造了一系列令人发指的暴行。比如，疯狂掠夺东北大量的资源和财产；对中国人实行奴化政策；残酷地奴役和杀害大量的东北民众；用中国人进行"活体解剖"细菌试验；制造了平顶山惨案，等等。

对于日本侵略和殖民东北的史实，"九一八"历史博物馆都一一给予坚决的揭露，对今天的国人以强烈而深刻的警醒，并沉痛地告诫我们，一定要勿忘国耻、奋发图强！

"九一八"历史博物馆建成于1991年，于"九一八"事变60周年之

"九一八"历史博物馆的残历碑

际正式对外开放。这座博物馆是纪念碑与陈列馆相结合的建筑体。步入博物馆，首先映入眼帘的是具有标志性意味的"九一八"事变纪念碑，也称"残历碑"。这座纪念碑的外形是一本用花岗岩筑成的翻开的台历，在这个台历上，时间凝固在了1931年9月18日这一天，上面密布着千疮百孔的弹痕以及无数个骷髅，仿佛无数个不泯的冤魂在呐喊与呼号。"残历碑"前，悬挂有一座警世钟，钟身上铸造着醒目的铭文："勿忘国耻"，每年的9月18日，沈阳人们都会敲响这座警钟。警世钟的旁边，有一座被推倒的碑，即日本人用来确定柳条湖爆破地点、炫耀他们无耻罪行而设立的碑，俗称"炸弹碑"。

在陈列馆的内部，有着大量的珍贵图片、资料及文物，还有一些场景的重现，并且还通过多种现代化的展示手段，真实反映了日本帝国主义策划、发动"九一八"事变，以及对我国东北进行残酷殖民统治的屈辱历史。日本军队用过的弹药、武器、办公用品；日军用来迫害无辜群众和反日志士的刑具；日本军医用来做生化实验的标本，等等，无不是其暴行的有力罪证，令人触目惊心。并且通过陈设和物证相结合的方式，为我们展现了日军在东北境内制造的一桩桩惨案，如抚顺平顶山大屠杀、吉林土龙山大屠杀、血洗老黑沟、屠杀知识分子的"安东事件"、哈尔滨"七三一"部队的活人做细菌实验，等等。

与此同时，博物馆还生动地再现了东北人民和全国人民一道在中国

共产党领导下不屈不挠、浴血奋战,并最终取得抗战胜利的伟大历史画卷。整个馆内的设计布局,按照时间顺序,先下坡后上坡,先走入黑暗后走向光明,直至抗战胜利,使人仿佛穿越时光隧道,独具匠心且震撼人心、发人深省。

二战盟军战俘营为何被称作"东方奥斯维辛"

位于沈阳市大东区地坛街的沈阳二战盟军战俘营旧址,是二战时期日本在沈阳设立的一个专门关押太平洋战争中受俘盟军的场所,时称"奉天俘虏收容所"。这座战俘营是日军在中国东北地区建立的中心战俘营,也是二战期间日本在本土及海外占领地设立的18座战俘营中,迄今保存最为完整的一座。这座战俘营见证了二战期间盟军战俘受尽折磨和凌辱的历史,也佐证了日军的残酷暴虐,因此,这里被称作"东方奥斯维辛"。2013年,沈阳二战盟军战俘营被国务院列为全国重点文物保护单位。

1942年太平洋战争爆发后,以美国为首的盟军在菲律宾战场失利,9万美菲联军被日军俘虏。日军在转移这些战俘时,一路上采取机枪扫射、军刀砍头等手段残酷屠杀,其中包括臭名昭著的"巴丹死亡行军"。日军又从幸存者中挑选出数千人,用被称作"地狱之船"的船只运往朝鲜釜山港后转至中国境内的战俘营,战俘一路上饥病交加,死亡无数。根据美国国家档案馆藏档案的记载,1945年1月,沈阳盟军战俘营关押的盟军战俘为2019人,其中校级以上军官523人,将军以上军官76人,这些战俘分别来自美国、英国、加拿大、澳大利

沈阳二战盟军战俘营中的烟囱

亚、荷兰、法国6个国家。在关押期间，战俘们受到残酷奴役，他们饱受了疾病、寒冷、饥饿和毒打等各种折磨，个个骨瘦如柴，病死、打死更是屡见不鲜，甚至有的还被用作病毒实验和活体解剖试验，人的尊严在战俘集中营里荡然无存。大约有240多名战俘在这里不幸死去。

据日方文档记载，沈阳二战盟军战俘营原有三座供战俘居住的营房，一处医院，一处日军办公用房，其余还设有厨房、食堂、猪舍、厕所、供暖锅炉房等20处附属建筑，共占地45000余平方米。现保存下来的旧址为12000余平方米，依托战俘营旧址修建的陈列馆，由广场、史实陈列馆、战俘营房复原展区、日军办公用房复原展区、纪念广场等部分组成，常设展览为《沈阳二战盟军战俘营史实陈列》和《战俘画笔下的战俘营》，共展出历史照片500余幅，文物史料近百件。

沈阳盟军战俘营见证了人道主义原则遭受肆意践踏和人性惨遭蹂躏的历史，是一份以盟军战俘的生命和苦难所书就的人类文化负遗产，它时刻警示着全人类，勿忘历史、珍惜和平、反对战争。

沈阳审判日本战犯法庭旧址陈列馆内曾经审判了多少名日本战犯

位于沈阳市皇姑区黑龙江街77号的一栋老式建筑，老沈阳人习惯称之为"北陵电影院"。现今，这里是沈阳"审判日本战犯特别军事法庭"旧址陈列馆。1956年，新中国就是在这里完成了对36名日本战犯的审判。

根据1956年4月《全国人民代表大会常务委员会关于处理在押日本侵略中国战争中犯罪分子的决定》，1956年6月9日至7月20日，最高人民法院特别军事法庭分别在沈阳和太原两地对铃木启久、富永顺太郎、城野

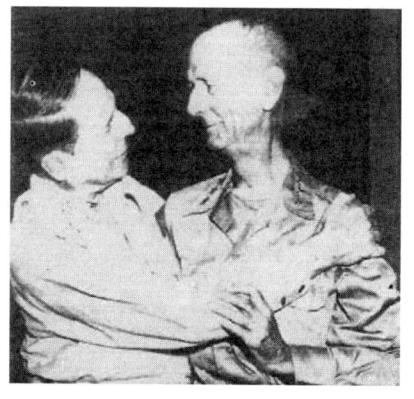

温莱特将军与麦克阿瑟将军重逢

宏、武部六藏等四个案件的45名日本战犯进行了审判。1956年6月9日上午8时30分，沈阳特别军事法庭正式开庭，对日本前陆军中将师团长铃木启久等8名主要战犯进行审判。这是中国人民自1840年鸦片战争以来，在中国的土地上，第一次在不受任何外来因素干扰下，由中国人担任审判官，依照国际法审判外国侵略者，是当时发生在中国大地上的一件令世界瞩目的大事。这场审判，不仅是真正体现中华民族意志和愿望的公开审判，更是正义对邪恶、和平对战争、光明对黑暗的审判，受审所有日本战犯全部低头认罪，饱受屈辱的中国人民终于挺直腰杆、扬眉吐气。

陈列馆分为四部分，以文字、图表、照片、史料、文物、音像和多媒体演示等多种形式，全面介绍了日本投降后到战犯在沈阳审判前后的经过，再现了新中国政府引渡、改造、审判、释放日本战犯的历史片段，着重介绍了在沈阳的审判过程。馆内还使用蜡像真实地复原了当时审判庭中审判的情景，播放的音像资料中有当时审判过程的珍贵历史影像，其中包括战犯在审判现场下跪谢罪的原始画面。该陈列馆是我国唯一一处以审判日本战犯为主题的博物馆，同时也是沈阳市重要的爱国主义教育基地和红色旅游景点，现免费对外开放并提供免费讲解。

沈阳金融博物馆的建筑为何是手枪形状的

沈阳的金融博物馆，是在奉系军阀张氏父子控股的边业银行旧址之上设立的。该博物馆内常设东北金融发展史、货币的故事等展览，集历史性、文化性、科学性、趣味性为一体，是全国同类型博物馆中规模最大、内容最丰富、展示形式与观众参与项目最多的。

这座建筑是由德国设计师设计的，1930年建成。当时，以张作霖为首的奉系军阀作为东北三省实际的统治者，不仅在政治上占据统治地位，同时也企图控制东北地区的经济命

沈阳金融博物馆中的蜡像陈列

脉。为达到这一目的，张氏父子筹办了东北边业银行。边业银行这个名字取开边创业之意。东北边业银行成立后，在东北各地先后设立分支机构26处，全国共有分行30余处。沈阳的这座边业银行旧址，在1926年至1932期间曾是总行的所在地。

当时的边业银行除办理存款放贷、贴现、汇兑等一般银行业务外，还拥有发行货币和代理国库的权力，成为与东三省官银号并驾齐驱的东北最大银行之一，资本总额超过2000万元。而张家的股份占其95%以上，实际上边业银行就是张氏父子的私家银行。

这座建筑占地4967平方米，建筑面积7440平方米。其前楼主体建筑为四层，后楼依次为三层、二层，呈中西合璧式建筑风格。正门前，十级台阶之上矗立着六根由花岗岩雕刻成的巨型爱奥尼式立柱，直排到三楼，两侧装有华丽饰灯，显得宏伟气派，十分壮观。

边业银行不仅是张氏父子治理东北的工具，更是他们的"保险箱"，不仅馆内布局如同迷宫一般，常使人转向，其地下金库的一扇厚重的铁门更时时引得今天的游客们大为惊叹。这扇门有近半米之厚，重约两吨半，据说是从德国进口来的。银行的营业大厅与金库有地下通道相连。

另外，人们还发现，整座银行大楼从平面图上看，酷似一个手枪的形状，这引起了坊间的许多遐想。有人说手枪象征着安全，是根据风水设计的。还有人说张氏父子皆尚武，且出身戎马，故为了彰显威武豪迈的军人气魄，才将银行建筑设计成了手枪的形状。那么，这个手枪形状的建筑到底是怎么产生的呢？

原来这并非与其主人的穷兵黩武有关。当时张作霖决定使用招标的方式来建造边业银行新址时，一家德国的建筑公司获得了设计和施工权。在最初的设计图纸上，这个建筑其实是一个规整的"L"形状，但按照他们的建筑设计，原本的用地并不够，还需要扩充征地。但在征地过程中，位于银行建筑东南侧的一间小铺的主人却拒绝搬走。即使张作霖提高拆迁费，铺主人还是要坚持做"钉子户"。于是，张作霖只好令设计者修改建筑图纸，让出这块地方，导致这座楼房就成了手枪的形状。

1996年，边业银行旧址被列入全国重点文物保护单位。

辽文化博物馆为何名为"白鹤楼"

位于沈阳市法库县的辽文化博物馆，还有一个美丽的名字——白鹤楼。

法库县坐落于长白山山脉与阴山山脉余脉交汇处的辽河右岸，法库在满语里是"渔梁"的意思，辽金时期，这里叫做"昌平堡"。这里是辽代权贵萧氏及其后族的重要聚居地，是重要的辽文化传承地之一。同时，这里自古以来水草丰美、气候优越，是世界极危物种白鹤在迁徙中重要的停歇地之一，现今法库的獾子洞湿地已是我国重要的国家级湿地公园，有"中国白鹤之乡"之称。

因独特的地理因素，千年前的辽文化就与白鹤息息相关。迁徙中的白鹤，每年在春秋时节都会造访这里，停留数月之久，辽国人在与白鹤共同

白鹤楼效果图

的生活和相处中，被这些美丽生灵的从容、安静、友善、优雅深深地打动，因而辽国人长期以来奉白鹤为神鸟，有爱鹤、尊鹤、礼鹤的习俗。在法库及周边地区出土的许多辽国文物中常常能找到白鹤的影子，比如辽墓中的壁画、雕刻、花砖以及随葬品等，可见辽国人对白鹤的喜爱。由白鹤而产生的历史故事和传说也常常不绝于耳、历久不衰。

既然辽国人对白鹤如此喜爱，那么法库县的这座白鹤楼辽文化博物馆，又与千年前的辽国有什么渊源呢？

相传，辽太祖耶律阿保机的次子耶律德光东征渤海国时，行至今法库獾子洞湿地附近时，看到这里水草丰美、山势奇伟，并且禽鸟不绝、交相飞鸣，不禁对这美景赞不绝口。耶律德光还产生了在此建一个陪都的想法。这时，一声鹤唳，他发现一条水蛇正在扑向一只嗷嗷待哺的雏

鹤。耶律德光立刻张弓搭箭，一箭射死水蛇，救下了雏鹤。他没有想到的是，若干年后的大辽政权也被白鹤所救。

辽圣宗时期，太后萧绰摄政。宋朝出兵伐辽时，萧太后率军亲征。一日，宋军以火偷袭，辽军营几近失守，萧太后无奈只得率军突围。正当突围之际，一个宋军士兵发现了萧太后，便准备放箭袭击，这时，天空中突然传来了一声刺耳的鹤鸣，宋军士兵一惊之下将箭射偏。当萧太后回头望去时，这只白鹤已经翩然远去。

脱险后的萧太后感念白鹤的救主之情，又想起了辽太宗也为白鹤所救的旧事，认为这是恩恩相续的福祉，于是命令重臣韩德让在今法库县选址修筑白鹤楼，以纪念大辽皇室与白鹤之间的恩情。然而，无奈辽国连年征战，萧太后也无暇顾及建楼之事，白鹤楼一直未能竣工。1005年，辽宋订立了"澶渊之盟"，两国恢复和平，萧太后还政于其子圣宗，但不久之后便辞世，只建了白鹤楼最终成为一座遗憾千年的"烂尾楼"。据说，后来金太祖完颜阿骨打的太子金兀术与南宋名将岳飞大战时，还曾以未建成的白鹤楼作为指挥台。这座一直未曾竣工的白鹤楼，在后来漫长的历史岁月中，历经无数战火和风雨，逐渐消失，惟留下传说引人遐想。

2012年4月，法库县重建白鹤楼，内设辽文化博物馆，旨在保护和宣传灿烂一时的辽代文化和历史。

复建的白鹤楼体形状为四面八角，寓意辽代契丹民族早期的八个部落。博物馆内共设七层展厅，一层展示辽代文化，包括辽代制度、文化艺术、社会风俗、宗教信仰等，重点展示辽代的陶瓷文化；二层展示"白鹤救主"的壁画以及关于白鹤与白鹤楼的传说；三层为法库县境内以及国内发现的辽代壁画艺术；四层展示大辽的古乐，包括辽代的乐器及其演奏展示；五层、六层为法库县的历史沿革和历代名人；七层为我们介绍湿地生态圈与湿地物种群落，以及有关白鹤的生态科普知识。

现今，白鹤楼辽文化博物馆已与湖北武汉的黄鹤楼开展交流合作，缔结为"姊妹楼"。

中国工业博物馆是我国首个工业博物馆吗

沈阳市有着"共和国长子"和"东方鲁尔"的美誉,是中国乃至东北亚地区规模最大的工业中心城市。铁西区,在沈阳市的工业发展中有着举足轻重的地位,是沈阳乃至全国工业复兴道路上的"大功臣"。铁西区工业历史悠久,1905年日本开始在这里规划工业,用来为其侵略行为服务。其后,铁西区先后经历了日本殖民工业、国民党时期工业和新中国工业几个不同的历史时期。在新中国的工业化道路上,铁西区无疑是一颗耀眼的明星。在这里,曾经产出了新中国第一枚国徽、第一台水压机、第一炉钢水等几百个中国工业史上"第一"的产品。

中国工业博物馆中的浮雕

位于铁西区北一路卫工街的中国工业博物馆,不仅见证了沈阳百年工业的发展史,更为我们生动地展现了整个中国波澜壮阔的工业成长历程。中国工业博物馆,是在原沈阳铸造厂翻砂车间的建筑基础上改建而成的,是目前国内首家综合性工业博物馆。该馆占地面积8.5万平方米,建筑面积6.5万平方米,以记载历史、新旧结合、传承文明、独具特色为重点,通过文字、图片、影像、实物等多种形式,记录了中国工业的发展历程,以及沈阳这座工业城市所创造的辉煌。

该博物馆设有通史馆、机床馆、铸造馆、铁西新区十年馆等常设展馆。博物馆中展示文物7000多件,其中包括1300多件实体文物,文物年代跨越几千年之久,既有西周青铜盉、春秋时期盉甲、殷商时期铜镜等,还有20世纪30年代初的铁西规划图、1900年的中东铁路钢轨,等等。博物馆内还展出有许多"工业之最",如最大口径的铸管、最大的超高压断路器壳体、最大的立车横梁铸件、最薄的铸件等。畅游这座博物馆,就犹如遨游在波澜壮阔的工业历史长河之中,十分震撼。

中国工业博物馆的建成填补了我国工业类综合博物馆的空白,它不仅是中国工业史学术研究和科普教育的重要平台,更是那个红火的工业发展年代的描绘和缩影。

沈阳铁路机车博物馆收藏有"亚细亚号"机车吗

沈阳铁路机车博物馆位于苏家屯区山丹街8号,前身是原沈阳铁路蒸汽机车陈列馆。该馆占地8万平方米,建筑面积11300余平方米,是东北最大的铁路机车博物馆。

该馆收藏有文物机车15台,复制文物机车3台,以及各种装备880多件,图片1500余幅,再现了东北及沈阳铁路100余年的发展历程。展馆里不仅有1903年使用的铁路设备,也有当今的铁路设备,包括中国、美国、德国、日本、捷克、波兰、罗马尼亚和前苏联八个国家的机车产品。

资料中的"亚细亚号"列车

藏品中最珍贵的莫过于那些年近百岁的老机车。其中一台外形奇特的机车,是当时著名的"亚细亚号"列车的牵引机车,是一件弥足珍贵的历史文物。这辆"亚细亚号"牵引机车,是1934年由当时日本南满铁道株式会社制造的,它可是那个年代的"特急"快车。它的设计时速可达130公里,是当时最快的路面交通工具,其首次运行就创造了以7个半小时的时间跑完新京(长春)到大连全程701.4公里的纪录,而当时日本国内最快的列车时速也只有70公里左右。当时日本仅生产了12台这样的机车,全部在中国服役,主要用于日军的高官往返于长春和大连两地密谋侵华之事,也就是说,它是日本侵华的一个重要罪证。这12辆机车中的10辆已毁于战争之中,国内仅剩2台,解放后,这两台机车改名"SL757"和"SL751",一直服役至八十年代,现被该馆收藏。

除此以外,该馆还收藏有溥仪、张作霖等民国时期风云人物曾经的"座驾",电影《12次列车》的主人公"12次"的原型,以及其他多辆曾经见证了中国百年沧桑巨变的机车。

东北讲武堂是民国四大军官学校之一吗

东北陆军讲武堂旧址陈列馆坐落于沈阳市大东区。这座讲武堂距今已有百余年的历史，是东北地区历史最为悠久、培养干部最多的军事教育机构。

东北陆军讲武堂，简称"东北讲武堂"，由徐世昌建于1907年，张作霖于1919年续建使其发展壮大，其间还开设有北京分校。1931年"九一八"事变爆发后，东北讲武堂宣布停办。

资料中的东北陆军讲武堂

东北陆军讲武堂作为奉系军阀的军官学校，奉系军队的高、中级军官基本都经过它的培训。张作霖之子张学良就是从这里毕业的。学校的学习内容分为学科和术科两大部分，学科主要教授战术、兵器、地形、筑城、交通、军制六大教程及各种典范令，术科主要包括制式教练、战斗教练、技术训练、夜间教育四大类。东北讲武堂的设立，对提高奉军的战斗力、促进奉系军阀的形成和发展都起过重要的作用。东北陆军讲武堂在中国的军校史上也非常著名，它与云南陆军讲武堂、保定陆军军官学校和上海黄埔军校并称为当时的四大军官学校。

如今，东北陆军讲武堂旧址陈列馆，以丰富翔实的图片、珍贵的文物展现了当年的历史风貌，还对讲武堂学生课堂、学员宿舍和教官办公室等进行了复原陈列，在突出其军事教育特点与爱国主题的同时，更添历史的沧桑与厚重感，是一处难得的历史文化旅游之地。

周恩来的"为中华之崛起而读书"是在沈阳说的吗

不知今天的你是否还记得当年的那篇小学课文：

"12岁那年，周恩来离开家乡，来到了东北。当时的东北，是帝国主义列强在华争夺的焦点。他在沈阳下了车，前来接他的伯父指着一片繁华、热闹的地方，对他说：'没事可不要到那个地方去玩啊！'……不久，周恩来进了东关模范学校读书。他始终忘不了大伯接他时说的话，经常想：'租界地是什么样的？为什么中国人不能去那儿，而外国人却可以住在那里？这不是中国的土地吗'……"此后，年少的周恩来目睹了租界地中中国人所遭受的不公待遇，以及洋人的傲慢和巡警的谄媚，这些民族的伤痛在少年周恩来的内心中燃起了民族崛起的星火，于是这位少年铿锵有力地说出了那句："为中华之崛起而读书！"

"为中华之崛起而读书"，这句话道出了古今华夏大地上多少文人、学子心中的远大抱负，成为了多少寒窗苦读的莘莘学子的人生信条，给予了多少埋头苦干的知识分子以无穷的动力，又唤醒了多少为中华民族复兴道路而前赴后继的各界学人。

为中华之崛起而读书

即使是在今天，每每念及这句话，依旧是那么振奋人心。是的，年少的周总理当年就是在沈阳读书的时候说出的这句话。1910年秋至1913年7月，12岁的周恩来随伯父周贻赓的工作调动来到沈阳，在当时的奉天省官立东关模范两等小学堂度过了三年的读书生活。周恩来在这里经历了辛亥革命，接触了进步教师，阅读了进步书报，受到了先进思想的影响，立下了"为中华之崛起而读书"的远大志向。

现今，位于大东区东顺城街育才巷10号的原学堂旧址，已经建设成为沈阳市周恩来少年读书旧址纪念馆。据考证，该纪念馆所在的建筑，初期为清代佐领官厅（佐领掌稽所治户口、田宅、兵籍），1687年改为奉天右翼官学，1732年改设为奉天府汉军义学，1902年将其址作为蒙养学堂，1905年改办八旗小学堂，随后又改为满洲八旗小学堂、满洲八旗公立第一两等小学堂、奉天八旗公立两等小学堂、奉天八旗公立高等小学堂等名。这座学校至今已有300多年的历史，是沈阳最早的学校。该学校现存一栋建筑，坐南朝北，地上一层，硬山两坡屋顶，两侧山墙突出，木结构。这里展出了少年周恩来曾经就读的教室和课桌、在沈阳读书时写的一篇作文、在学校拍下的第一张照片，等等。

来到这里，我们犹如穿梭时空，近距离地体会到伟人年少时的读书景象,身心受到洗礼,因而也当谨遵先辈之谆谆教诲,为中华之崛起而奋发图强。

沈阳中共满洲省委旧址纪念馆位于何处

中共满洲省委,是中国共产党于1927年10月至1936年1月在东北地区设立的最高领导机构。著名抗日英雄杨靖宇、李兆麟、赵尚志、赵一曼等,都曾经是中共满洲省委的重要成员。在中国人民反帝、反封建的伟大斗争中,以陈为人、刘少奇、陈潭秋等为书记的中共满洲省委组织,领导东北地区进行了一次又一次的工人运动、农民运动、学生运动、士兵运动,发展和壮大了党组织。尤其是在"九一八"战争爆发后,中共满洲省委在党的领导下,高举抗日旗帜,勇敢而卓有成效地组织和领导了东北地区的抗日战争,不仅为中国共产党的发展和中华民族的解放立下了不可磨灭的功勋,更在世界反法西斯斗争史上写下了光辉灿烂的篇章。

中共满洲省委旧址

中共满洲省委旧址纪念馆位于沈阳市和平区皇寺路福安巷3号,占地约2500平方米,展览面积约740平方米。该馆作为中国共产党抗战岁月的历史见证,已被确定为省级文物保护单位和辽宁省重要的中共党史教育基地。这里主要展览内容有中共满洲省委历史陈列、中共满洲省委旧址复原陈列、刘少奇旧居复原陈列、中共沈阳地方史陈列等,均免费开放。

辽宁古生物博物馆的建筑布局有什么特色

位于沈阳市沈北新区的辽宁古生物博物馆,是一个集展示、收藏、科研、科普、教学等功能于一体的公益性博物馆,也是我国规模最大的古生物博物馆之一。

辽宁古生物博物馆于2011年建成开馆，占地面积约19000平方米。馆内共设有8个展厅、16个展区，包括地球与早期生命、30亿年来的辽宁古生物、热河生物群、国际古生物化石、珍品化石、辽宁大型恐龙等主题。博物馆拥有馆藏1万余件，精品馆藏200余件珍贵化石，其中包括四大明星化石，即世界上最早的带毛恐龙——赫氏近鸟龙、"会滑行的蜥蜴"——赵氏翔龙、为鸟类可动性头骨的早期演化和早期鸟类的树栖能力演化研究作出了重要贡献的沈师鸟，以及解开了达尔文"讨厌之谜"的"世界最早的花"辽宁古果。还有高5米的猛犸象化石、剑齿虎的头骨化石以及长达15米的"辽宁巨龙"，等等。

辽宁古生物博物馆建筑外貌

辽宁古生物博物馆的建筑布局也十分具有特色。其建筑在外观形态上，是一个庞大的地质体和一个巨型恐龙的巧妙融合。远远看去，断层将地质体垂直地切割开来，火山熔岩自上而下、自远而近倾泻而来，流淌到我们的脚下，从而带我们走进辽宁30多亿年的地质历史长河之中。另一侧则有一个看上去像是恐龙身躯的巨大拱形建筑，恐龙的脊柱和两侧的肋骨由巨大的钢架构成，其身下还有代表恐龙蛋的球体。这个代表恐龙的建筑有21根构成肋骨的钢架，象征着21世纪辽宁省科学事业前景更加美好。

考古遗迹

沈阳的城市标志"太阳鸟"来源于新乐文化遗址吗

　　沈阳市皇姑区黄河北大街的新开河北岸，原本是一处黄土高台地，然而从1973年春天开始，这里变得非同寻常，因为这里发现了新石器时代母系氏族时期的一处聚落遗址，将沈阳这座城市的历史源头，上溯到了距今7200多年以前的史前文明，同时也为辽河流域文明的研究提供了重要的考古依据。

　　沈阳新乐遗址博物馆建于新乐遗址原处。新乐遗址是一处新石器时代早期、母系氏族公社繁荣时期的村落遗址，占地面积17.8万平方米，聚居地约2.5万平方米，房址十分密集。其出土文物相当丰富，石器有磨制精细的石斧、石凿、磨盘、磨棒、刮削器等，陶器有"之"字纹深腹罐、高足钵、簸箕形器，等等。

　　新乐遗址按地层关系和文化内涵可分为上、中、下三层。上层被命名为新乐上层文化，距今约3000年。这一层文化堆积厚，出土文物较多，以

沈阳太阳鸟雕塑

石器和素面夹砂红褐陶器为主，全部为手工制作，但质地都比较粗糙，砂粒较大；中层文化距今约5000年，陶器上面装饰有堆纹和几何图案；下层被命名为新乐下层文化，是新石器时代早期的聚居地，距今约7200年，这里发现有多处半地穴式的居住建筑遗址，出土的陶器上装饰有"之"字纹、斜线纹和网格纹，还有少量玉器、煤精制品、木雕艺术品等，精雕细琢，令人难以置信。新乐下层文化具有丰富的文化内涵和鲜明的地方特色，是新乐文化的典型代表。

新乐遗址博物馆由文物陈列展厅和遗址展示区两部分组成，分为第一展室、第二展室、二号房址等部分，并从出土文物中选择有代表性的文物数百件进行展出。其中有一件木雕艺术品尤为珍贵，它雕刻精细、线条流畅，是古代先民的图腾，称为"太阳鸟"，它不仅是新乐文化的象征，也是沈阳城市的象征符号，现被铸成金碧辉煌的巨型雕塑，耸立在沈阳市政府广场。

此外，在遗址的东部还复原了近十座原始社会时期半地穴建筑，并仿照原始先民的风俗、习惯、特点，以仿真的效果设计出"原始氏族成员集会、议事"、"狩猎归来"、"制陶"、"打制石器"、"炊饮"、"偶配"等场景，再现了七千年前沈阳人先祖们的生活和生产场面。

新乐遗址是沈阳历史文化宝库中的一颗耀眼明珠，是沈阳市最早的人类活动遗迹。新乐遗址的发现，填补了辽河流域中下游地区新石器时代早期人类活动的空白，具有较高的历史价值、科学价值和独特的文化艺术价值。

你了解郑家洼子遗址的未解之谜吗

沈阳郑家洼子遗址全名为"郑家洼子青铜短剑墓遗址"，位于沈阳市于洪区杨士乡郑家洼子村。

1958年，郑家洼子首次出土了27件青铜器。1965年，考古人员又在这里发现了14座墓葬，其中还有一座大型的土圹竖穴棺椁墓葬。经过考古专家的鉴定，郑家洼子遗址所处的时期为春秋战国之际，即公元前6至前5世纪。出土的文物包括大量的青铜兵器，以及石刀、石斧等石器，还有壶、碗、罐等陶器。从墓葬的规制和这些文物中可以看出，当时社会已形成了明显的阶级，狩猎和征伐在社会生活中占有重要位置。这一遗址的发现，首次明确了青铜短剑文化的内涵，向人们展现了沈阳地方的青铜文化面貌，它构成了我国春秋战国时期灿烂的青铜文化的一支，有着重要的史学价值，也因而受到了国内外的关注。

让郑家洼子遗址名声远扬的是6512号墓葬主人右腰上佩的那柄带铜镖木剑鞘的青铜短剑，因而人们也将这座墓称作"青铜短剑大墓"。这把青铜短剑的出土使人们了解到，那个时期的郑家洼子，人们的青铜冶炼技术已经非常之了得，他们不仅懂得分铸与焊接，还熟悉模印花纹等技术，

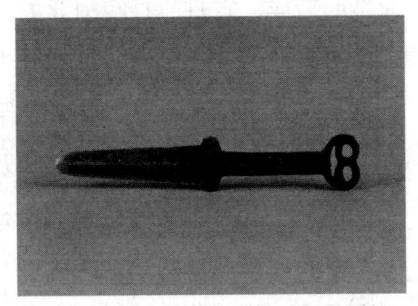

沈阳郑家洼子出土的青铜短剑

令现代人大为震惊。考古学家们断定，这个墓的主人是一位老年男性，他的头上和脚下各立一面大型铜镜形饰，身上放着4面略小的铜镜形饰，头顶有铜簪、骨簪、小石串珠，颈上和胸前佩戴着大石串珠，他的膝旁放着刀囊、斧囊，内有刀、锥、斧、凿，脚骨左侧还有一束箭。

然而，令人遗憾的是，这些墓葬中至今没有出土能够证实墓主人身份、姓名的陪葬物品，我们也就无法知道这把几千年前的青铜短剑的主人是谁，这成了我国考古史上的一大"悬案"。由于沈阳地区在当时是燕国的辖地，我们只能从随葬物品的丰厚程度做出推测，短剑的主人很可能是燕国的一位官员。

现在这里建有青铜短剑墓陈列馆，以便游客可以深入地了解沈阳的青铜文化。

叶茂台辽墓群是哪个家族的坟墓

叶茂台辽墓群位于法库县城西南45公里的叶茂台村附近的小山上，

这里在辽代被称作"圣迹山",在辽代时被视为风水宝地,契丹许多贵族都在这座山上修墓建坟,以期恩泽子孙,永享富贵。

从叶茂台出土的墓志得知,这里是辽朝贵胄及后族萧氏的家族坟墓。萧氏在辽国不仅仅是一般的名门望族这么简单,它还是与皇族耶律氏世代通婚的后族。契丹原是我国北方西拉木伦河流域的游牧民族,早先分为八个部,五代后梁时期,耶律阿保机

叶茂台辽墓中的壁画

统一了各部。契丹族一直有着氏族世代通婚的习俗,与创立辽国的耶律氏世代通婚的是乙室和拔里二个部族。辽太祖耶律阿保机建辽之后,认为乙室和拔里两部的功劳极大,可比大汉开国丞相萧何,于是,便将这两个后族一律改称"萧氏"。萧氏与耶律氏世代通婚的习俗一直沿袭下来,萧氏的女子都嫁给耶律氏,耶律氏的女子都嫁给萧氏。于是,萧氏便成为辽国仅次于耶律氏的权贵势力,整个辽代,萧氏一共出了13名皇后、13位储王、17位北府宰相以及20位驸马。这其中最有成就的一位萧太后,莫过于辽景宗耶律贤的皇后萧绰,她也是今天影视剧中最常见的历史人物之一。

从1953年至今,叶茂台辽墓群已经陆续考古发掘出了23座萧氏家族的墓葬,以辽代天祚帝时期的北府宰相萧义及其家族的坟墓为主。这里的墓葬时间跨度长,墓葬型制丰富多样,并且还出土了许多珍贵、精美的文物及墓、壁画等,对研究辽代历史和契丹民族习俗具有十分重要的意义。其中,七号墓出土的两轴绢画《山水楼阁立轴》和《竹雀双兔立轴》,以及带彩绣的衣被、木制房形棺床小帐、雕花石棺等,是辽代考古史上十分重要的发现。

叶茂台辽墓群的发现,对研究辽代的历史、经济、文化、科技、手工业、艺术及契丹民族习俗、丧葬制度等方面都提供了珍贵的资料,现被列入"全国重点文物保护单位"名录。

沈阳有哪些高句丽古城

高句丽，也作"高句骊"，是公元前一世纪至公元七世纪在中国东北地区和朝鲜半岛存在的一个少数民族政权。据记载，汉元帝建昭二年（公元前37年），扶余王子朱蒙因与其他王子不和逃离扶余国，来到西汉四郡之一的玄菟郡，在其下辖的高句丽县（今辽宁省新宾县境内）建立了高句丽国。后建都于纥升骨城（今辽宁省桓仁县境内五女山城）。又于西汉元始三年（公元3年）迁都国内城，同时筑尉那岩城，即丸都山城（均位于今吉林省集安县境内），至北魏年间迁都平壤，后被唐朝所灭。

当时的高句丽国北受扶余国侵扰，南有中原政权的镇压，东又受朝鲜半岛的诸政权威胁，为了加强军事防御，高句丽不仅将自己的都城修筑在严密的城堡之中，更在境内各地修筑了众多用于防御的城堡。文献记载高句丽一遇战事，"耕夫释耒，并皆入堡"，说的就是这些城堡的作用。这些城堡大多依山而建，成为山城，据统计，仅中国境内的高句丽山城就

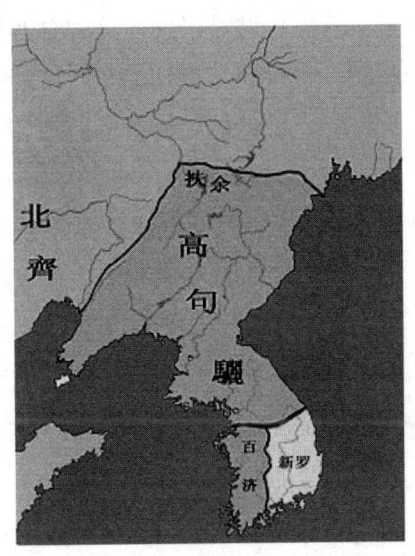

高句丽鼎盛时期疆域图

有百座以上之多。沈阳境内的高句丽古城遗址有上柏官古城、石台子山城、塔山山城、石佛寺山城、马屯山城等。

上伯官古城遗址，位于沈阳市东陵区上伯官村，地处沈阳与抚顺之间。上伯官古城原是一座规模宏大的古城，它与沈阳侯城同为汉魏时期，但规格、规模远超侯城，预计城区占地面积27万平方米。这里的文化遗存也十分丰富，出土了大批汉代时期的文物，古城址内发现有宽阔的古街道和门垣，城墙残址也十分清晰。根据史料判断，考古专家们认定上伯官古城遗址就是汉四郡之一的玄菟郡郡治（郡首府）的第三址所

在地，而玄菟郡是当时的一个中心城市，沈阳侯城当时只是其下辖的一个县城所在地。

玄菟郡是汉武帝时期设立的汉四郡之一，其疆域十分广阔，大约从今天的辽宁东部、吉林省东部一带，一直到朝鲜半岛北部，其郡治曾经三易其地。东汉时期，由于高句丽的进攻，玄菟郡的郡治西迁至上伯官古城。到了魏晋的前燕时，这里已被高句丽占领，被史书称作"玄菟城"。

位于沈阳市东北35公里处的棋盘山水库北岸，有一座石台子山城遗址。这座古城是借助山体的自然形态修筑而成的，是一座全封闭的石垒山城。山城周长近1400米，城墙以楔形石砌筑而成，最大的石材有几吨之重。山城墙体结构严谨，砌筑规整，极为壮观。环城墙一周共设有10座马面以及4个城门。城址内有石砌房址以及形状各异的灰坑，出土了陶器、铁器、铜器、骨器和钱币等文物。

石台子山城是高句丽占据辽东时修筑的一座重要山城，也是目前辽宁省乃至东北地区保存得相当完好的一座高句丽山城。这座城址的发现与发掘，对研究高句丽晚期历史及其山城的建筑具有非常重要的意义。现沈阳市政府已在原山城的南部复建了山城的部分城墙、马面和南城门，并对外开放参观。

塔山山城遗址，位于沈阳苏家屯区陈相屯以东的塔山上，因山上曾有座无垢净光塔而得名。这座山城高据山顶，南临北沙河，地势相当险要，成为历来兵家必争之地。山城四周城墙用土沿山脊筑成，周长约1000余米，东低西高，呈簸箕形。虽历经千余年，土筑城壁遗迹至今尚存。城址内到处可见红褐色和灰色绳纹、布纹砖瓦及莲纹瓦当，是典型的高句丽遗物。有学者认为，塔山山城即为唐朝时期高句丽占据辽东时的盖牟城。

沈阳康平埋着慈禧太后的情人吗

距沈阳康平县城西南约40公里的柳树屯蒙古族满族乡，是一位英年早逝的清晚期蒙古族贝勒的园寝。该陵园建于1887年前后，现为沈阳市级文物保护单位。不过，让该陵园名声在外的，要数一段晚清宫廷的情事传说。

这座陵园名为"孝节陵"，其主人名为那尔苏，是清道光、咸丰两朝御前大臣僧格林沁的孙子。那尔苏不仅聪明伶俐，而且相貌英俊，不到20岁，就担任了清廷乾清门侍卫。相传，那尔苏是因为一次御前惊马事件，被慈禧太后见到其英俊潇洒的样貌，从而发展为后来流传甚广的风流韵事的。因为清廷内后宫的进出十分严格，除了太监和宫女外，其他人一律严禁进入后宫。为了让那尔苏进宫，慈禧太后还命太监李莲英打了个双格的大水箱，一边装水一边装那尔苏，每日以运水为由偷偷送那尔苏进宫。

慈禧与那尔苏合影

然而，当那尔苏的父亲得知那尔苏与慈禧太后"有染"消息后，顿时如晴天霹雳，因为在他看来此事一旦泄漏出去，慈禧太后为了自己的颜面不仅会杀人灭口，甚至还会株连他家九族，到时候，不仅性命不保，甚至连祖宗的名节也不保。无奈之下，那尔苏的父亲借带那尔苏回家祭祖为由，在康平的祖坟前，令那尔苏吞金而亡，此时的那尔苏只有35岁。

听到那尔苏死于"暴疾"的噩耗后，慈禧太后悲痛欲绝，追其谥号为"诚慎亲王"。由于那尔苏是遵照父亲旨意为家族平息祸端而赴死，所以该陵园名为"孝节陵"，当地百姓俗称为"孝家陵"、"孝子陵"。

沈阳的寺庙宫观与近代老建筑

建筑从城市中成长，同城市一起经历时空流转、岁月冲刷，它们从历史中走过，从沧桑中走来，它们沉默无言，却铿锵有力。对于一座有历史的老城市来讲，那些古老建筑的存在使城市不仅承载着一代代人在这里生活的记忆，还构建了这座城市非同一般的"筋骨"和"容颜"。

徜徉在沈阳的城市之中，我们怎能不去探究那些久经风雨的古老建筑。它们是何时矗立在这里？它们出自谁手？它们几易主人？它们又几经变故？是何人让他们曾经萧索？又是谁人将它们悉心修葺？它们敞开的大门内是否掩藏着旷世之谜？它们紧闭的门窗内又是否讲述着千古之恨……

那么，就让我们一同走进沈阳现存的那些历朝历代的宫观庙宇，以及那些穿越战火硝烟的近代建筑，去倾听那些关于文化、关于信仰、关于战争、关于和平、关于历史也同样关于未来的动人心弦的故事吧。

沈阳的寺庙与宫观

沈阳最小的庙是哪个

在沈阳故宫的东北角外,有一座袖珍的小庙——中心庙。这座中心庙是沈阳最小的庙,占地不过半亩,内中只有一间庙堂,供奉着的是武圣人关羽。别看这中心庙小,可它的地位却是最重要的。在沈阳有这么一句话:"不逛中心庙,沈城没走到。"不过实际上,真正了解这座小庙的人也许并不多。

中心庙是明、清沈阳古城的地理中央坐标点,有说它是沈阳城四象八卦中心的"太极",也有说它是太极图中的"两仪"之一,即"阴阳鱼"的一只眼。关于这座小庙为什么被称作"中心庙",这里面还有一个传说。

话说清太祖努尔哈赤素来崇信关公,因为他认为是关公的在天之灵保佑他攻无不克、战无不胜。努尔哈赤定都沈阳的时候,就选择了城内最中心的位置供奉"关老爷",并挂了"忠义千秋"四字金匾在庙内,所以,当初人们也把这座庙叫做"忠义千秋庙",又简称为"忠庙"。可是由于庙建得太小,庙门前挂牌匾的地方写不下"忠义千秋庙"五个字,就简单地写成"忠庙"二字匾。由于过去的庙名匾是竖着写的,渐渐地人们就把"忠"字念成了"中心"两个字,这座庙又恰好处于沈阳城的最中心,于是就有了"中心庙"的名字。

上述故事只是传说,仅能作为"中心庙"名字来历的参考。不过据史学家考证，中心庙实际兴建于公元1388年的明朝时期。后金进入沈阳后，出于对关羽的敬重没有拆掉该庙。后来在营建故宫的时候，宫墙到这里还特意拐了个弯，在红墙外给庙门留出了一块空地。原来，这是出于对庙里供奉的关公、土地、山神、城隍和财神五位神仙"各敬三尺"，合起来就是一丈五尺。

北京北海的白塔是沈阳四塔的仿照品吗

沈阳有四座塔，这东、南、西、北四座塔，现在几乎是沈阳城的四大地理坐标点，几乎成了沈阳人生活中的重要组成部分。这四塔容易见，不过，这四座塔修建的历史又是怎样的呢？

原来，这四座塔，是清太宗皇帝皇太极于崇德八年（1643年），在城外东、南、西、北四处所建的四座塔寺。四座塔寺以中心庙为中心，各距2.5公里左右。据寺内石碑记载，当时的盛京城这四座塔寺，每个寺都曾有大佛一尊、左右佛二尊、菩萨八尊、天王四位、浮图一座。东边为永

沈阳四塔之一

光寺，取义"慧灯普照"；南边为广慈寺，取义"普安众庶"；西边为延寿寺，取义"虔祝圣寿"；北边为法轮寺，取义"流通正法"。这四座塔寺象征着四大金刚威镇四方，护国安民。乾隆皇帝东巡的时候，曾为四寺题写匾额，永光寺为"慈育群灵"，广慈寺为"心宏彼岸"，延寿寺为"金粟祥光"，法轮寺为"金镜周园"。后来，这四座塔寺在战争中多有损坏，据说其中东塔的塔顶就被张氏父子修建的东塔机场的飞机碰掉过塔顶，不过这四座塔现在都已经被修缮一新了。

清朝时，官方扶持藏传佛教，视藏传佛教为"国教"。因而这四座塔的建造形式，都为藏式喇嘛塔。四座塔的建筑规模和造型几乎一致，都由基座、塔身、相轮三部分构成。基座装饰有俯仰莲、宝莲花、火焰

珠等纹饰，基座之上是白色的塔身，塔身顶上为宝盖和塔刹。宝盖的周围配有风铎，微风吹动时发出清脆响声。整个塔的设计古朴庄重、工艺精湛。据说，北京北海公园的白塔就是仿沈阳四塔之作，但它建于1651年，晚于沈阳四塔8年，基座为素面，艺术价值逊于沈阳四塔。

关于这四座塔的建造原因，历史上的说法有很多。其一，就是喇嘛风水说。据记载，当时的沈阳城，是按照喇嘛相地术建造的"曼荼罗"。什么是"曼荼罗"？就是所谓的"坛场"或"坛城"的意思，可以通俗地理解为佛教中修持能量的中心。所以这四座古塔可以被看作是震慑妖魔的法器。据说这四塔既能护佑沈城，又能保佑清朝一统天下。

另一种说法是，这四塔的建造是为皇太极治病、祈福之用。据《清太宗实录》记载，皇太极患有"风眩症"，经常"病体难支"、"气不甚平，不能久坐"，后来得知最爱的宸妃病重，皇太极"长在哀伤之中"，病情日趋加重，到了崇德八年，已经一病不起。由此可见，建于这一时期的四塔，与喇嘛为皇太极祈福驱邪、消病延寿有关。

这四座塔并没有起到皇太极预想的作用，却给沈阳城留下了四处美景。

◎ 东塔——永光寺

现在永光寺已经无存了，但是东塔还健在。"东塔春耕"，就是历史上著名的"盛京八景"之一。东塔修复于1985年，被立为辽宁省级文物保护单位。

现在的东塔被辟为开放性公园，园内修复了两座碑亭，苍松翠柏与仿古建筑辉映，古色古香，安静悠闲。

◎ 南塔——广慈寺

关于南塔广慈寺，沈阳民间有一传说。相传南塔广慈寺中供奉着一尊"千手千眼佛"，这尊佛原本是一位

沈阳四塔之东塔

皇帝的公主，既美丽又善良，人称"善公主"。后来皇帝得了急病，神医说需要公主的一只手和一只眼入药，其他公主都纷纷后退，只有这位公主毫不犹豫地献出了自己的手臂和眼睛。痊愈后的皇帝请求佛祖封这位善良的独眼独臂公主为"添手添眼佛"，后人逐渐将"添手添眼佛"说成了"千手千眼佛"。

不过，这座广慈寺今已无存，只剩下一座南塔，被辟为公园。

◎ 西塔——延寿寺

西塔因为过于残破，于1968年被拆除。在拆除时被发现塔下有地宫，出土了包括佛像在内的一批珍贵文物。1998年，沈阳市对西塔和延寿寺进行了原址原貌的复建。如今的西塔地区以朝鲜族人的聚居而闻名。

◎ 北塔——法轮寺

北塔为法轮寺，现位于沈阳于洪区北塔街27号，是四塔四寺中保存最完整的一座寺庙。由乾隆皇帝亲书"护国法轮寺"匾额，至今保存完整。法轮寺至今也是沈阳香火最为旺盛的寺庙之一。

实胜寺内的千两金佛究竟哪去了

皇寺又名实胜寺，全名为莲花净土实胜寺，坐落在沈阳市和平区皇寺广场。这座寺庙竣工于清太宗崇德元年（1636年），内有大殿、佛楼等建筑，还有石碑和钟、鼓楼等，门口有一尊白色骆驼背驮佛像的雕像。实胜寺是清朝皇帝皇太极特意为"玛哈噶喇"大型纯金佛像而专门建立的寺庙。正是这尊金佛像使实胜寺成为远近闻名的古寺。

"玛哈噶喇"，或称"摩诃迦罗"，意译为大黑神或大黑天神，是藏传佛教的大护法神。实胜寺内的"玛哈噶喇"金佛像来源于元代时

实胜寺之白骆驼雕塑

期，原本是元世祖忽必烈的国师喇嘛，募集了千两黄金亲自设计刻铸而成。这尊金佛，通身为纯金铸造，工艺精美绝伦。佛身高一尺二寸，重达六十四斤二两，因旧制1斤为16两，所以又称其为千两金佛。可以说，这尊金佛造像不论是文物价值或材料本身的黄金价值，还是佛像本身所涵盖的宗教价值，都是非同一般的，堪称旷世国宝。当时还流传着这样一个传说——谁能够得到这尊"玛哈噶喇"金像，谁就能够得到天下。

相传，当年元朝蒙古贵族就是依仗着这尊"玛哈噶喇"金佛的庇佑，才统治了全国、征服了天下，建立了名扬四海、威慑天下的大元帝国。当年，这尊功勋卓著的"玛哈噶喇"金佛被供奉于山西省的五台山。后来，元朝政权动摇，仓惶北逃，最终由成吉思汗的后裔察哈尔部的首领林丹汗继承了这尊金佛。既然传说中这尊金佛有着"夺取天下"的威力，满洲女真部的首领皇太极自然也梦寐以求地想得到它，希望得到金佛神圣力量的庇佑。于是，皇太极派奸细深入林丹汗的领地，并以重金收买了佛庙内的摩尔根大喇嘛。最终，由摩尔根喇嘛亲自牵着一匹白色的骆驼携带着"玛哈噶喇"金佛，前往盛京。

据说，皇太极亲自带领着满朝的文武官员跪迎"玛哈噶喇"金佛的到来。但是，就当摩尔根喇嘛行至距离盛京城不远的地方，也就是现在实胜寺附近时，白色骆驼突然卧倒不起。摩尔根喇嘛认为，此地一定就是"玛哈噶喇"神灵显现而选择的佛门圣地，是吉祥天兆。皇太极闻之大喜，于是旨令在此地建庙，名曰"净土莲花实胜寺"，专门用来供奉"玛哈噶喇"金佛。如今的沈阳实胜寺内，就葬有摩尔根喇嘛和白骆驼的遗骨。总之，这尊象征着至高无上皇权的"玛哈噶喇"金佛就这样来到了盛京城。

就在皇太极得到"玛哈噶喇"金佛的当年（1634年），他便起兵统一了女真各部，随后又攻打塞北的北元蒙古部落，使其归顺了满洲。皇太极可谓步步为营，两年后，改国号为"清"，自己坐上了大清皇帝的位子。实胜寺的地位自然也非同一般，当时管寺的"达喇嘛"享受的可是当朝二品的俸禄。清朝历代皇帝东巡及皇亲国戚来盛京时，都要到此朝拜，足见"玛哈噶喇"金佛在封建帝王心目中的地位，因此实胜寺也被称作"皇寺"。

然而,就在我国最后一个封建王朝业已陨落,第一个人民民主专政国家即将建立之时,即民国三十五年(1946年)时,这尊价值连城的"玛哈噶喇"金佛竟然失窃了!

当时奉天的国民党官方报纸《中苏日报》披露了这条令世人震惊的新闻,顷刻间,人们议论纷纷,猜测种种。但是,直至今日,这尊富有传奇色彩的"玛哈噶喇"金佛仍然下落不明,成为一个困扰着人们半个多世纪的无解之谜。后来,也有人猜测,金佛的失窃可能与当时在沈阳任职的一名国民党官员有关。然而,这名官员在1949年携全部财产逃往台湾的途中,因船只超载严重,船倾人亡。而这只是个猜测而已,并无证据。金佛失窃案的真相也像那艘沉没于太平洋中的船只一样,永远消失在人们的视线中了。

不过想来,如果真的是那样的话,在这个再没有皇帝的人民当家作主的国家之中,茫茫的大海也许正是这尊金佛最好的归宿吧。

白塔堡的白塔是一座"错塔"吗

沈阳城南的白塔堡地区有一座白塔,是当地的标志性建筑之一。

关于这座白塔,有一"白塔镇孽龙"的民间神话传说。相传,这座白塔下有"海眼",建此塔是用来镇住东海犯境的孽龙的。据记载,清咸丰十年(1860年)农历八月初七,塔顶被狂风吹掉,塔身震出裂纹,正是被镇的孽龙想要逃出白塔,兴风作浪。巧的是,当年白塔堡附近发生洪水,淹没了许多良田和房舍。

"孽龙"并没有破坏掉白塔,而使这座白塔受到毁灭性破坏的是1905年的日俄战争。当年,日俄两军在沈阳郊区发生激烈交战,为了防止俄军通过制高点侦察到日军的行动,日军野蛮地用大炮摧毁了这座具有上百年历史的"白塔"。

近100年后的2001年,白塔堡政府重建了白塔。当时,根据村民上交的一个塔内构件,即一个"石函",专家们推断这座白塔应建于辽代,

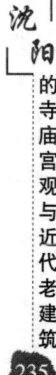

于是就复建成了辽塔的形态。然而，后期经专家考证，这座白塔其实并不是建于辽代。

那么白塔堡白塔建于何时呢？《奉天通志》记载了白塔"出生"的年代。该白塔建于明永乐四年（1606年），为僧人德本监修。塔由白石砌成，塔旁有一庙宇名弥陀寺，故又名弥陀寺塔。

原来，那件"石函"并不属于这个白塔，而是属于离白塔堡不远处的、毁于解放战争中的陈相屯集州辽塔，由于专家们的失误，使该"石函"被强加在了白塔堡白塔身上，白塔也就被误建成了辽塔的模样，成为一座"错塔"。

白塔既已重建，我们就用欣赏现代艺术品的眼光来看待这座白塔吧。如今，随着白塔堡地区的发展以及浑南新城的建设，白塔建设成了一座风景秀丽的白塔公园，成为沈阳百姓们休闲娱乐的一处胜地。

"塔湾夕照"指的是哪座塔

沈阳的塔湾地区有一座"无垢净光舍利塔"，亦称"塔湾舍利塔"，该塔建于辽代重熙十三年（1044年），是沈阳市现存最古老的建筑文物之一。舍利塔是一座密檐八角形砖塔，共十三层，高约33米，内部为空心结构，是典型的辽代塔楼建筑。

1985年维修时，发现塔内供藏1548颗"舍利子"，此外还出土了鎏金佛、经卷、瓷器、丝织品等一大批珍贵文物，其地宫内的四壁上还绘有保存完好的彩色壁画，这些都是研究辽代历史的重要实物资料。

清代诗人百龄有《沈阳道中作》一诗，云："一湾塔影水流春，寒食

塔湾舍利塔

烟生树树新；好是雨余青到眼，十里山色欲留人"，写的便是舍利塔和塔湾一带的美丽景色，因此，"塔湾夕照"也是著名的"盛京八景"之一。现在的舍利塔附近，已经建成景色优美的滩地公园，同时，还珍藏有一百多通元、明、清、民国期间的沈阳市级文物石碑，共同构成了舍利塔盛京碑林公园，成为沈阳市休闲游览的胜地。

慈恩寺的函可和尚是清代"文字狱"第一人吗

慈恩寺位于沈河区大南街慈恩寺巷12号，始建于后金天聪二年（1628年），清顺治、道光及民国年间均有扩建和重修，是沈阳市现存最大的佛教寺院，有"十方丛林"之称。寺院内有天王殿、大雄宝殿、比丘坛、藏经楼等建筑，甚为庄重宏伟。

而让慈恩寺披上传奇色彩的，是一位法名叫函可的和尚。这位函可和尚，字祖心，号剩人，原是江南名士，俗姓韩，广东博罗人，是明末礼部尚书韩日缵之子。他早年中秀才，曾广交天下名士、砥砺名节。29岁时父亲故去，他便在罗浮山落发为僧。清朝顺治五年（1648年），函可和尚以钦犯的身份被流放到盛京。

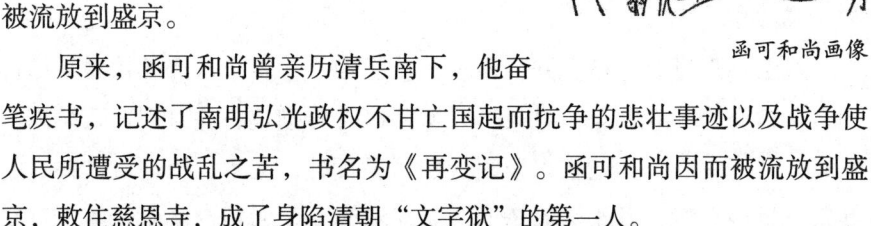

函可和尚画像

原来，函可和尚曾亲历清兵南下，他奋笔疾书，记述了南明弘光政权不甘亡国起而抗争的悲壮事迹以及战争使人民所遭受的战乱之苦，书名为《再变记》。函可和尚因而被流放到盛京，敕住慈恩寺，成了身陷清朝"文字狱"的第一人。

函可和尚在东北流人文化中有着举足轻重的地位。他在盛京时期，常和一些文人儒士交游谈心，组织了"冰天诗社"，是沈阳最早的一个文学团体。他的著作颇丰，著有《千山语录》、《千山诗集》等。他还曾于瘟疫中组织僧人救助百姓，因而享有很高的声誉。他的影堂楹联云："亦儒亦佛，能孝能忠。"这反映了当时人们对他的评价。

因函可和尚的事迹，慈恩寺也成为沈阳重要的寺院之一，1949年以来这里一直是辽宁省佛教协会的所在地。

八王寺与"八王寺汽水"有什么关系

位于沈阳大东区边墙路112号的八王寺，创建于明永乐十三年（1415年），重修于清崇德三年（1638年）。这座庙宇画栋雕梁、宏伟壮观，但是，更多人可能是通过名为"八王寺汽水"的品牌才认识的八王寺。其实，八王寺原名为大法寺，那么它为何后来又改称"八王寺"呢？这个"八王"又是什么人呢？

原来，清代崇德初年，太祖努尔哈赤十二子、武英郡王阿济格路过大法寺时，见庙宇破败不堪，便施舍银两重修了大法寺。大法寺的住持为了感谢其施舍之恩，便在寺院的一侧修了间"八王祠"。此后，这里逐渐成为阿济格的家庙。久而久之，人们便将"八王祠"称为"八王寺"，而逐

八王寺

渐忽略了"大法寺"的原名。但真正使这座寺院名声大振的却是其门前的一口古井。

八王寺附近有一口古井，俗名"八王寺井"，泉水清澈甘甜、远近闻名，被誉为"东北第一甘泉"。这井以青砖砌筑，井口用青石垒砌。当时，"八王寺"的僧侣以及附近的居民百姓，无不饮用这口古井里的井水。据说，因为井水清澈透明、甘甜清爽，人们用它来做豆腐，豆腐就会白嫩香醇；用它来做大酱，大酱则色泽纯正、口味鲜美；如果用这井水烹茶，茶水就会甘香爽口；用这水煎熬中药的话，药效则会倍增。因此当时盛京城百姓纷纷来此取水，而城里的一些豆腐坊、茶馆也因使用八王寺的井水而宾客盈门、生意兴隆。据说当时一家名为"泰轩"的茶馆，每天都要用一辆大马车装上8个大木桶，来运送八王寺清泉井水。

提起八王寺的井水，沈阳城里倒是流传着不少与之相关的故事和传说。其中一个传说颇具神话色彩。相传很久以前，八王寺及周边地区环境比较恶劣，四下也挖不出一口能供人饮用的水井，人们吃水非常困难。清初时，来了一个叫"莲花"的姑娘住在了附近。莲花姑娘不仅人长得漂亮，而且还有着一副菩萨心肠。一天，来了位要饭的老太太，莲花姑娘对她非常友善，几次把她请到家中为其洗脸洗衣、端茶上饭，还把自己的衣服拿出来给她穿。虽然如此，老太太却从来没向莲花姑娘道过谢，莲花姑娘却觉得这是自己应做的事，从未埋怨过。终于有一天，老太太告诉莲花她准备永远离开八王寺这里，问莲花有什么愿望和要求。莲花姑娘说，自己并没有什么愿望，只祈求村里人能够顺利挖出一眼好井。没想到老人家立刻来到八王寺前做起了法事。之后真的挖出了一口井，井水清洌甘甜，人们正想感谢老太太之际，却再也找不到她的踪影了。

也许这只是一个传说，不可考证。不过，据《沈阳县志》记载，康熙皇帝每次东巡盛京祭祖，都要从这口井里取水饮用，作为"御用之水"。原因是康熙皇帝东巡时，携带的是用骆驼驮运来的北京玉泉水，由于时间过久已经浑浊、变味，不适于给皇帝饮用。于是，盛京的官员便给康熙献上"八王寺井"的井水。康熙皇帝和文武百官饮用了清泉井水后，全都大加赞赏。

1920年，八王寺的西侧建起了一家汽水厂，名为"奉天八王寺汽水厂"，是沈阳民族实业的杰出代表。现在，这家汽水厂仍然充满着活力，八王寺汽水也已成为全国知名品牌，畅销各地。

大佛寺内是否有大佛

沈阳的大佛寺，原为唐朝时期"保安寺"的遗址，后于明万历年间修复，又经清乾隆、宣统和民国时期等多次重修。民国时起，这里为比丘尼修行道场。现存建筑有山门、天王殿、大雄宝殿、东西配殿等，地藏殿内存有碑铭，记载着建寺经过和重建概况。寺内原有乾隆所书匾额，现已无存。

关于大佛寺还有一个传说。据说这座寺庙原来供奉有金面佛像三尊，中间金面佛像座位下有一大石盘，石盘下有一口深井，井的外面露出了一条碗口粗的铁链。有一天，几个小伙子发现了铁链，十分好奇，就合力拽起铁链。没想到，这铁链一拽竟拽出了两丈多长。随后，一只狰狞的猛兽从井里窜了出来，甚为恐怖。这时，寺内的方丈赶紧大做法事，将手中的禅杖抛入井中，霎时禅杖变成了铁链，锁住了这头猛兽。虽然只是个传说，但它却给大佛寺增添了不少神秘的色彩。

据《沈阳县志》记载，大佛寺因乾隆年间这里供奉的一尊丈六高的大铜佛而得名。但是，民国初期时铜佛已消失不见。沈阳民间还流传着两句话："人过大佛寺，寺佛大过人。"可惜的是，人们已经再也见不到这"大过人"的佛像了。

长安寺与曹雪芹的祖上有什么关系

沈阳中街商圈热闹的商业城背后，有一座不太起眼的寺庙，名曰"长安寺"。这个长安寺可大有来头，它是沈阳最古老的建筑群，相传建于唐朝，沈阳民间有"先有长安寺，后有沈阳城"的说法。

关于沈阳城又有一个说法，叫做："庙在城中，城在寺里。"说的是，沈阳古城其实是建在了这座长安寺里。这又是为什么呢？原来，相传长安寺的庙宇和它的山门相距甚远，庙宇建在了现在的位置上，而山门却建在城外的浑河边上了。传说是因为当时建寺时，工匠们正要询问监督的将军山门建在何处，但将军因战事紧急，马鞭一挥就匆匆离寺了。于是，工匠们就按照将军马鞭所指的地方建起了山门。这就有了沈阳"城在寺里"的局面。当然，这只是个传说，长安寺始建于何时，已不可考。

沈阳长安寺旧貌

长安寺内保存有《大正藏》两部以及石碑六通,其中明成化二十三年(1487年)的《重修沈阳长安禅寺碑》有重要的文物价值。碑文中明确记载了当时沈阳中卫指挥曹辅和曹铭的衔名,而经专家考证,曹辅、曹铭正是《红楼梦》作者曹雪芹的远祖,是研究曹雪芹家世出身的重要史料,也是曹雪芹祖先"世居沈阳"的重要证据。

关于辽滨塔,有哪些神秘的传说

在沈阳市下辖的新民市东北29公里处的辽滨村,有一座近千年的辽代古城遗迹,古城所处的辽河与秀水河交汇之处,是古代著名的渡口和交通要道,也是兵家的必争之地。早在东晋时期,这里就已经成为军事重镇。

就在这座辽滨古城内,有一座古塔,称为"辽滨塔"。据考证,辽滨塔始建于辽乾统十年(1110年)前后,为八角十三层密檐式青砖塔,原高41.7米,底部直径为12.5米,塔身八面各有佛龛,上有砖雕佛像端坐于莲花座上。各檐角都悬有风铎,每有微风拂过,清脆悦耳之声可传数里。

曾有一首诗这样描写辽滨塔:"辽滨夕照映霞天,低云苍穹看倪端,乳燕盘旋塔中戏,铜铃惊飞走角檐。"由此可见辽滨塔当年青春的风采。然而,因年久失修,加上风化严重,到了20世纪80年代末,辽滨塔仅剩下32米的残高,塔的整体呈纺锥状,随时都有倒塌的危险。1993年,沈阳市文物部门对辽滨塔进行了勘测和抢救性清理,在塔中清理出了一批珍贵的文物,之后又对该塔进行了全面修复,

辽滨塔

现在我们看到的辽滨塔就是修复之后的,整体上展现出了辽代佛塔的雄伟壮观之貌。

古老神秘的辽滨塔,在悠悠的辽河岸边静静地矗立了近千年,经历了无数的斗转星移、山河变迁,关于它的传说也如繁星般众多。有人说,"宝塔镇河妖",佛塔的修建,是为了镇辽河之水,防止泛滥成灾,以祈求风调雨顺、五谷丰登。也有人说,佛塔是为了祛病消灾、普度众生。还有一种说法,是说古代的帝王听说辽河一带有一股"帝王之气",将来说不定要出皇帝,于是便派人建塔加以镇压……这些传说,无不给辽滨塔蒙上了神秘的面纱,也是它吸引着无数游人前来探索其魅力的原因所在。

太平寺与锡伯族有关吗

在沈阳,有一座并不为太多人所熟悉的庙宇,名为"太平寺"。然而,这座太平寺竟然事关一个民族的起源——锡伯族。

原来,太平寺其实是锡伯族的家庙,是由锡伯族人出资兴建的一座喇嘛庙。它建于康熙四十六年(1707年),位于沈阳市和平区皇寺路太平里。寺庙里有两座十分珍贵的嘉庆年间的石碑,碑文不仅记载了锡伯族家庙的创立、扩建和修缮经过,还记载了锡伯族是如何迁到盛京的,把三百多年锡伯族历史保存了下来,对锡伯族的历史考源具有重要的文物价值。

锡伯族是我国历史悠久的少数民族,他们的祖先起源于我国东北地区的草原。他们能征善战,被满清编入八旗后,因军事需要,迁移到盛京等

锡伯族男女服饰

地驻防,并在盛京建立起家庙——太平寺。清政府平定准噶尔叛乱后,为加强西北边防,从盛京所属各地调遣锡伯族士兵和家属3000余人到新疆伊犁戍边。乾隆二十九年(1764年)的农历四月十八日,即将西迁伊犁的锡伯族士兵们聚集在锡伯家庙太平寺前,祭拜祖先,并向亲人们辞行。所以,每年的农历四月十八日便为锡伯族的"西迁节",太平寺内也会举行盛大的节日活动。

太清宫与铁刹山有何渊源

位于沈阳市沈河区的太清宫,原名"三教堂",始建于清康熙年间,乾隆年间改称"太清宫"。此宫观为全真道教"十方丛林"之一。说起这太清宫,原来它与赫赫有名的九顶铁刹山有着很深的渊源。

位于辽宁本溪的九顶铁刹山,是东北道教龙门派的发祥地,其开山祖师为郭守真真人。据记载,康熙二年(1663年),盛京连遭大旱,百姓民不聊生。时任盛京将军的乌库里为解除旱情,各处张榜布告,请各方高士前来祈雨。郭守真得知此事,认为这是济世爱民的好事,也是道家之本,于是便率弟子下山,设坛布法进行求雨。果然,盛京城开始普降大雨,百姓欢呼雀跃,一时将郭守真奉为神明。乌库礼将军大为敬服,于是名人在盛京城外西北处,建起了一座"三教堂",作为铁刹山三清观的下院,并邀请郭守真师徒在这里讲道。据说,后来二人还成为至交。

现在,太清宫为道教重点开放的宫观,是辽宁省道教协会与沈阳市道教协会的所在地,同时也是辽宁省重点文物保护单位。

东北惟一一处坤道院位于哪里

沈阳的南塔附近,有一座"蓬瀛宫"。这个蓬瀛宫不仅是沈阳市,也是东北地区惟一的一处坤道院。

蓬瀛宫建于1994年,1997年对外开放。其前身是建于明朝嘉靖二十六年（1547年）的一所关岳庙，张作霖主政东北的时期，就曾拨款供养这座关岳庙。当年这里每逢六月都要举行古礼祭祀，浩大隆重，热闹非凡，其附近的"热闹路"便由此而来。新中国成立后，将乾、坤两道（男女道士）进行区分，于是在此兴建蓬瀛宫。

蓬瀛宫占地面积3700多平方米，院内庙宇宏伟壮观，殿堂雕梁画栋。庙内清静幽雅、香烟袅袅，主要供奉有三清、关帝、七真等道家祖师，此外还供奉有东北地方神"黑老太太"等。

沈阳的近代老建筑

沈阳少年儿童图书馆是座什么历史建筑

位于沈阳市沈河区朝阳街131号的沈阳市少年儿童图书馆,尽管乍看上去门脸朴素,但却有着一种独特的建筑风格。这栋建筑由前、后两个主楼和两个耳楼组成,前、后两个主楼由拱廊相连,形成一个四方圈楼。建筑的外观十分精美,房屋的屋顶是传统的飞檐斗拱,上边的琉璃瓦是仿照沈阳故宫屋顶样式的黄琉璃瓦镶绿剪边,外墙面由白色的石头砌成,虽雕刻有精美的中式花纹,但整体上还是一座日式仿唐风格的建筑。

走进这座图书馆,孩子们宁静安详的读书景象,很难让人联想到,这里曾经是清朝入关之前的工部所在地,以及日伪时期的满铁奉天公所旧址。只有门前的旧址牌匾和北侧那条名为"工部衙门胡同"的窄巷,还在提醒着人们这座建筑近百年的沧桑巨变。

清朝皇太极时期,这里曾是大清工部驻地。学界还有一种观点认为,这里曾是皇太极时朝鲜质子(作为人质居住在清朝的朝鲜世子或重臣之子)所居之处,即朝鲜质子馆(朝鲜称沈阳馆)。清入关以后,这里的行政作用消失,成为了一座道教庙宇景佑宫。

1905年日俄战争后,日本政府取代沙皇俄国在东北的特权。1906年,日本天皇敕令在东京成立南满洲铁道株式会社(简称"满铁"),又于1907年将总部迁至大连,以此作为日本推行"大陆政策"进而实现侵略全中国的大本营。1909年，日本人在旧庙宇的基础上修建了日式神社风格的建筑门脸，将这里作为日本"南满洲铁道株式会社"驻奉天办事处，即所谓的"满铁奉天公所"。这个表面上的机构办事处，实际上却是一个负有特殊使命的军事特务机构。当时日本在沈阳的势力范围实际上是位于以沈阳火车站为核心向外辐射的满铁附属地，而一家以管理日本铁路为名的组织，竟然没有安排在日本租界内，反而选择了遥遥相望的老城区，且邻近张作霖的府邸，将仅有一街之隔的大帅府的一举一动尽收眼底，可见当时日本人的居心所在。

后来，随着日本侵略势力在沈阳的不断扩张，原本破旧和狭小的房屋已不适应日本大规模侵略的需要，于是在原址处，日本人又重新建筑了一座兼有中式和日式风格的新楼。这座小楼落成之初，日本人颇以此为荣，拍摄了许多高清晰照片印刷成明信片大量发行。时至今日，我们仍然能从不少老照片中找到当年这栋建筑的身影。

1945年日本投降后，这里是沈阳市立图书馆所在地，当年日本人的秘密工作场所被各种各样的书籍所占满。1991年沈阳市少年儿童图书馆迁入。不过这座已有一百多年历史的老建筑已经不适宜再度进行改造，据说一直以来这里都没有办法安装空调。沈阳市政府决定于2017年6月将沈阳少年儿童图书馆迁出。

你知道奉天省咨议局旧址吗

位于沈阳市沈河区桃源街118号的一家工厂院内，有一座巴洛克式风格的华美砖雕建筑。这座建筑可谓精美绝伦，却业已挂满沧桑萧索，它安静地沉睡于高楼广厦之后，每每出现在路人的视线中，却总会引起人们关于它历史巨变的无尽猜想。

这座建筑的所在之处，就是原奉天省咨议局大楼旧址。奉天省咨议局

满铁奉天公所旧址

其实是清末"预备立宪"的产物,但其实际操控权仍在张作霖手里。1912年至1928年,这里是张作霖时期奉天省议会所在地,后又改为奉天省高等审判厅、检查厅。解放后,该处为沈阳军区政治部军法处。这座残存的建筑旧址只是原奉天省咨议局大楼群的南配楼。

奉天省咨议局旧址为仿巴洛克式建筑,建筑规模为地上两层,地下一层,砖木结构。此楼为转角楼,俗称为"拐把子楼",楼的山墙、壁柱、檐部、线脚、门窗框均为进口红砖砌筑。入口处有台阶式高大的山花,其上饰有华丽的卷草纹样。门窗都为西洋古典风格的拱券式,四周有欧式雕

奉天省咨议局旧址

花,并装饰有突起的爱奥尼式柱,柱头雕有精美的花饰。上层有花瓶式护栏杆式围起的阳台,檐下雕刻有莲花瓣,楼顶砌有精致的女儿墙。这座建筑最令建筑学家们啧啧称道的是其工艺精美、手法娴熟的砖雕艺术。整个建筑从上至下,砖雕图案比比皆是,近看如祥云、远观如花蔓,令人目不暇接,绝非"震撼"二字所能形容。其雕刻无论是平面造型还是立体造影都极为考究,将建筑艺术中雕刻的光影艺术运用到极致,堪称沈阳建筑史上的一绝。老沈阳人这样形容她的美:"不论是谁,只要看到她一眼,皆不能忘记。"不仅如此,其砖雕的纹饰,还将西洋古典造型与中国传统的装饰艺术巧妙地融于一体,堪称"中西合璧"的建筑佳作,更是当时清末特殊历史时期政治体制改革思想在建筑艺术领域的投射。

资料中的奉天省咨议局

然而,如今的奉天省咨议局旧址却面临着年久失修的境况。岁月和时光已将其侵蚀了百年,但今人的冷漠与无视更为她的容颜增添了许久的无助与无尽的哀婉。那些美与惊艳,也许随时都会成为一抔尘土随风而逝,

徒留这座城市茕茕孑立的水泥之身，兀自扼腕，嗟悔无及。

沈阳站的建筑风格是怎样的

奉天驿，即今沈阳火车站。它与以其为中心的周边一系列欧式建筑一样，是日俄战争后的侵略产物。

1899年，侵占东北地区的沙俄军队把铁路修到了沈阳，并在今天沈阳站北1.2公里的位置（老道口附近）修建了一座简陋的俄式青砖平房

奉天驿旧貌

作为站舍，这就是最早的沈阳站。它当时的名字叫"茅古甸"，是满语中奉天"牟克敦"的译音。1905年，日本战胜俄国并签订《朴茨茅斯条约》，接管了俄国建造的东清铁道南线，将其改名为"南满铁路"，并于现址修建了这座火车站。由于原站舍过于简陋，不能满足日本的侵略野心，于是受日本政府扶持的"南满铁道株式会社"，于1909年，在今沈阳站的位置建起了一座奉天驿新址。据记载，日本人称奉天驿是"投巨资而建"，当年日本人在今沈阳站站前广场上还举行了盛大的搬迁仪式，来庆祝自己新侵略工具的落成。

沈阳火车站及其周边建筑群的风格被称为日本辰野式洋风建筑。辰野式建筑由来于日本建筑师辰野金吾。日本明治维新后实行全面欧化的"文明开化"政策，引进了一批西方建筑人才。深受西方建筑艺术影响的辰野金吾，又游历了人文主义的发源地意大利与法国，深受维多利亚风格建筑和古典自由主义建筑影响。回到日本后，他设计了许多具有代表性的建筑。

其后期的建筑风格，传承了同时具有哥特式风格和田园民居风格的"安妮女王风格"的建筑特点，但又更多地融入了古典体系的文艺复兴风格。辰野式建筑风格，其重要特征就是红砖墙配以白色石材环绕墙身，笔直的立面再配以半圆形屋顶。抛弃了宫廷石造的威严与庄重，给

人一种热闹且欢快的世俗感官气氛。在街角处理上，往往使用塔楼，以强化街角的存在感和强调性，从功能和感官上都有着实用意义和视觉突出意义。东京丸之内火车站就是辰野金吾晚年的巅峰之作。

沈阳奉天驿的建筑师太田毅和吉田宗太郎就是辰野金吾的学生，他们也是辰野式建筑风格的继承者。奉天驿的站舍为两层高的红砖建筑，洋红色楼体，灰绿色穹顶。一楼作候车室用，二楼作为旅店。奉天驿的建筑风格在辰野式建筑风格的发展历史上具有一定的代表性，其与周边同期建筑悦来客栈（现医药大厦）、共同事务所奉天铁路公安段（现沈阳饭店）、奉天铁路事务所（现沈阳铁路宾馆）等共同构成了整个奉天驿红砖建筑群。

奉天驿是当年奉天满铁附属地城市规划的中心和原点，从这个原点出发的三条放射性轴线，就是当今的中华路、中山路和民主路，有人戏称这几条路构成了日本的"本"字。不过，以奉天驿为原点的城市规划打破了沈阳中式城墙古城的封闭模式，开启了沈阳城市发展的近代化之路。

沈阳站于2013年完成升级改造，现为特等站，同时开放东、西两个广场，采用高架式候车室，是沈大铁路、沈山铁路、沈丹铁路、沈吉铁路、哈大高速铁路、沈丹高速铁路等多条重要铁路的交汇点，是东北地区客流量第二大的火车站。

奉天邮务管理局旧址曾是禁烟战场吗

奉天邮务管理局旧址位于和平区市府大路157号，目前保存完好，被列入"沈阳市第一批不可移动文物"名录。

奉天邮务管理局是民国政府在辽宁地区设立的最高邮政管理机构和重要邮政设施，其建筑始建于1927年6月，由荷兰人设计建造，为钢筋混凝土框架结构。整个建筑的平面呈U字形，由街角高耸的钟楼和两翼侧楼组成，钟楼顶端装饰有串珠形绿色顶，下方是营业大厅，两翼侧楼为办公场所。建筑的墙面为仿砖石纹理，大门两侧装饰有爱奥尼式柱，混合形柱头。整个建筑内外装修与装饰都十分考究,为典型的欧洲古典主义建筑风格,气势雄伟、造型美观,散发出迷人的色彩,堪称当时东北地区一流水平的邮政大楼。

1878年,英国人罗伯特·赫德主持晚清海关,并创建了中国的现代邮政系统,即在天津、上海、北京、烟台、牛庄(营口)五个通商口岸试办邮政,这也是中国第一批邮局。1899年,牛庄(营口)邮政局在奉天(沈阳)、辽阳、锦州等地开设了邮政分局,之后奉天(沈阳)邮区替代了牛庄(营口)邮政局的地位,开始发挥重要作用。

1928年东北易帜后,奉天邮务管理局改称为辽宁邮务管理局,1946年由国民党政府接管。沈阳解放后,成立沈阳特别市邮政局,后改称辽宁省邮电管理局。现在,这座建筑由中国联通有限公司辽宁省分公司使用。

值得一提的是,"九一八"事变前后,鸦片充斥着整座沈阳城,奉天邮务管理局还曾是当时沈阳重要的禁烟战场之一,销毁了不少日本帝国主义贩入沈阳的毒品,为当年沈阳城抵制毒品运动作出了杰出的贡献。

资料中的奉天邮务管理局

沈阳中山广场的塑像有着怎样的历史

在沈阳市和平区,中山路、南京街、北四马路3条道路交叉的环岛处,有一个令沈阳人民敬仰和自豪且具有纪念意义的广场——中山广场。中山广场始建于1913年,当时称中央广场,是沈阳市最早的广场。1919年日本人称其为浪速广场。国民党统治时期,为了纪念国父孙中山先生,浪速广场更名为中山广场,直到解放后仍沿用此名。"文革"

时期曾改称为红旗广场，1981年又恢复了中山广场的名称，一直沿用至今。

说到中山广场，就不能不说说广场中心的巨型雕塑。最初中山广场中心竖立的是一根从下到上逐渐变细、酷似刺刀的汉白玉柱子，是日本侵略者竖立的纪念碑，碑文上书有"明治三十七年日露战役纪念碑"的字样。后来，国民政府把刺刀碑改成了标语碑，在上面涂上"国家至上民族至上"的字样，并对满铁附属地的日语殖民化地名也进行了彻底的清理。而现在，中山广场中心矗立的是一座宏伟的毛主席雕塑，这是1969年进行的大型改造中奠基建成的。

中山广场雕塑由毛主席塑像和群像基座组成，采用玻璃钢材料制作而成，总高20.5米、宽11米、长23米，毛泽东主席塑像高10.5米，群像高3.5米。雕塑的主体是一尊大型毛主席塑像，伟人神采奕奕、亲切慈祥，巨手挥指西南方向。雕塑的下方是群雕，群雕后部主题为"建党"；左侧为"井冈山星火"、"抗日烽火"和"埋葬蒋家王朝"三组群雕，表现了新民主主义革命时期武装夺取政权的伟大胜利；群雕右侧为"社会主义好"、"三面红旗万万岁"和"无产阶级文化大革命胜利万岁"三组群雕，表现了社会主义革命和社会主义建设时期巩固政权的伟大胜利；群雕的正面雕塑，表现出我国人民紧跟伟大领袖毛主席奋勇前进的形象。群像的人物形象兼顾男女、老少，以及各个行业的人民群众，神情生动、姿态各异，淋漓尽致地刻画了"伟大领袖毛主席指引我们向前进"的主题寓意。这座体量巨大的雕塑艺术品，汇集了当时沈阳众多知名的雕塑家，是雕塑界公认的最成功作品之一，因而在20世纪70年代末的"拨乱反正"中幸得保存，成为沈阳的地

中山广场雕塑

标性城市符号之一。目前,中山广场正以清新整洁的环境和功能齐全的设施,成为沈阳市民休闲娱乐以及外地游人瞻仰、游玩和休息的重要文化广场之一。

此外,围绕着中山广场四周还有大量近百年的欧式风格建筑,均保持了原貌,它们是沈阳殖民时代的烙印,也是这个城市不可抹去的历史记忆。其中包括,原大和旅馆(今辽宁宾馆)、原横滨正金银行奉天支店(今中国工商银行沈阳分行中山广场支行)、原大和警务署(今沈阳市公安局)、原三井物产会社(今招商银行中山路支行)、原日本朝鲜银行奉天支店(今华夏银行中山路支行)、原东洋拓殖株式会社奉天支店(今沈阳市总工会办公楼)、原满铁奉天医院(今中国医科大学及其附属第一医院)以及大量的商业用房,这些都是日本掠夺和剥削东北人民的重要证据。

东三省总督府旧址有怎样的历史地位

东三省总督府旧址,位于沈阳市沈河区盛京路28号,地处沈阳故宫和张氏帅府之间。这三幢久经沧桑的古老建筑,见证和记录了沈阳这座历史文化名城不同时期的历史。

1907年,光绪皇帝裁撤盛京将军衙门,设立行省制度,建立东三省总督府。东三省总督是清末时期最高级的封疆大臣之一,在奉天(辽宁)、吉林和黑龙江三省行使军民政务,兼管三省巡抚,东三省总督府历任总督有徐世昌、赵尔巽等都在这里办公。

资料中的东三省总督府

1914年,改称镇安上将军行署。后来张氏父子也在这里办过公。伪"满洲国"时期,这里改为奉天省公署。解放后交由辽宁省纺织研究所使用。如今的东三省总督府旧址业已修葺一新,作为博物馆使用。

这座建筑面积约2600多平方米,分上、下两层,整体采用对称造型，气势恢宏，为典型的法式建筑风格。建筑的屋顶采用蓝色的孟莎式屋顶，设有老虎窗和雕花精致的女儿墙，两层窗子顶部均为拱形，外部墙体为青砖砌筑，并装饰有精美雕刻，呈现出浪漫典雅且厚重冷静的风格。建筑的内部为"人"字架木结构，中间设有豪华的大厅。主楼前有800余平方米的院落，十分奢华。

东三省总督府旧址是沈阳最具历史意义的建筑物之一，它是沈阳历史重要的"活化石"之一，它与其北侧的沈阳故宫、南侧的张氏帅府一并构成了老沈阳城的历史链条，展开了一条重要的百年历史画卷。

东北大学旧址位于何处

东北"大帅"张作霖，虽行伍出身，读书不多，但却十分注重教育事业。在其主政东北期间，不仅筹建了众多职业学校，还创建了东北大学。

1922年春，张作霖命奉天省长兼财政厅长王永江筹办东北大学，他曾对王永江说："不能让东北人没有上大学求深造的机会，不管用多少钱，宁可少养五万陆军，也要办东北大学。"1923年正式开学。1925年，新校舍建成，其规模之大、功能之齐全，在当时全国亦是首屈一指的。1928年8月至1937年1月期间，张学良将军出任东北大学校长，并提出了"研究高深学术，培养专门人才，应社会之需要，谋求文化之发展"的办学宗旨，并下重金礼聘各界名师前来任教，章士钊、梁漱溟、罗文干、冯祖恂、刘先州都曾任教于东北大学，梁思成、林徽因夫妇还在这里创建了中国第一个建筑系。张学良任校长期间，学校增设学院，使其成为东北第一所综合性大学；招收女子学生并实行男女同校，是东北地区第一所招收女子学生的大学；同时，大力发展体育，在1929年第14届全国运动会上，东北大学的学子勇破8项全国纪录；另外，还选送优秀的学生去往英、美、德等国留学深造。然而，1931年的"九一八"事变爆发后，日军一夜之间占领沈阳，全校师生悲愤已极，被迫走上流亡之路，成为中国历史上第一所流亡大学。大学被迫先后迁徙北平、西安、四川等地，在此期间，广大师生积极参加爱国抗日运动，更成为

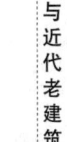

"一二·九"运动的先锋队和主力军。解放后,东北大学才得以迁返回沈阳。

东北大学旧址位于辽宁省沈阳市皇姑区北陵大街东侧,是1925年兴建的新校舍。旧址各建筑采用中西合璧的建筑形式,为近代优秀的建筑群,具有较高的历史、艺术、科学价值。如今这些建筑均保存完好,现为辽宁省政府和军区使用。2001年,东北大学旧址作为近现代重要史迹及代表性建筑,被国务院批准列入第五批"全国重点文物保护单位"名单。据说,当年东北沦陷后,当时的图书馆曾被日本侵略者占领,他们在此关押、枪杀了许多抗日志士,现在原东北大学图书馆由辽宁省档案馆使用,其后身的红砖墙上依稀可见当年的累累弹痕。

曾经的"满洲灵庙"是座什么建筑

位于沈阳市皇姑区岐山中路11号的省公安厅的家属院内,有一座标识为"日式仿唐建筑"的老建筑,它曾经还有另一个名字——满洲灵庙旧址。

这座"满洲灵庙"始建于1938年,高近20米,面积约为600余平方米,整体呈正方形,为仿唐式建筑,具有典型的日式神社风格。建筑为地上和地下两层,上层为歇山式木结构建筑,屋顶铺绿色琉璃瓦,四周共有22根红漆柱子,四周环绕汉白玉栏杆,主体山墙、基础和地下室等部分为钢筋水泥结构。

然而这座日本人建设的庙宇,实际上用来存放阵亡的侵华日军将士、汉奸及伪满官员的骨灰和灵牌,其建筑的功能和意义与日本的"靖国神社"相当。同时,它还是日本对中国人进行奴化教育的一部分,据说,每年的春、秋两季,日本人都要强迫中小学生前来进行"祭祀"。它是东北三省此类建筑中保存最为完好的一座,是一个记录历史的活化石,更是日本发动侵华战争的一处有力罪证。

中山公园水塔是沈阳最早的水塔吗

位于沈阳市中山公园西南角的一处水塔旧址，因中山公园在满铁附属地时期名为"千代田公园"，因此这座中山公园水塔原名为"千代田水源"或"千代田公园给水塔"，是"沈阳市不可移动文物"之一。

中山公园水塔1915年建成，塔高53.55米，容积1200立方米，为钢混结构圆筒式建筑，由塔基、塔身、塔顶组成，外有8根承重柱，塔顶设有避雷针。这座水塔是沈阳市第一个真正为城市供水的水塔，也见证了100多年来沈阳城市供水的历史。当年日俄战争后，日本人攫取了沈阳租界地和

资料中的中山公园水塔

南满铁路的控制权，继而将大批的日本国民移居到沈阳，划定大范围的"满铁附属地"，为进一步的经济和军事侵略做准备。但当时的沈阳并不具备现代城市的管道供水设施，为了方便日本人的居住和活动，以及"奉天驿"的铁路运输用水，日本人便开始对"奉天驿"原为火车车头上水的管线进行改造，然后逐渐向居住区延伸，建成了这座"千代田水源"，最终形成了沈阳市区供水的雏形。

这座水塔虽然是沈阳市城市供水诞生的标志，却铭刻着日本帝国主义蚕食、掠夺我国经济资源的罪证，这座水塔于1962年废止停用。

沈阳的"全国最美教堂"是哪座

在沈阳市一个熙熙攘攘的繁华商业区中，隐藏着一座赫赫有名的天主教堂，名为"耶稣圣心堂"，因教堂地处沈阳市小南街，也被人们称

为"小南天主教堂",或称"南关天主教堂"。

这座教堂被人们誉为"中国最美教堂"之一。教堂建成于清光绪元年（1875年），是一座典型的哥特式建筑。教堂原是法国传教士方若望所建，1900年被义和团焚毁，现存建筑为1912年由南满教区主教利用《辛丑条约》中的庚子赔款在原址上重建的。这座教堂通高40米，顶部是两个方锥形的尖顶，装饰着十字架，前面是三扇拱门，两侧有成排的小窗，内有二十四根石柱支撑，穹窿镶嵌着巨大的花纹。整个建筑用青砖砌成，砖雕十分考究，古朴的灰色调更显教堂的肃穆和典雅。直到1949年，小南教堂一直都是沈阳的最高建筑，其规模之大，在全国都屈指可数。

小南教堂

如今，这座美丽的教堂已经悄悄地走过了百年的风雨历程，而今仍旧兀自矗立于沈阳这座饱经沧桑的城市之中，不得不说是一种幸运。现在的小南天主教堂是沈阳市的地标性建筑之一，游人们慕名而来、穿梭如织，新人们也纷纷在这里留下幸福的身影。这座教堂见证了近代沈阳风云变幻的历史，也见证了如今沈阳人的幸福和欢笑。

东关基督教堂与韩国基督教会有什么渊源

沈阳东关基督教堂始创于1876年，它与小南教堂年龄相当，但不同的是，它是一座新教教堂，也是中国东北地区最古老、最有影响力的新教教堂。

这间教堂是在1889年由苏格兰人罗约翰创立的，教堂可容纳约1000人同时做礼拜，因而也是东北地区可容纳人数最多的教堂之一。同样是在1900年，东关基督教会先于南关教堂被义和团焚毁。现今所保留的教堂的建筑主体复建于1907年，为西式青砖建筑。与天主教教堂不同的是，作为新教教堂的东关基督教堂内，没有塑像，而只挂有十字架。

此外，现在许多韩国的基督教信徒将沈阳东关基督教堂视为韩国教会的母会，原因就是，当年罗约翰牧师就是在这里翻译出版了第一本韩文版的《圣经》，也因而才有了朝鲜半岛的第一个教会，因此，罗约翰牧师在韩国基督教历史上是颇具声望的，沈阳东关基督教堂在韩国基督教信徒的心中也是有着很高地位的。

如今，沈阳东关基督教堂已被列为"沈阳市不可移动文物"之一。

沈阳"沙俄东正教堂"旧址是日俄战争的罪证吗

沈阳的西塔附近，在拥挤的楼宇之间，有一座很难被找到的"沙俄东正教堂"。

这教堂虽然不大，但它的形态非常特别。教堂旧址高约10米，占地面积约15平方米，是典型的东正教斯拉夫式教堂的风格。整个建筑物为青石

资料中的沙俄东正教堂

砌筑，顶部是东正教堂典型的"洋葱"型屋顶，中间部分饰以象征中世纪武士盔甲的鳞片状瓦，这些瓦片使其与其他斯拉夫式教堂有着明显的不同。同时，教堂顶部的十字架很特别，不是传统的东正教十字架"两横一竖"的形态，而是代表军队的铁十字架。

是什么使这座教堂如此特别呢？原来，细纠起来，这里其实并不是一座严格意义上的教堂。

1904年到1905年间，日本帝国与沙皇俄国为了争夺中国辽东半岛和朝鲜半岛的控制权，在中国东北的土地上进行一场帝国主义列强之间的战争。当时的东北大地上，民族工厂被毁，房屋被炸毁，就连寺院、庙宇也未能幸免。帝国主义列强们还大肆对百姓们烧杀抢掠，致使流离失所的难民有几十万人之多。日、俄两方都逼迫中国百姓为他们运送弹药

物资，成批的中国平民在两国侵略者的炮火之下惨遭杀害。这场战争，不仅是对中国领土和主权的粗暴践踏，更使中国东北人民在战争中遭受了巨大的损失和人身伤亡。

这场战争，以沙俄的失败而告终。1908年沙皇尼古拉二世下令为阵亡军人修建纪念物，在当时的战争地区建造了一批纪念碑和教堂。沈阳的这座教堂就是那时所建，教堂始建于1911年9月，1912年完工，1914年沙俄还曾经在此举行过纪念仪式。

因此，虽被称为教堂，但该教堂兴建的目的实际上是用来祭奠日俄战争中的沙俄阵亡者的，类似于公祭堂，跟真正的教堂是不一样的，其更准确的叫法应该为"日俄战争纪念碑"。不过，官方还是延续了约定俗成的叫法，称其为"沙俄东正教堂"，其存在，正是当年日、俄两国所犯下的滔天罪行的佐证。

附 录

名胜古迹 TOP 10：

沈阳故宫

沈阳故宫，又称为盛京皇宫，是清王朝入关之前所居住的宫殿，距今有近400年的历史，保存非常完好。沈阳故宫和北京故宫是我国仅存的两大皇家宫殿建筑群。2004年，沈阳故宫作为明清故宫的扩展项目，被列入世界文化遗产名录。

沈阳故宫是我国关外唯一的一座皇家建筑群，展现出了鲜明的地域特色和民族色彩。其建筑格局和艺术风格，在吸收汉族建筑特点的基础上，更添了满、蒙等少数民族的生活习惯和艺术特色，既秉承了中国建筑的传统，又展现了塞外建筑的多民族融合，具有丰富的历史和艺术价值以及不可替代的唯一性。

沈阳故宫按照建筑布局和建造先后，可以分为东、中、西三路。东路为努尔哈赤时期建造的大政殿与十王亭；中路有大清门、崇政殿、凤凰楼、清宁宫等，建于皇太极时期，是皇帝进行政治活动和后妃居住的地方；西路有戏台、嘉荫堂、文溯阁和仰熙斋等，是清朝皇帝"东巡"盛京时所建，主要用来供康熙皇帝读书看戏，以及专门存放《四库全书》。

清福陵

清福陵是清太祖努尔哈赤的陵墓，因地处沈阳东郊，故又称东陵。

为盛京三陵之一。努尔哈赤及其后妃叶赫那拉氏、博尔济吉特氏等人葬于此处。

整个陵园背靠山峦，气势宏伟，风景优美。陵园周边为青松古林所环抱，堪称"天柱排青"，是盛京胜景之一。陵园建筑群与青山绿水融为一体，人文建筑与自然环境和谐统一，体现了中国古代"天人合一"的哲学思想。

清昭陵

清昭陵是清朝太宗皇帝皇太极的陵墓，因位于沈阳城北，也被称为"北陵"。皇陵内葬有皇太极及其后妃孝端文皇后博尔济吉特氏，以及关雎宫宸妃、麟趾宫贵妃和衍庆宫淑妃等一批后妃佳丽。

清昭陵占地面积约16万平方米，是清代关外三陵中规模最大、气势最为宏伟的一座，也是我国现存最为完整的古代帝王陵墓之一。昭陵陵园内古松参天、草木葱郁、殿宇威严、金瓦夺目，充分显示了皇家陵园的雄伟壮丽。以清昭陵为依托的北陵公园是一座皇家园林的游览胜地，同时也是沈阳市最大的一处公园，是广大市民休闲娱乐健身的重要场所。

张氏帅府

张氏帅府，又被称为"大帅府"或"少帅府"，是时任奉系军阀首领张作霖及其长子张学良的官邸和私宅。

张氏帅府也是一个集政治和居住功能于一体的建筑群，由东院、中院、西院和院外建筑四个部分组成，院内各建筑风格各异，是东北地区规模最大、保存最为完好的名人故居。其设计理念和装饰风格，既有中国传统的建筑风格，又有仿罗马式和中西合璧式的建筑风格，既反映出了张作霖的个人喜好，又彰显出了这位"东北王"强烈的权贵思想和政治野心。

"一座大帅府、半部民国史"，由于张作霖和张学良父子在中国近代史和沈阳地方史中的重要地位，使张氏帅府充满了丰富的历史人文内涵，其建筑群落保存的相对完整性、充满浓郁民国文化特色的建筑风和装饰艺术，使其赢得了"东北第一名人故居"的美誉，也使其成为沈阳市一个重要的旅游名片。

沈阳四塔

沈阳有四座塔，这东、南、西、北四座塔，它们原是清太宗皇帝皇太极于崇德八年（1643年），在城外东、南、西、北四处所建的四座塔寺，分别为永光寺、广慈寺、延寿寺和法轮寺。

四座塔的建造形式都为藏式喇嘛塔，建筑规模和造型几乎一致，都由基座、塔身、相轮三部分构成，整个塔的设计古朴庄重、工艺精湛。关于四座塔的建造原因，历史上的说法有很多，沈阳城坊间围绕着这四座塔更有许多传说，其中一种说法是，四塔是佛教中震慑妖魔的法器，能护佑沈阳城的平安。

如今四座塔都已修葺一新，延寿寺和法轮寺尚存，其余开辟为市民休闲娱乐的公园绿地。

实胜寺

沈阳实胜寺又名皇寺，全名为莲花净土实胜寺，坐落在沈阳市和平区皇寺广场。

这座寺庙竣工于清太宗崇德元年（1636年），内有大殿、佛楼等建筑，还有石碑和钟、鼓楼等，门口有一尊白色骆驼背驮佛像的雕像。实胜寺是清朝皇帝皇太极为"玛哈噶喇"大型纯金佛像专门建立的寺庙，传说这尊通身为纯金铸造的千两金佛有着"夺取天下"的神力，堪称旷世国宝。然而，民国三十五年（1946年），这尊金佛的失窃大案，也成了一个困扰着人们半个多世纪的无解之谜。

南关天主教堂

沈阳南关天主教堂，名为"耶稣圣心堂"，也被人们称为"小南天主教堂"。

这座教堂建成于清光绪元年（1875年），是一座典型的哥特式建筑。教堂通高40米，顶部是两个方锥形的尖顶，装饰着十字架，前面是三扇拱门，两侧有成排的小窗，内有二十四根石柱支撑，穹窿镶嵌着巨大的花纹。整个建筑用青砖砌成，砖雕十分考究，古朴的灰色调更显教堂的肃穆和典雅。因而，这座教堂被人们誉为"中国最美教堂"之一。

如今这里游人如织，是一处休闲旅游和婚纱摄影的胜地。

新乐遗址

新乐遗址是一处新石器时代早期、母系氏族公社繁荣时期的村落遗址，占地面积17.8万平方米，聚居地约2.5万平方米，房址十分密集，其出土文物相当丰富。新乐遗址按地层关系和文化内涵可分为上、中、下三层，下层具有丰富的文化内涵和鲜明的地方特色，是新乐文化的典型代表。新乐遗址是沈阳历史文化宝库中的一颗耀眼明珠，它将沈阳地区的历史源头，上溯到了距今7200多年以前的史前文明，同时也为辽河流域文明的研究提供了重要的考古依据。

"九一八"历史博物馆

沈阳"九一八"历史博物馆是全国百家爱国主义教育基地之一，也是国内外迄今为止唯一全面反映"九一八"事变史的一座博物馆。

"九一八"历史博物馆是纪念碑与陈列馆相结合的建筑体。其广场上有"残历碑"和警世钟，陈列馆的内部有大量的珍贵图片、资料及文物，还有一些场景的重现，并且还通过多种现代化的展示手段，真实反映了日本帝国主义策划、发动"九一八"事变及对我国东北进行残酷殖民统治的屈辱历史。同时，博物馆还生动地再现了东北人民和全国人民一道，在中国共产党领导下不屈不挠、浴血奋战，并最终取得抗战胜利的伟大历史画卷。

罕王宫遗址

罕王宫是清太祖努尔哈赤在盛京城的寝宫。

据记载，当年努尔哈赤迁都沈阳后，并没有马上住进皇宫，而只是在原来明代城墙的北边修建了一个临时的住所，即"罕王宫"。罕王宫遗址，是一座二进院落的建筑群遗址，该院落为努尔哈赤和嫔妃居住的地方，而问政需要到几百米外的大政殿，这与汉政权"政寝合一"的习惯是不同的。

辽菜

　　传统辽菜由宫廷官府菜、市肆菜和民间菜等构成。其兼具宫廷菜的精湛与考究、王府菜的名贵与品位、市井菜的雅俗共赏，以及民间菜的乡土醇厚，形成了辽菜广阔的胸襟。传统的辽宁菜极其注重刀功、勺功和火功的运用，擅长使用烧、炖、扒、靠、熘、拔丝、小炒、酱等烹调方法，加以围、配、镶、酿等制作方法，同时融合了满、蒙、朝、汉民族菜的特点和本地区气候山水的优势，菜品丰富、季节分明、口味浓郁、讲究造型。其中最为经典的菜有"拌拉皮"、"酸菜粉"、"猪肉炖豆角"、"小鸡炖蘑菇"、"鲶鱼炖茄子"等。

李连贵熏肉大饼

　　李连贵熏肉大饼，是沈阳的一道招牌美食，它起源于光绪年间，距今已经有一百多年。正宗的李连贵熏肉大饼，在炖肉时加入有10余味中药制成的中医药膳秘方，使其具有了解暑、消食、引气、调中、健脾胃等药用功效，成为集美味和药膳于一体的不可多得的佳肴。

老边饺子

　　老边饺子历史悠久，始建于1829年，到现在已有180多年的历史，是"世界上历史最长的饺子馆"。老边饺子鲜醇的口味源自其独到的调馅和制皮方法，选料十分讲究，制作也非常之精细，同时更有别致的造型，这些都是它久负盛名的原因。

中街大果

中街大果是沈阳城雪糕冷饮界的一块金字招牌，是一个不可错过的老字号美食。如今中街冰点不仅有各类传统的口味，更推出了各种东南亚的、日式的、西式的新式口味。冬天吃雪糕也是沈阳人的一大传统民俗。

老龙口酒

老龙口白酒始创于清朝初年，距今已有350余年的历史。过去曾是供奉给朝廷的"大清贡酒"，康熙、雍正、乾隆、嘉庆、道光五帝10次东巡，皆饮此酒，曾有"飞殇曾鼓八旗勇"的赞誉。其拥有东北地区建造最早、规模最大、保存最完整、连续烧酒时间最长的老窖池群，有"关东第一窖"之称。

鸡架

鸡架在沈阳人民的饭桌上最受欢迎，几乎任何一家本地饭店都能找到鸡架的身影。鸡架吃法有很多种，最普遍的吃法是熏鸡架和拌鸡架，当然还有酱鸡架、煮鸡架、烤鸡架、炸鸡架、铁板鸡架、辣炒鸡架、QQ鸡架等。沈阳城号称是世界上鸡架消耗量最大的城市。

回头

回头是沈阳市一种特有的清真面食。刚出锅的回头香气扑鼻、色泽金黄、皮焦馅嫩，看上去像是垒起的金条，给人以富贵吉祥的感觉。咬下一口回头，金黄的外皮酥脆可口，肉馅汤汁四溢，实属美味。

不老林

不老林糖是沈阳特有的一种糖果，它曾风靡大江南北，成为各地春节、喜宴上必备的糖果之一，也是沈阳人非常引以为傲的家乡特产。不老林糖主要以糖浆、淀粉以及各种干果仁制成，吃起来又香又甜，香醇细滑、回味甘美，深受大家的喜欢。

南果梨

南果梨产于沈阳及周边一带，此梨以色泽鲜艳、果肉细腻、爽口多汁、风味香浓而深受国内外友人的赞誉，素有"梨中皇后"美誉。成熟的南果梨，果肉非常细腻绵软、爽口多汁，吃起来，味道里带着淡淡白酒的香气。

沈阳红药

沈阳红药在我国跌打损伤、风湿骨病领域久负盛名。它是我国北方各民族医药文化融合、创新的重要典范，其原始药方可追溯到明末清初时期努尔哈赤行军打仗的军医药方。如今的沈阳红药是包含红药片、红药胶囊、红药贴膏、红药气雾剂等多种剂型的系列药大家族。